# 世界の人口【第2版】

河野稠果

東京大学出版会

World Population
(2nd Edition)

Shigemi KONO

University of Tokyo Press, 2000
ISBN4-13-052016-4

# 第二版はしがき

『世界の人口』は一九八六年に上梓されたが、以後十数年の間にいくつかの大学の人口学に関する講義・演習で教科書として使用して頂き、第五刷まで刊行された。しかし数年前から、内容が大分古くなったから改訂版を早く出しなさいと、幾人かの友人から言われ続けてきた。ここに、必ずしも十分ではないが、かなりの部分を書き改めた第二版を出版することは、著者として無量の喜びである。

一般に人口関係の書物は、使用した統計・資料がすぐ古くなるのが欠点である。それは、統計数字の中で人口統計が一番豊富かつ正確であり、しかも頻繁に新しい数字が発表されるためである。これはもちろん、利用者にとって大変有難いことであるが、しかし反面、人口統計の分析とその教育・指導に携わる者としては、その都度嬉しい悲鳴をもって新しい対応に迫られることになる。一九八六年以降国連人口部は何回も世界人口推計を改訂している。途上地域では最近予想以上に出生率が低下した。一方、先進地域でも新旧世代一対一の再生産もできないくらい低い水準に出生率が凋落している。そのために最近では、改訂のたびごとに世界の推計人口が小さくなるという傾向がみられる。また、アフリカ、インド、タイ等においてはエイズが蔓延し、いくつかの国で平均寿命を縮小させるほどの影響を及ぼしているし、さらに、旧ソ連圏における近年の政治・社会的混乱による平均寿命の停滞も、八六年には見られなかった新しい人口問題であり、これを付記する必要がある。一方日本では、五年に一度国勢調査が実施され、新しい数字に基づいた人口推計の改訂が行われており，そのたびごとに少子化，高齢化がまた一段と深刻になったことを告げている。

第二に，変わったことは統計数字だけではない。一九八六年頃から今日に至るまで，人口に関するものの考え方に変化が現れたことである。一九九四年のカイロ国際人口・開発会議にはリプロダクティブ・ヘルスという新しい思想が彗星のように出現し，人口問題の景観を変えた。また，人口増加，経済成長と環境問題は必ずしもトレード・オフの関係にない，という修正主義的見解が一九八〇年代に登場し，これまで優勢であったマルサス的悲観論から脱皮がみられている。この書物の初版が出た頃は，貧しい途上国の高出生率は膨大な年少人口をもたらし，折角蓄積した農業生産からの余剰は彼らの養育・教育のために消費され，開発は疎外されるという考えが強かった時代であるが，現在その主張は必ずしも絶対的でなくなった。さらに，最近人口転換理論と平行して「疫学的転換理論」がほぼ定説となり，人口転換理論を補足し，強化する有力な概念枠として広く認められつつある。

第三に，本書の出版後多くの想像を絶した政治的変化があった。ソ連の崩壊・分裂がその一つである。そのために，国連の地理的境域も大きく変わった。これまでソ連は一つの主要地域であったが，本体のロシアは東部ヨーロッパに編入され，分裂後独立した国の中の八つはアジアに回り，バルト三国は北部ヨーロッパに分類された。またユーゴスラビアはいくつかの国に分裂し，チェコスロバキアとエチオピアも二つの国に分かれた。このために，掲載した表だけでなく，本文の記述を変える必要が往々にして生じている。

書物の改訂は簡単のようで難しい。徹底的に行うと別の本になってしまう可能性がある。時間の制約もあったので，今回は原則として，一九九五―二〇〇〇年を基本時点として関連数値を訂正し，それに応じて本文の記述を変えること，そして二，三の新しい人口思想的発展を書き加えること（例えばリプロダクティブ・ヘルス，疫学的転換の紹介）だけに留めることにした。しかしそれでも，改訂は，大半のページにわたっている。ただ一つ自慢できるところは，引用された数字は随所で変わったけれども，世界人口，および主要地域人口の趨勢に関連する長期的かつ巨視的な記述、解釈、そして含意といったものは、この第二版においても全く変わっていないことである。そして一四年前に、先進国の出生率が一九八五年頃の水準からさらに低下することを旧版は示唆しているが、現在実際にその通りとなっていることも興味深い。

人口関係の書物は売れないことで定評がある。その一つの理由として、日本の大学に人口学の正式の講座が乏しいこと、そのために固定的な読者のマーケットというものがほとんどないことがあげられる。最近では少子・高齢化という言葉を新聞雑誌で見ない日はないが、しかしその反面、人口問題は簡単だ、素人でも分かると高をくくって、人口問題の入門書など読もうとしない人は多い。しかし、私が教えた早稲田大学政治経済学部や麗澤大学国際経済学部の学生諸君が、テキストに使った本書の読後感として異口同音に述べた感想は、人口問題は奥行きが深い、こんな面白い学問があるとは知らなかったということである。

ともあれ、このように一般に売れない人口問題の本の改訂版を、昨今のような出版事情の困難な時代に敢えて出版される東京大学出版会に対して深く感謝の意を表したい。今回も同会の大江治一郎さんと宮本健太郎さんに大変お世話になった。記して感謝の辞を献じたい。

二〇〇〇年三月

河野稠果

# はしがき

最近わが国においても内外の人口問題に対する関心が高まり、一九八七年には五〇億に達する勢いの圧倒的な世界人口の増加、西ドイツの超低出生率の出現、アメリカ合衆国における離婚の急増加、アフリカの飢餓と年間三％にも及ぶ高い人口増加率、中国の一人っ子政策、そして日本の激しい人口高齢化等々がマスコミを賑わすようになった。本書はこのような世界の人口動向の中の主要な潮流を把え、その社会経済的・文化的背景を考察し、将来を展望したものであるが、もともとは筆者が東京大学教養学部で講じた「世界人口論」のノートを基にし、その後入手した海外の新しいデータと研究の成果を加え、大学等において人口に関するコースの教科書・副読本として利用できることを念頭に置いて、まとめたものである。

この種の書物は英語で書かれたものが多く、国連人口部がまとめた *The Determinants and Consequences of Population Trends* やハウザー教授の *World Population and Development*（シラキューズ大学出版部）は有名であるが、日本語で書かれたものは意外に少ない。特に、人口変動の三大要素である出生・死亡・人口移動を左右する社会経済的・文化的要因あるいは背景についてのまとまった解説書はこれまでほとんどなかった。この方面の情報ギャップをいくらかでもうめることができればと考えたことが、本書を書いた動機である。さらに、筆者はインド、ボンベイ市郊外の国連人口研修センターで一年半にわたって人口学の講義と研究を行い、のちにニューヨークの国連人口部にほぼ一二年間勤務し、後半の五年間は人口推計課長として各国別世界人口推計を担当した経験があり、そこで得た世界各国の人口の趨勢とその社会経済的背景に関する知識を早い機会に公けにしておきたいという希望もあったのである。

わが国では元来人口あるいは人口問題に対する関心があまり強いとは言えない。人口の問題が社会経済あるいは一般生活領域の根底にあるとは漠然と認識されているが、つきつめて深く考えているとは言いがたい。有事の際はともかくも、天下泰平の現在の日本にあっては、それは空気のようなものと考えられているようである。あたかも、イザヤ・ベンダサンの『日本人とユダヤ人』で、日本では安全というものが「ただ」であると考えられるという指摘があったように。とにかく人口問題、特に世界の人口問題というテーマは、わが国の社会経済に対してほとんど衝撃を与えないもの、切迫性、緊急性を著しく欠くものと一般に考えられているように思われる。さらに、日本で人口問題があまり注目を浴びないことの理由として、大学に人口に関する学部学科がなく、人口学の講座を置いているところも稀であるという実情も加わっているようである。

しかし、日本のように資源の乏しい国にとって、国際貿易なしに国の経済が存立し得ないことは広く認識されているが、世界の平和と自由な国際市場の安定のためには、国際的人口情勢の安定、人口問題の解決が必要条件であることを忘れてはならない。歴史的に見ても、国際緊張の背後には多くの場合人口問題がある。例えばバングラデシュのように日本の北海道と九州より少し大きいくらいの土地に一億を超える人口が密集し、農業以外に見るべき産業もなく、しかも毎年平均二・七％の高い人口増加率を示している国の存在は、国際的に「人口爆弾」を抱えているようなものであり、それが爆発すれば国際平和は脅かされ、また中近東からの石油は断たれ、日本の経済的繁栄は砂上の楼閣となってしまう可能性もあるのである。わが国の繁栄は実にきわめて脆弱な国際関係の地盤の上に花開いているだけに、グローバルな人口問題にもう少し立ち入って考えておく必要があるのである。

ひるがえってわが国の政治社会情勢をみると、現在の日本が直面している貿易摩擦、受験地獄、高齢化社会の到来に際しての三世代同居あるいは家族の役割等々の諸問題についても、その多くは、結局日本の人口密度が非常に高いこと、居住空間が狭いこと、資源の稀少性に根源的に由来するところが大きい。すなわち、恐らく世界でも類を見ないほど過酷な青年期における受験戦争、激烈な企業間の競争が日常茶飯事として見られること、そして生存競争のためには手段を選ばない奇襲戦法・先手必勝主義が容認されていること（欧米社会では決して公正フェアなこととは認められていない）、あるいは異民族、異文化、外国からの帰国子女に対する鎖国主義が蟠踞している根底には、資源が乏しく、狭小な国土にあまりにも多くの人口が住むという高密度社会の存在があるのである。私はここでゲオ・ポリティックス（地政学）に似たデモ・ポリティックス（人口政治学）を提唱するつもりはないが、このような問題の解決のためには、単に小手先の改革や精神論、道徳論だけでは不可能であり、人口問題にまで遡った診断と対策がぜひとも必要である。

人口に関する書物となると、どうしても数字が沢山でて来て、その叙述に終ってしまう傾向がある。その一つの理由としては、各種統計の中でも人口に関する統計が一番豊富でしかも正確であり、だから数字の説明だけで紙数が尽きてしまうという事情が考えられる。本書はできるだけそれを避け、例えば人口増加を決める最大の要因である出生力については、なぜそれが途上国で高く先進国で低いのかという要因について、社会経済的あるいは文化的観点からかなりくわしく説き起こしたつもりである。文化と出生力、文化と平均寿命（死亡率）といった関係については筆者が特に興味と関心を抱いているテーマであるので、力を入れたつもりだが、文化というものを数量化することはむずかしく、実証的研究に乏しいので、どれだけ説得力のある叙述を行えたかは確かでない。

これまでわが国では社会学・文化人類学の観点から人口一般、特に出生力、平均寿命、健康、あるいは人口移動についてアプローチされたものが少なくない。しかし、社会学について言えば、この分野で発達した準拠集団理論（reference group theory）は出生力の社会学的分析においてきわめて有望な研究の枠組を提供し得ると思うし、僭越至極の言い方かもしれないが、将来は日本、そしてアジアの出生力決定理論の大成にあたって、社会学からの協力をぜひお願いしたいものである。また、社会成層論による社会階級間の出生力格差の研究も有望な社会学の研究領域だと思う。経済学側からの協力も同様である。わが国でもすでにいくつかの秀れた研究が経済人口学の分野に見られるが、精緻な計量経済学による出生率・死亡率の分析がもっと日本で行われてもいいのではなかろうか。

人口学は古くて新しい学問であり、きわめて学際的な研究領域である。伝統的に領域が設定されている既成の学問と異なり、出生力、死亡、人口移動、結婚などの人口現象の生物学的・社会学的・経済学的要因については九〇％が未知といえるくらいであり、今後解明されるべきことはあまりに多い。もし、本書の読者がこれを機会に人口現象の原因とメカニズムについて関心を持ち、これを解明しようと志していただけるようなことがあれば、望外の喜びである。

本書で書こうと思いながら書かなかった――書けなかったことは多い。その中でも特に、家族に関する人口学的分析を加えられなかったことを残念に思っている。この家族の課題は、最近「家族人口学」という領域が提唱され、筆者自身にとっていささか得意な領域でありながら、第一には本書のコンテクストから少しはずれること、第二にはその内容について第五章の「人口構造の変化と高齢化」でいくらか取り上げたこと、第三にはこれを分かりやすくまとめるためにはもう少し時間が欲しかったため、本書では割愛した。しかし、家族は、高齢化社会の到来に際してもっとも重要な受け皿であり、人口高齢化の直撃を受けとめるバッファー（緩衝装置）であるので、将来、家族ライフサイクルの人口学、世帯形成の人口学というテーマのもとに改めてまとめ、世に問いたいと考えている。特に日本と欧米社会との対比と解釈はぜひ行いたいものである。

本書はすでに冒頭で述べたように、筆者が東京大学教養学部で行った講義内容を基にしているが、この講義の機会を与えて下さったのは東京大学教養学部名誉教授の林周二先生であり、また本書を東京大学出版会から出版するようお世話頂いたのも同先生であった。ここに林先生の暖い激励と御尽力に対し深く感謝の意を表したい。

東京大学出版会の大江治一郎さんには大変お世話になった。大江さんのプロフェッショナルな忍耐力と明るい鞭撻と協力がなければ、本書の執筆中はからずも厚生省人口問題研究所長となり、雑務に追われる身となった筆者がとても本書の上梓にまで漕ぎつけることはできなかったであろう。厚く御礼申し上げる。

さらに、国連の人口新推計を発表前にいち早く提供して下さった国連人口部次長の井上俊一博士に対して感謝の辞を献じたい。

一九八六年一〇月

河野稠果

# 目　次

# 第一章　世界人口の動向

## 一　世界人口の歴史的推移

### 1　国連による世界人口の推計

国連人口部の最新の推計によれば、世界人口は一九九九年一〇月に六〇億人に達した(UN, 1999a)。一九五〇年には二五億人であったから、四九年の間にほぼ二・四倍になったわけである。ちなみに、一九三〇年は二〇億人、一九六〇年は三〇億人、一九七四年は四〇億人であった。一九九五年の人口は五六億六六〇〇万人と推定されているので、一九九五年から九九年の間に年間平均で七八〇〇万人の増加が見られたことになる。これは、毎年ドイツの人口に相当する数が増えたことを意味する。人口増加率は年平均一・三四%と計算される。

国連の長期的人口予測は、この一・三四%の人口増加率がかりに減速して、二二世紀の終りに人口静止の状態になるとしても、世界人口は一〇〇億近くになるだろうと予想している(UN, 1999b)。一〇〇億の人口というのは現在の人口が一・七倍近くに増大するということである。現在でもすでにアフリカでは砂漠化と農業の不振がみられ、慢性的食糧不足に飢餓線を彷徨する原住民のやせ細った姿が新聞紙上を賑わしているが、世界人口が二倍になれば、いったいどのような想像を絶したことが起こるのであろうかと誰しもが思う。またバングラデシュのように、北海道と九州くらいの狭い地域に現在一億三〇〇〇万の人口がひしめいているのが、もう一億人増加して二億三〇〇〇万人になるということになれば、その人口圧力は想像もつかないことであろう。

しかし、世界人口といってもその分布は大変多様性に富み、地域別にみても世界人口の増加にはきわだった濃淡がある。ヨーロッパ、北米、そして日本、オーストラリア、ニュージーランドのような先進地域の人口増加率は低いが、発展途上地域のそれは高い。一九五〇年以降の人口増加の趨勢を、先進地域と発展途上地域の分類のほかに、国連で言う六大主要地域に分けて、一九五〇年から一九九五年までの実測値と二〇〇〇年から二〇五〇年までの人口推計値を示したものが表1である。

一九五〇年から六〇年の間に世界人口は五億人増加した。その増加分の二一%は先進地域の人口増加によって説明され、七九%は途上地域のそれであった。ところが一九九〇年から二〇〇〇年の間では、先進地域の増加分のシェアはわずか五%、途上地域のシェアが九五%と変化が見られる。二〇一〇－二〇二〇年では、わずか一%が先進地域の人口増加で、九九%は途上地域の人口増加によっていると予想されている。さらに、二〇四〇年から二〇五〇年の間では、途上地域のシェアは一一〇%に増加し、先進地域のそれはマイナス一〇%になる(UN, 1999a)。

こうしてみると、第二次世界大戦終了から現在まで、そしてさらに将来にかけて奔流のように途上地域の人口増加が起こっていることがわかるであろう。世界人口は増加し続けるが、先進工業国のアメリカ合衆国とかフランス、ドイツ等の西欧に比べて桁はずれに貧しい地域で、このように人口が増加することが、二〇世紀から二一世紀にかけての世界最大の人口問題と言える。

筆者は一九六〇年代前半の一年半ほどを国連の人口研修センターの教授としてインドのボンベイ市に住んだことがある。その頃はまだ日本も貧しく、ようやく白黒テレビが普及し、カラーテレビはまだ珍しい時代であったが、所用で夜自分のアパートに帰る途中の道路にござを敷いてズラリと人が寝ており、タクシーのライトに照らされたのを見てびっくりしたことがある。インド人に言わせると、彼らは必ずしも寝る家がないのではなく、夏の夜は暑いから外で寝ているのだということであるが、しかしそれだけではなく、やはりかなりの人は赤貧洗うがごときで満足に住む

表1　主要地域別世界人口および増加率の推移：1950-2050

| 年次 | 世界 | 先進地域 | 途上地域 | アフリカ | アジア | ヨーロッパ | ラテンアメリカ・カリブ | 北部アメリカ | オセアニア |
|---|---|---|---|---|---|---|---|---|---|
| | | | | 人口（百万人） | | | | | |
| 1950 | 2,521 | 813 | 1,709 | 221 | 1,402 | 547 | 167 | 172 | 13 |
| 60 | 3,022 | 916 | 2,106 | 277 | 1,702 | 605 | 218 | 204 | 16 |
| 70 | 3,696 | 1,008 | 2,688 | 357 | 2,147 | 656 | 285 | 232 | 19 |
| 80 | 4,440 | 1,083 | 3,358 | 467 | 2,641 | 693 | 361 | 255 | 23 |
| 90 | 5,266 | 1,148 | 4,118 | 615 | 3,181 | 722 | 440 | 282 | 26 |
| 95 | 5,666 | 1,172 | 4,495 | 697 | 3,436 | 728 | 480 | 297 | 28 |
| 2000 | 6,055 | 1,188 | 4,867 | 784 | 3,683 | 729 | 519 | 309 | 30 |
| 10 | 6,795 | 1,208 | 5,586 | 973 | 4,136 | 724 | 595 | 332 | 34 |
| 25 | 7,824 | 1,215 | 6,609 | 1,298 | 4,723 | 702 | 697 | 364 | 40 |
| 50 | 8,909 | 1,155 | 7,754 | 1,766 | 5,268 | 628 | 809 | 392 | 46 |
| | | | | 年平均人口増加率（%） | | | | | |
| 1950 | 1.77 | 1.21 | 2.04 | 2.15 | 1.91 | 1.00 | 2.65 | 1.70 | 2.21 |
| 60 | 1.98 | 1.10 | 2.36 | 2.52 | 2.21 | 0.97 | 2.75 | 1.46 | 2.15 |
| 70 | 1.95 | 0.79 | 2.37 | 2.56 | 2.27 | 0.60 | 2.45 | 1.01 | 2.09 |
| 80 | 1.71 | 0.57 | 2.07 | 2.79 | 1.88 | 0.38 | 2.07 | 0.98 | 1.51 |
| 90 | 1.46 | 0.41 | 1.75 | 2.51 | 1.55 | 0.16 | 1.72 | 1.02 | 1.51 |
| 95 | 1.33 | 0.27 | 1.59 | 2.36 | 1.38 | 0.03 | 1.57 | 0.85 | 1.29 |
| 2000 | 1.20 | 0.20 | 1.44 | 2.20 | 1.22 | −0.04 | 1.43 | 0.72 | 1.20 |
| 10 | 1.03 | 0.10 | 1.23 | 2.04 | 0.99 | −0.14 | 1.18 | 0.66 | 1.09 |
| 25 | 0.72 | −0.09 | 0.87 | 1.59 | 0.64 | −0.33 | 0.81 | 0.44 | 0.76 |
| 45 | 0.34 | −0.29 | 0.44 | 0.99 | 0.24 | −0.56 | 0.41 | 0.20 | 0.47 |

注：増加率はつぎの5年間の平均．将来推計値は中位推計値．
出所：UN (1999a)．

家もないのが実情であったろう。最近の状況も聞くところによればあまり変らないということである。一九六〇年代初期の日本はまだ貧しかったが、インドの貧しさはそれとは桁違いの、私の想像を絶するものであった。一九九八年の世界銀行の統計によれば、インドの年間一人当りの所得は四三〇ドル、日本円に換算して四万六〇〇〇円にすぎない（World Bank, 2000）。月平均三八〇〇円である。日本の月間平均所得二九万円と比較し、何という差であろうか。

## 2　先史時代における人口増加

世界の人口が過去においてもこのように速いスピードで増加していたかというと、答えは否である。先史時代から現在に至るまで数百万年にも及ぶ人口増加の歴史を示した、デュランの有

図1　世界人口増加の長期的推移

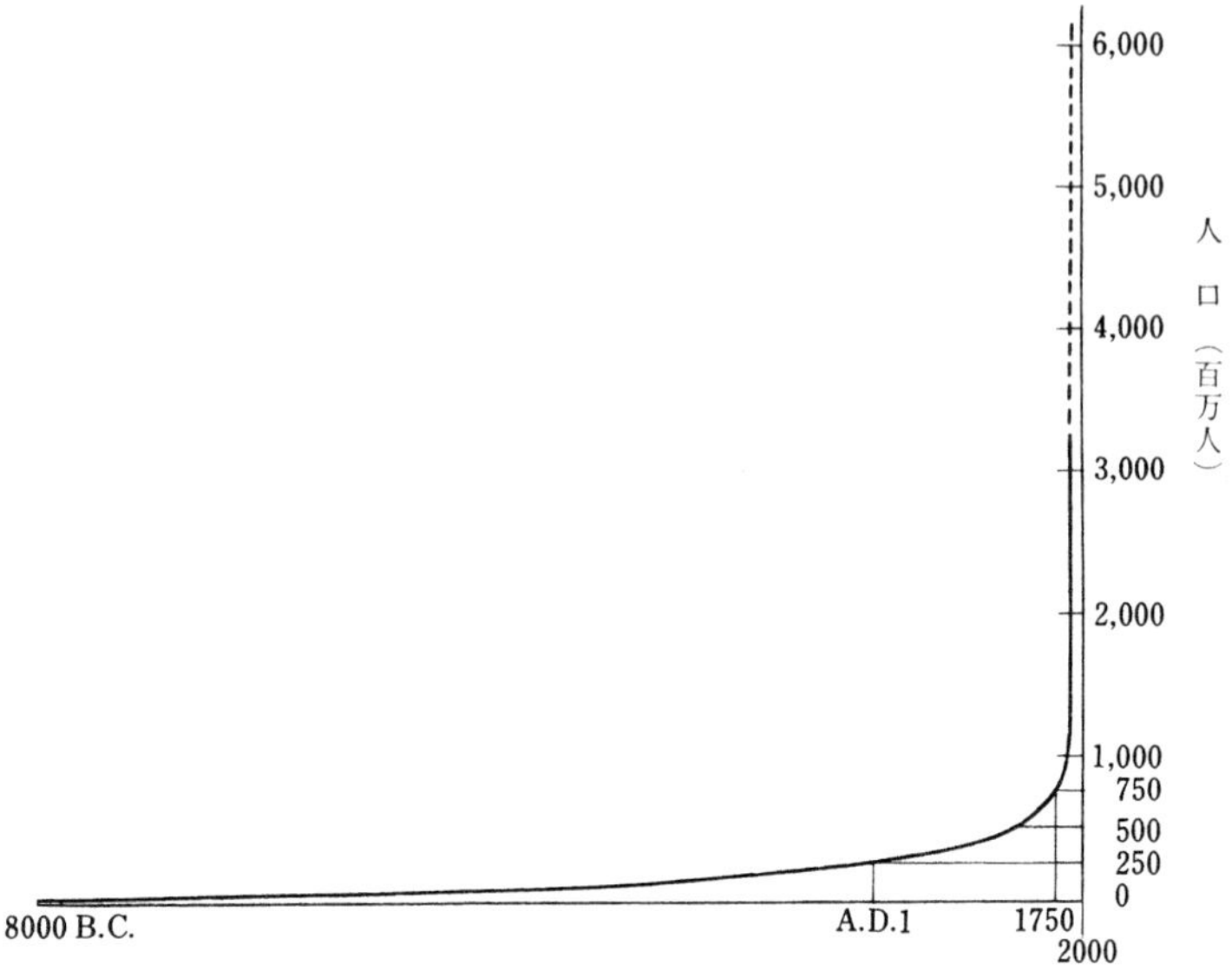


出所：Durand (1967).

名な人口増加の図式（図1）によると、人口増加は、一七五〇年頃までは非常に少なく、ほとんど水平に近い横這いの増加率を示した。その後、一七五〇年あたりから世界人口は急激に増加し、増加は垂直上昇と言えるくらいの大きなものとなっている。今から三〇万年前に世界人口はようやく一〇〇万人になったと推定され、一万年前は五〇〇万、農業の始まった六〇〇〇年前でも八七〇〇万で、一億にも達しなかった。カー・ソンダースやウイルコックスによれば、一六五〇年の世界人口は約五億であった（Carr-Saunders, 1936; Wilcox, 1940）。世界人口が一〇億単位になったのは一九世紀に入ってからであった。デュランの推計によれば、一七五〇年の世界人口は七億九一〇〇万、一八〇〇年は九億七八〇〇万、一八五〇年一二億六二〇〇万、そして一九〇〇年一六億五〇〇〇万となっている（Durand, 1967）。

人類の祖先アウストラロピテクス（猿人）がこの地球上に出現したのは二〇〇万年前とも三〇〇万年前とも言われる。その前の先行人類としてのラマピテクスの時代を入れると、一五〇〇万年も前に遡ることができる。しかし、この長い人類の歴史の九九％に相当する期間は、年平均人口増加率はきわめて微少で、ほとんどゼロに近かったことが知られている。

今から一万年くらい前に人類は定住し、農業を営むようになり、それまで何百万年も行ってきた狩猟・採取の経済活動を捨てたと人類学は教えてくれる。* その頃から一七世紀後半まで、短期間に起きた人口の急増加はさておき、長期的にみて人口増加率が〇・一%を超えたことはなかったと言われる。それが〇・三%とか〇・四%という数字になったのは、産業革命が始まった一八世紀のことである。

* ところが、今でもアフリカの奥地やニューギニアの奥地タスマニア等にはまだ未開の、農業を全く行わない部族がいることが知られている。中でもアフリカの南アフリカ、アンゴラ、ナミビア、ボツワナの境の内陸地帯に住むドーブ・クン族は有名で、今でも狩猟・採取の経済を固守している。ピグミーとかブッシュマンといわれる種族もこれに近い。ヨーロッパから移民がやって来る以前に北アメリカにいた多くのインディアンや、現在のイヌイトも狩猟・採取に従事しており、農業を行っていたわけではない。

一八世紀以後のヨーロッパにおいて、産業革命は同時に農業革命、運輸通信革命を伴って起きたと言われる。産業革命によって生活水準が上昇し、また農業技術の革新によって農産物の生産は増加し、運輸通信革命によって、従来局地的凶作のためしばしば飢饉に見舞われていた地域に緊急用の食糧を輸送できるようになり、それまで鋸の歯のように上下振動していた死亡率が安定し、その結果長期的な死亡率の低下を迎えた。出生率は元来高かったので、その差として人口が急速に増加し始めたのである。

しかしながら、一七世紀以前の人類の歴史を細かく考察すると、人口増加は決してデュランの描く巨視的な図のように、水平線上をただ横這いの形で微増の歴史を示していたわけではない。紀元前四万年から現在までを半対数の目盛りによる図2で示すと、デュランの簡略化されたモデルの中に複雑な動きが隠されていることがわかる。フランスの人口学者ビラバンの、有史以前の世界人口の動向に関する最近の研究によれば、紀元前三七〇〇〇年から三五〇〇〇年にわたった時代、すなわち中期旧石器時代から後期旧石器時代への過渡期と、新石器時代(紀元前八〇〇〇年か

図２　紀元前4万年以降の人口変動

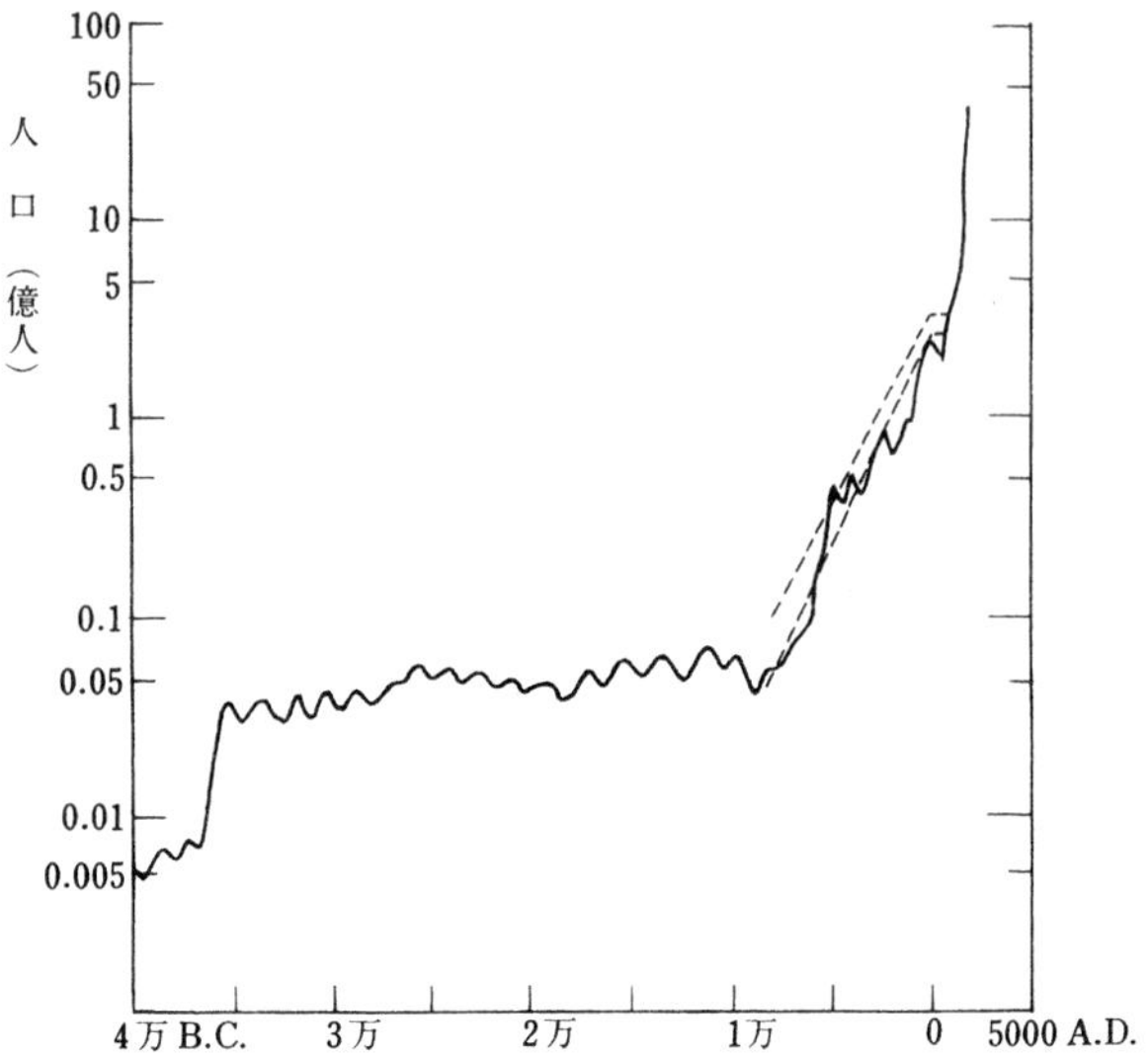


出所：Biraben（1979），p. 23.

ら五〇〇〇年）に入ったときの二回、一種の人口爆発を認めているのはまことに興味深い（Biraben, 1979）。紀元前三五〇〇〇年から紀元前一〇〇〇〇年までの二五〇〇〇年間は、人口増加は上下に細かく変動しながらも、比較的安定（微上昇）していた。さらにビラバンの描いたもう一つの図（図3）に示されるように、もっと近いところで紀元前八〇〇〇年から紀元〇年の間、西暦八〇〇年から一二〇〇年までの間、そして最後に一七〇〇年から現在までの間と三回にわたり、人口の急増があったことが明らかとなっている。また、それらの増加の前には人口増加の停滞や人口の減少さえ見られ、世界人口の歴史はプラス成長とマイナス成長の循環を産業革命まで繰り返していたことがわかるのである。

　これらの人口増加の軌跡をいかに解釈するか。有名な人口学者マルサスによれば、男女の情熱（性欲）は不変であり、人口は妨げがなければ常に幾何級数的に増加する。しかし、人間の生存のための食糧増産は人口増加より緩慢である。そして食糧を生産する土地の農業生産力は、初めは労働力をつぎ込むほど増加するが、やがて収穫逓減の法則が働いて生産力は頭打ちとなる。しかし、そのまま人口増加が続くと必然的に生活水準が低下し、人々は貧困に陥る。食糧不足が起こり、遂には死亡率が高くなって、人口増加は止まり、そして一時的には減少が起こる、というのがマルサスの考えである。

局部的に見るならば、ビラバンの推計した有史以前の人口の動きは、マルサスの人口原理がそれぞれ見事に当てはまっている例と言える。先に述べた人口増加の時期は、中期旧石器時代から後期旧石器時代へ変った時代に相応しており、新しい狩猟・採取の道具の出現によって一時的にせよ食糧の供給が急増した時代である。特に、後期旧石器時代から新石器時代への過程は、人類が初めて農業を始めた時期に相応している。農業の発展が人口が着実に増加するための契機となったことは知られている。農耕、特に貯蔵可能な穀物の栽培が食糧を豊富かつ安定的に供給することを可能にし、それによって死亡率が低下したことは誰しも考えることができる。しかし、部分的に見ると、狩猟採取経済から定着農耕に移ったばかりの時は、農作物の不作が起こったり、人口密度の上昇が伝染病の蔓延を容易にしたりして一時的に死亡率を上昇させた、とコールは述べている(Coale, 1974)。

図3　紀元前1600年以降の人口変動

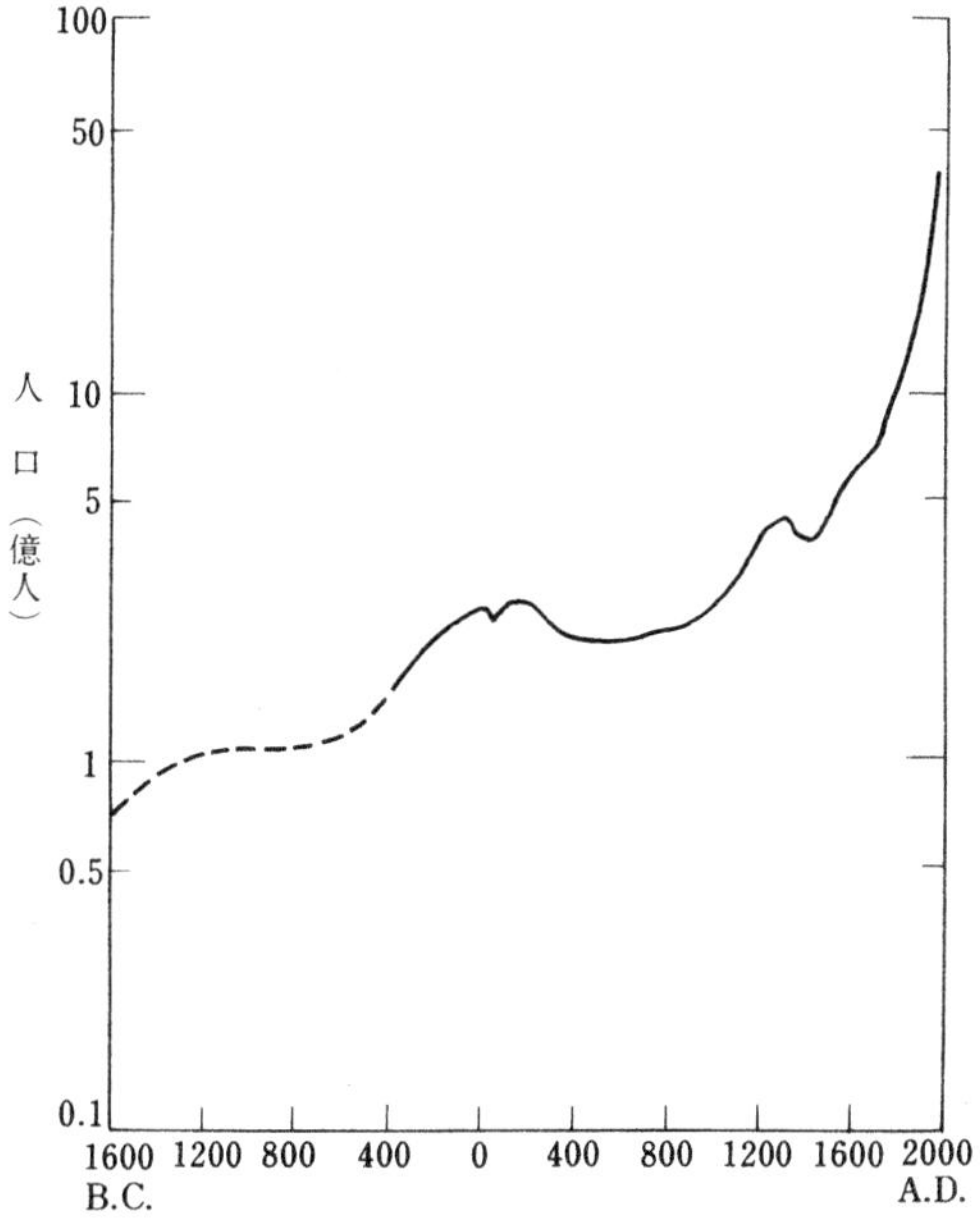


出所：Biraben (1979), p. 22.

　他方、農耕に伴う永住の促進と一般的栄養水準の上昇、そして婦人労働のための早期の離乳が、出生《しゅっしょう》率を高める上で効果があったと考えられる。ちなみに、子供が生まれた後にいつまでも母乳を与えていると、その間は母親の生理が回復せずアメノリアという不妊状態が続くという生物学的事実がある。例えばインドが隣の回教国パキスタンやバングラデシュより出生率が低いのは、生まれた子供に長い間母乳を与える習慣があるからだという。また、最近アフリカで出生率が上昇している国があるが、これは母乳哺育を止めて人工乳に切り換えることが流行したためだという説もある。

## 3　古代・中世の人口増加

先史時代の人口データは非常に限られている。そしてそのあとに続く古代から中世にかけての時代についても状況は変りない。しかしこれらの時代の特徴は、大雑把に言えば高出生率と高死亡率が並存する状況で、飢饉や疫病の蔓延の時には死亡率が増加し、人口が停滞あるいは減少するが、しばらくしてそれが過ぎ去ると「一陽来復」で人口が再び増加するという繰り返しであった。長期的に見ると、全体で僅かな増加を示したに止まった。

イギリスの場合を例に取ると、長期的に見て産業革命以前に二つの人口増加のサイクルがある。図4に示されるように、一二世紀から一三世紀にかけて上昇したイギリスの人口は、一四世紀の半ばに黒死病の蔓延があって半分近く減少し、再び一五世紀になって人口は増加するが、一七世紀の半ばから一八世紀の初頭まで人口は停滞している。この一七世紀から一八世紀にかけての人口停滞は、当時相当程度の男子の出移民があったことにも起因しており、死亡率上昇・出生率下降のためだけではない。

図4　11世紀から19世紀までのイギリス人口の推移

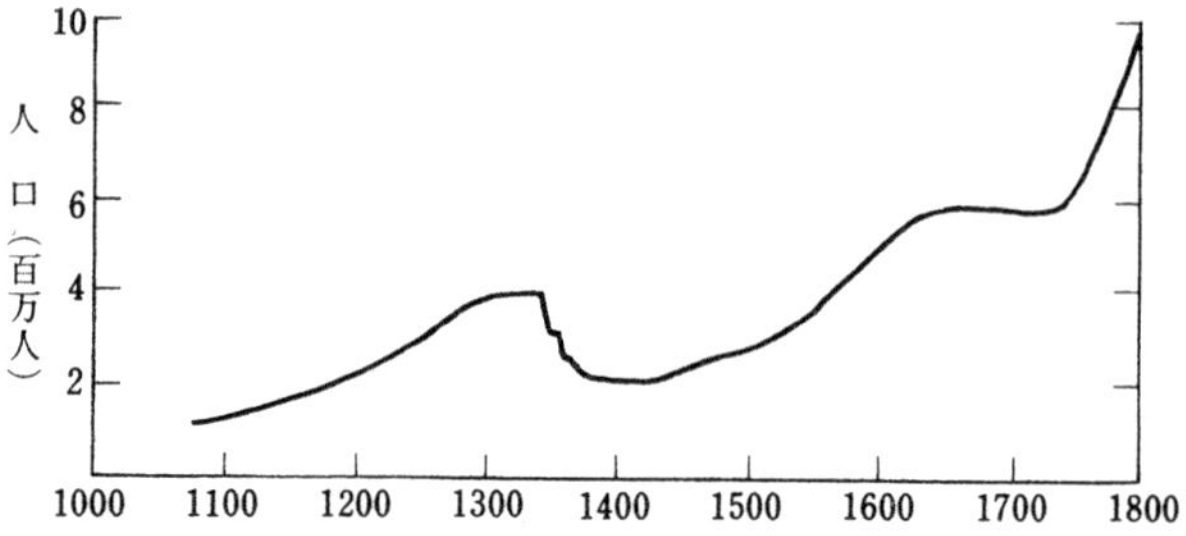


出所：Wrigley (1969).

もう一つインドの場合を例に取ると、西暦紀元前三〇〇年においてすでにインドの人口は一億に達していたと推定されるが、紀元一六〇〇年にもほぼ同じ数字が報告されている。インドの人口は、約二〇〇〇年の間、途中で上下運動を続けながら、結果においては変化しなかったのである(Wrigley, 1969)。

表2　主要地域別世界人口の推計：1750-2000

| 地域・主要国 | 人口(百万人) | | | | | | 年平均増加率(%) | | | | |
|---|---|---|---|---|---|---|---|---|---|---|---|
| | 1750 | 1800 | 1850 | 1900 | 1950 | 2000 | 1750-1800 | 1800-1850 | 1850-1900 | 1900-1950 | 1950-2000 |
| 世界 | 791 | 978 | 1,262 | 1,650 | 2,521 | 6,055 | 0.4 | 0.5 | 0.5 | 0.8 | 1.8 |
| アジア | 498 | 630 | 801 | 925 | 1,376 | 3,610 | 0.5 | 0.5 | 0.3 | 0.8 | 1.9 |
| 中国 | 200 | 323 | 430 | 436 | 555 | 1,278 | 1.0 | 0.6 | 0.0 | 0.5 | 1.7 |
| インド,バングラデシュ,パキスタン | 190 | 195 | 233 | 285 | 439 | 1,299 | 0.1 | 0.3 | 0.4 | 0.9 | 2.2 |
| 日本 | 30 | 30 | 31 | 44 | 85 | 127 | 0.0 | 0.1 | 0.7 | 1.3 | 0.8 |
| インドネシア | 12 | 13 | 23 | 42 | 80 | 212 | 0.2 | 1.2 | 1.2 | 1.3 | 1.9 |
| その他のアジア | 67 | 69 | 87 | 118 | 220 | 695 | 0.1 | 0.5 | 0.7 | 1.2 | 2.3 |
| アフリカ | 106 | 107 | 111 | 133 | 221 | 784 | 0.0 | 0.1 | 0.4 | 1.0 | 2.5 |
| 北アフリカ | 10 | 11 | 15 | 27 | 53 | 173 | 0.2 | 0.5 | 1.2 | 1.3 | 2.4 |
| その他のアフリカ | 96 | 96 | 96 | 106 | 168 | 611 | 0.0 | 0.0 | 0.2 | 0.9 | 2.6 |
| ヨーロッパ | 125 | 152 | 208 | 296 | 398 | 517 | 0.4 | 0.6 | 0.7 | 0.6 | 0.5 |
| 旧ソ連 | 42 | 56 | 76 | 134 | 174 | 284 | 0.6 | 0.6 | 1.1 | 0.6 | 1.0 |
| アメリカ | 18 | 31 | 64 | 156 | 339 | 829 | 1.1 | 1.5 | 1.8 | 1.6 | 1.8 |
| 北部アメリカ | 2 | 7 | 26 | 82 | 172 | 310 | — | 2.7 | 2.3 | 1.5 | 1.2 |
| ラテンアメリカ | 16 | 24 | 38 | 74 | 167 | 519 | 0.8 | 0.9 | 1.3 | 1.6 | 2.3 |
| オセアニア | 2 | 2 | 2 | 6 | 13 | 30 | — | — | — | 1.5 | 1.7 |

出所：Durand (1967)．ただし1950年と2000年はUN (1999a)．

## 4　近世・現代の人口増加

一八世紀から一九世紀にかけて起きた産業革命による人口増加は、先進地域、特にヨーロッパに限られるが、これは農業革命、運輸通信革命を伴った技術革新によって、欧州の人口が一つのマルサス的人口停滞を脱し、次のより高い局面へと進んだものと考えることができる。この際、産業革命は経済からみた人口扶養力の増大を基礎に、市民の栄養状態の改善と公衆衛生の発達による死亡率の低下、特に青少年人口における低下をもたらした。しかし、一九世紀の後半になると出生率が低下し始め、しかもそれが死亡率の低下の速度を上回ると人口増加率は減少し始めた。

一七五〇年以降の世界人口増加は、デュランの推計によれば表2に示されるとおりである。ただし、一九五〇年と二〇〇〇年の数字は、最新の国連推計の値によって置きかえてある。また、二〇〇〇年におけるアジア、ヨーロッパ、旧ソ連の境域は一九五〇年以前のものに逆に調整してある。これによると、二〇世紀の半ばまでは人口増加率が低く、特にサハラ砂漠以南のアフリカ、インド亜大陸等で人口増加率が低かったことが注目される。しかし、反面一九世紀における北部アメリカあるいはラテンアメリカの増加率、特に北部アメリカ（合衆国・カナダ）のそれは著しい。これは産業革命の間接的な効果と言えよう。産業革命なかりせば、あのような大量移民を運ぶ大型の船は用意できなかったであろうし、さらにもっと根元に遡ると、出移民を可能にする母国での人口増加はなかったであろう。また、一九世紀に人口増加率が上昇した途上地域があるが、これもヨーロッパの産業革命の効果が、当時植民地を支配していたイギリスやオランダを通じて間接的に入って来たことによると考えられる。特に、秀れたヨーロッパの医療技術、公衆衛生の知識、運輸通信ネットワークの導入の効果は少なくなかったであろう。

第二次大戦後の世界人口の飛躍的増加は、大部分が発展途上国（日本を除いたアジア、全ラテンアメリカ、全アフリカ、オーストラリアとニュージーランドを除くオセアニアの諸国）の死亡率の低下によるものである。産業革命期におけるヨーロッパの人口増加は、医学の進歩もあったが、結局のところ生活水準の向上の結果起きたものであった。これに反し、途上国の場合は生活水準の向上がヨーロッパと比べて格段に低いにもかかわらず、公衆衛生・医療の技術が欧米から伝播してきた結果起きたという要素が強い。もちろん「緑の革命」といわれる農業技術革新によって人口扶養力が増大し、また、アジアの一部、東アジアやＡＳＥＡＮ諸国、あるいはラテンアメリカの一部で生活水準が向上したことも否定できないが、途上国での死亡率の低下は、それを支える経済開発、一般国民の生活水準の向上の結果というよりも、西欧からの害虫駆除剤や抗生物質の導入によって予想外に起きたというのが定説となっている。

一九〇〇年から一九五〇年の二〇世紀前半の世界の年平均人口増加率は〇・八％であった。それは比較的緩慢であったといってよい。ところが一九五〇年以後になって、世界人口は飛躍的に増大した。国連の推計によると一九五〇－五五年の年平均増加率は一・七七％であり、これが一九五五－六〇年一・八五％、一九六〇－六五年一・九八％と上昇し、一九六五－七〇年には二・〇四％と最大となった（UN, 1999a）。

しかし、一九七〇年以後世界人口の増加率は減少し始め、一九八〇－八五年は一・七一％に、さらに一九九五－二〇〇〇年は一・二三％へと着実に低下した。この理由は大きく分けて二つある。まず、先進工業国で一九六〇年代から出生率が急速に低下し、現在は超低出生率というくらい低い水準にあり、それに伴って増加率が低下したこと。そして第二として、これは極めて画期的なことであるが、途上地域においても出生率の低下が始まり、増加率が一九七〇年以後減少し始めたことである。

途上地域で出生率が低下し始めたとはいっても、全ての地域で一斉に低下し始めたわけではない。低下の有力な理由の一つとして、世界人口の四分の一近くを占め、途上地域人口の三分の一を占める中国で「一人っ子政策」のための家族計画運動が実を結び、出生率が着実に低下していることの効果は非常に大きい。また、中国の周辺に位置する韓国、シンガポール、台湾、そしてASEAN諸国、ラテンアメリカのカリブ海諸島(ジャマイカ、トリニダード・トバコ、バルバドス等)、中米のメキシコ、コスタリカ、パナマ、グアテマラ、さらに温帯南アメリカのブラジル、コロンビア、チリ、ベネズエラでの一九七〇年代以降の出生率低下も相当程度有力である。さらに、中国に次ぐ人口大国であるインドの出生率低下の効果も決して小さくない。

ここで、中国の人口増加率低下が途上地域の人口増加率低下にどれだけ影響を及ぼしたかを計算してみよう。国連の推計によると、一九七〇－七五年から一九八〇－八五年にかけて途上地域の人口増加率は二・三七％から二・〇八％に減少した。ところがこの間に中国においては、二・二一％から一・三八％へと著しい減少がみられる。もし中国が一九七五年から八五年にかけてこの一九七〇－七五年にみられた二・二一％の高増加率を維持したと仮定した場合に達したであろう一九八五年の理論的人口数と、一九八五年の実際数(もっともこれ自体推計値だが)との差が、人口増加率低下によって減少した、あるいは回避された人口数と考えられる。同様に、途上地域が一九七五年から八五年の間に一九七〇－七五年の高い増加率を継続すると仮定して得た一九八五年仮定人口数を実際値と比較することにより、途上地域で一九七五年から八五年の間に回避した人口増加数を計算することができる。このようにして計算された中国の人口増加回避数を途上地域のそれで割ると、その商は大雑把にいって、中国の人口増加率低下が途上地域全体の人口増加率低下の何%を説明しているかを表わすことになる。もちろん、もっと精緻な方法も考えられようが、この方法によって大体の目的は達成することができよう。

以上の方法で計算を行ってみると、一九七五年から八五年にかけて中国の人口増加率低下が途上地域のそれに占める寄与率は七八%であった。これをみれば、中国人口の増加率低下が世界人口に及ぼす効果は甚大であるといわざるを得ない。先にも述べたように、中国以外でも出生率低下の著しい国々があるが、人口の絶対数が小さいためか全体への影響は小さい。ところが、世界人口の将来を眺めると、中国では出生率が欧米なみの低い水準に近づいているのでもはやこれ以上の低下は期待されず、途上地域の人口増加率低下への大きな貢献は望めないであろう。そうだとすれば、世界の人口増加率が将来さらに低下するためには、中国以外で大きな人口を占め、しかも出生率の高い地域、特にインド、バングラデシュ、パキスタンを枢軸とするインド亜大陸の国々とアフリカにおいて、相当程度の出生率低下が起きる必要があるのである。

## 二　人口革命と人口転換

### 1　産業革命と人口転換の図式

ヨーロッパや北米諸国においては一八世紀から一九世紀にかけて死亡率が低下し始め、約一〇〇年の遅れをもって出生率もこれに続いた。一八世紀から二〇世紀初期にかけての二〇〇年くらいの間に、「多産多死」の状況から「少産少死」の状況への移行が完了したのである。これを人口学者は「人口転換」あるいは「人口革命」と呼んでいる。「革命」という言葉が使われているが、これ以前にはこのように死亡率が急速に、しかもこのような落差をもって低下したことはなかったし、いわんや出生率が半分以下に低下し、しかもこの状態が恒久的に続くことはなかったからである。

このような出生率と死亡率の動き、およびそのタイミングを、ヨーロッパの経験を基にして表現したのが「人口転換学説」である。イギリスは、「人口転換」という人口の動きを最も早く、そしてほぼ完璧な形で実現した国であったと言われる。このイギリスを例にとりながら、人口転換学説について説明していこう。図5はイギリスで起きた多産多死、多産中死、中産少死、少産少死の四段階における出生率と死亡率の変化を示したものである。

第I段階は出生率・死亡率ともに高いが、死亡率が鋸の歯のように上下に振動しているのが特徴である。これは産業革命以前の農業テクノロジーでは、天候の急変、食糧不足、飢饉の発生に対し人間は全く無力であったこと、食糧に余裕がないために、みすみす死ぬ人が多かったことを示している。

図5　イギリスの人口転換

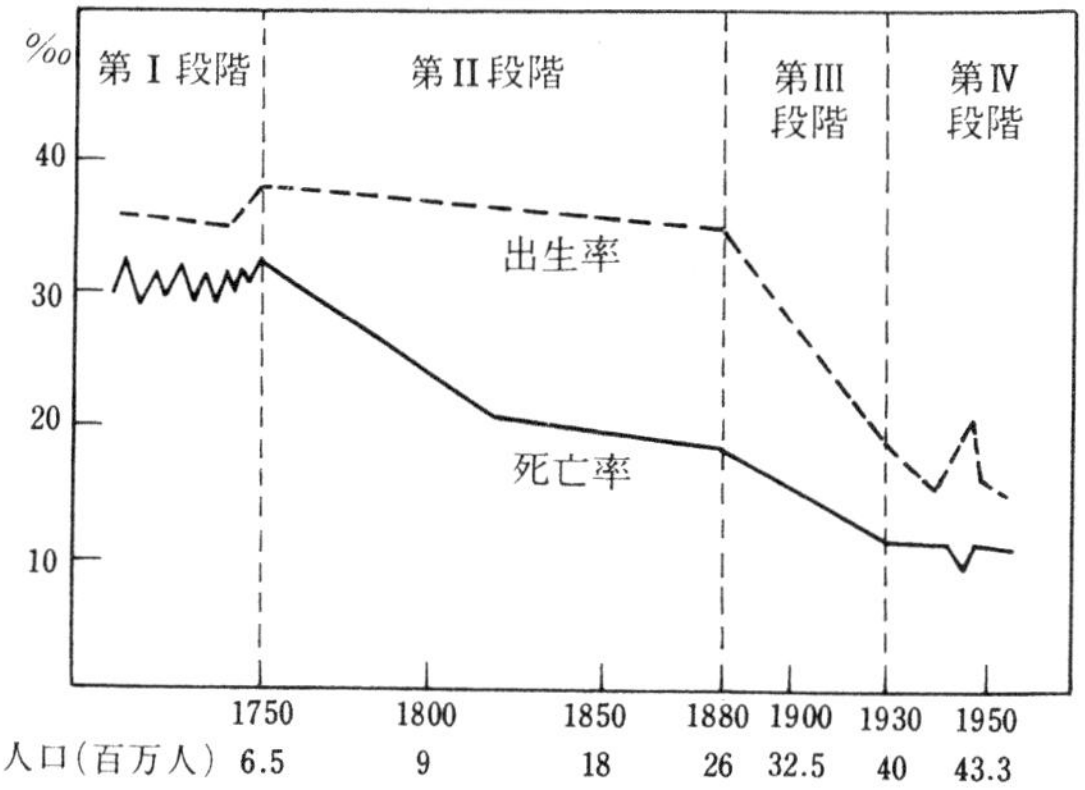


出所：Political and Economic Planning (1955).
ただし部分的変更を加えた.

第I段階から第II段階に入ると死亡率の低下が著しくなった。同時にその初期に出生率がいくらか増加したのが特徴的である。人口革命当初の出生率の上昇は何を意味するか。三つのことが考えられる。第一に、産業革命により一般の生活水準が向上し、栄養改善によって母性の健康が増進し、出産年齢にある既婚女性の妊娠力が上昇し、今までよく見られた出産に伴う女性の死亡、さらに妊娠中の死産が少なくなったことである。産児制限や中絶等の人為的抑制が行われていない自然のままの出生率という意味の「自然出生力」という概念があるが、この自然出生力が上昇したためと思われる。第二に、社会経済的理由によってそれまで晩婚あるいは生涯未婚を余儀なくされていた人々が、もっと早い年齢で、もっと多く結婚できるようになったことがあげられる。そして第三の理由として、生活水準の向上の結果、出産に関して現役の夫婦が以前と比べて死ななくなり、配偶者に死に別れる確率も減って、人口全体の出生率が上昇したことも考えられる。第二と第三の理由は、要するに生殖期間が延びたということである。他の条件が一定ならば、現役夫婦の期間が長くなれば、出生率が高くなるのは当然である。

ともあれ、イギリスでは第Ⅱ段階に入り死亡率が本格的に低下し始めた。それまでにも死亡率が低下したことは人類の歴史の上でしばしば見られたが、このような大きな落差で、しかも低下し始めると再び元の高い状態に戻ることはないという状況は、人類の歴史で初めての、画期的な出来事であった。

これについては次節でさらに詳しく説明するとして、死亡率だけが最初急速に下がったのは、死亡率の方が出生率よりも機械的に低下しやすいからである。第一に元来無病息災で長生きをすること、死亡率をできるだけ下げることは、いかなる社会でも普遍的な善であり、理想である。死亡率を低下させて平均寿命を伸ばすために、医学・公衆衛生の技術の導入に抵抗があるはずがない。さらに産業革命による生活水準の向上によって栄養状態が良くなり、また衛生思想が高まってきた。身体および身のまわりを清潔にしておくことは気持ちが好いし、健康増進をもたらす条件であることが市民の間に認識され始めたことであろう。

これに対して、低い出生率はどこの社会でも普遍的善とは限らない。高い出生率を示す国は一般に社会の生存のための子宝思想を持っており、子供の経済価値が高く、子供が沢山いれば老後は安心だと考えられている。これに反して子供を沢山持つにあたってのコストはあまり感じていない。子供に老後を託すほかなければ、子供の数を減らそうという考えに結びつくはずがない。しかも生まれた子供の三分の一ないし二分の一は成人に達するまでに死ぬという苛酷な状況にあればなおさらであろう。何百万年にも及ぶ人類の歴史において、氏族・部族のサバイバルのために、高い死亡率に見合った高い出生率を持たなくてはならないという、高出生率志向の価値体系がいつの間にか出来上がっていた。いま死亡率が低下し、高出生率を支える意味付けが減退しても、それが今度は低出生率志向の価値体系に切りかわるためには、少なからぬ年月を経なければならないのである。

ともあれ、一方で死亡率が低下したが、他方、出生率の低下はこの第Ⅱ期には起こらなかった。このため第Ⅱ期になってしばらくは多産少死、あるいは多産中死の時代が続き、高い出生率と低下する死亡率の格差によって人口増加が起きた。この第Ⅱ段階はイギリスでは一七五〇年から一八八〇年まで一三〇年間続いた。

第Ⅲ段階では、死亡率の低下も続いたが、それにも増して初めて出生率が低下し始めた。しかも途中で、それは死亡率の低下よりも著しくなり、ここに人口増加率は減少し始めた。この期間はイギリスでは五〇年間続いたのである。

## 2　なぜ死亡率が低下したか

産業革命によってなぜ死亡率が低下したかについては、多くの理由が考えられる。それらの主なものを考えてみよう。

まず考えられる大きな理由は、産業革命とともに農業革命が進み、農機具の発達、農作物の品種の改良、肥料の施肥等によって農作物の収穫量が非常に増えたことである。じゃがいもやとうもろこしのような新しい品種がヨーロッパに導入され、また特に運輸通信の発達によって、農業技術のノウハウの交換が各地方間で行われて全体的に技術レベルが向上し、生産力が高まったことであろう。さらにまた、天候の不順による農作物の不作が生じても、飢餓のための死亡が起こらなくなったこともあげられよう。物材の大量輸送が可能になれば、不作の地方に食糧を送ることが可能になる。インドでは、鉄道が敷設されてから飢餓による死亡が激減したと言われる(Wrigley, 1969)。また、食糧の貯蔵・保管技術の発達も大きな意味を持っていただろう。

図6はノルウェーでの一七四〇年から一八五〇年までの一一〇年間の粗死亡率を表わす。粗死亡率というのは、ある年の死亡者数をその年の年央(通常七月一日)の人口で割った数字である。これに対応する概念が粗出生率である。ノルウェーの粗死亡率の動向をよくみると、一七四〇年から一八一四年くらいまでは盛んに不規則な振動を続けていることが注目される。例えば一七四二年、一七七三年、一八〇九年はその前後と比べて非常に高くなっている。これ

図6　ノルウェーにおける粗死亡率の推移：1740-1850

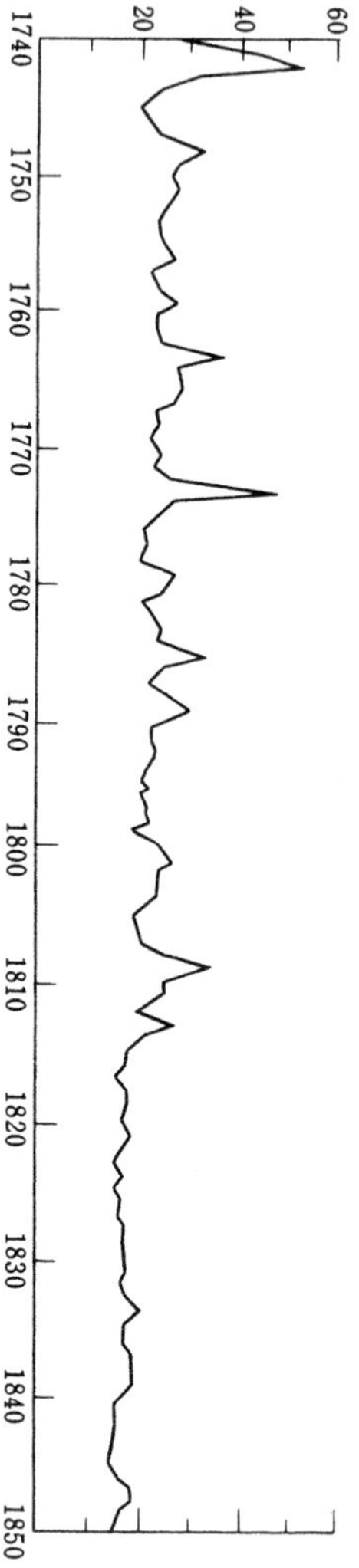


出所：Wrigley (1969).

らの年は、天候の不順によって、農作物が減少したり、疫病が蔓延したりした年である。農業の不作が起こり、飢饉が起こると、直接そのためには死亡しなくても、その最中あるいは事後に疫病が発生し、多くの人が死ぬ。食糧不足によって栄養失調が続き、身体の抵抗力が弱まって伝染病にかかりやすくなり、またいったんかかるとそのまま死んでしまうケースが非常に多いからである。ところが、一八一五年以後はそのような死亡率の上下変動は少なくなり、その振幅は小さくなってきた。リグレーは、このように上下変動がなくなり、スムースになったこと自体が全体の死亡率低下の重要な要因であると言う(Wrigley, 1969)。つまり、それまでは天候の不順、農作物の不作、疫病の流行によって上下運動していた死亡率が安定化してきたのである。

農業革命、そして同時に起きた生活水準の向上、公衆衛生の改善によって、まず低下したのが青少年の死亡率である。死亡率が低下するとき、まず青少年から低下することはよく見られることであり、生まれたばかりの乳児死亡率や老人死亡率はすぐには低下しない。これは、青少年の死亡はほとんど伝染病、特に結核によるものであり、少しでも栄養が改善されると病原菌に対する抵抗力が増すからである。湿ったうすら寒い環境は感染による疾病の発生を助長する。生活水準が向上し、冬の寒い夜でも家の中は暖房で暖くなり、ベッドや衣料が乾燥するようになったことが感染性の病気にかかりにくくなる好条件をもたらした。また、石鹸が安く手に入るようになり、毎日着る衣料、寝具がいつも清潔に保たれる状況になったことも大きなプラスであった。清浄な飲料水が常に得られるようになったことも大きな効果を持つ。一九世紀の上下水道の発達により、公衆衛生の水準は格段に向上した。オスマンの都市計画によって、パリの下水道が当時すでに四通八達していたことは有名である。

一九世紀になって、今度は医学の発達の効果も現われてきた。すでに一八世紀にジェンナーは種痘の効能を立証している。その後ワクチンの予防注射の普及により、死亡率が減退してきた。病院における消毒薬、麻酔剤、防腐剤の発達も無視することはできない。また、病院が伝染病患者を一般から隔離する効果も大きかった。一九世紀にパスツールが細菌を発見し、多くの病気が細菌によって起こることが判明した。したがって、細菌自体や、それを媒介する動物あるいは昆虫を遠ざけたり撲滅すれば病気にかからないこと、清浄な水だけを飲み、腐った食物は食べず、衣服は常に洗濯して清潔にし、そして栄養のバランスのある食物をとっていればそう簡単に病気にはかからないことがしだいにわかり、庶民の生活の知恵となった。これらの考え方・知識の普及が、一九世紀から二〇世紀にかけての欧米における死亡率の長足な改善の基本条件であったと言えよう。

## 3　なぜ出生率も低下したか

産業革命以後の近代化によって、なぜ出生率が低下してきたか。なぜ欧米諸国が途上国より子供が少ないのか。途上国における出生率低下の条件は何か。これらは実は本書の中で最も力を入れて考えたいテーマである。これについては特に第四章でくわしく論ずるので、ここでは人口転換理論創設者の一人であるノートスタインの所見を紹介しよう(Notestein, 1953)。彼の所説は、産業革命は同時に社会変革を伴い、その結果出生率・死亡率の低下が起きたというものである。

産業革命以前のヨーロッパでは農業集落が自給自足の生活を営んだが、そこでは「家族」は生産、消費、教育、安全保障、老後の保障が行われる場であった。しかし、子供の教育期間は短く、子供たちは幼い時から経済生活に組み入れられた。女性の地位は低く、家事と出産と子供の養育が女性の役割であった。死亡率は高く、そのために高い出生率が必要であった。死亡率は産業革命の過程で低下したが、そこで多産の必要性が解消したあとでも、出生率の低下は、子供の数と家族のあり方に関する新しい考え方が生まれてくるまで待たなければならなかった。

「小家族」の考え方は、農業社会に代って工業社会が出現することによって生まれた。「家族」の機能は一つ一つ取り外され、それらは家族以外の「社会」によって代られた。もはや、子供に労働をさせたり、子供に老後の面倒を見てもらう必要性がなくなったのである。さらに、農村を離れ、都市に移り住み、産業社会に生きるためには、新しい技術修得の必要性が生まれた。このために、子供を学校に送り、十分な教育を身につけさせることが必要となった。工業社会の出現により、所得は上昇したが、それ以上に子供を一人前に育てるためのコストが増大し、反面子供の経済価値は減少した。すでに死亡率の低下によって多くの子供をスペアとして生んでおく必要はなくなっていた。子供を少なく生み、しかし一人一人をより健康に育て、十分な教育を与えるという少数精鋭主義の考え方が、出生率を必然的に低下させたのである。以上がノートスタインの主張である。

## 4 人口転換理論の問題点

「人口転換理論」は、「理論」といっても、ロトカ(Lotka, 1939)が構築した「安定人口理論」のように自己完結的で、人口数学的に演繹された理論ではない。ランドリー(Landry, 1934)、トムスン(Thompson, 1929 : 1946)、ブラッカー(Blacker, 1947)、ノートスタイン(Notestein, 1945)によって提唱され、それぞれ少しずつニュアンスの異なる学説の集合体を指すもので、すでに述べたように、多産多死から多産少死を経て少産少死に至る、一八・一九世紀の欧米の人口の歴史を要約した帰納モデルであり、一種の発展段階説である。

それはヨーロッパにおいて死亡率と出生率がそれぞれ異なるタイミングで低下する過程を説明し、過渡期における人口増加の必然性を一般化したものである。そして、この死亡率と出生率の低下が欧米諸国以外にも繰り返される可能性を示唆し、第二次世界大戦後の途上国における死亡率の低下と、その結果としての人口増加を予見したが、それが適中するに及んで、その巨視的見解の正しさを立証した形となった。ただし、実際には予想よりもかなり大きく、しかも早い速度で死亡率が低下し、その結果予想もしなかったような大きな人口増加率を示すに至ったのである。

実は、途上国の状況と欧米諸国の人口転換の状況とで大きく違っていることがある。それは、人口転換の始まった一九五〇年前後のラテンアメリカ、アジア、そしてアフリカの出生率（粗出生率）が、産業革命前夜の欧米の出生率より相当に高かったこと、そして同時に途上国における死亡率（粗死亡率）の低下が予想外に早く、大幅であったために、途上国の人口増加率が欧米諸国のそれよりもはるかに大きくなったことである。人口転換が起きた時のヨーロッパ諸国の出生率はせいぜい人口一〇〇〇人につき三五であった。ところが、一九五〇年頃の途上国の出生率は平均四四であり、五〇を超える国もアフリカ、中近東ではざらにあった。リグレーとスコーフィールドの研究によれば一八世紀から一九世紀にかけての合計特殊出生率（一人の女性が一生を通じて生む平均子供数、くわしくは八七ページ参照）はせいぜい三であるにすぎない（Wrigley & Schofield, 1981）。それに反し、一九五〇年頃の途上国平均は六・二であり、七を超す国も二〇以上見られる。なぜ、人口転換の出発点において途上国の出生率が先進国のそれよりもはるかに高いのであろうか。これについて考えてみたい。

アメリカの北西部からカナダにかけて住むハテライトという白人の特別の宗教集団があるが、そこでは女性一人当り一一人とか一二人という高い合計特殊出生率を示すグループがある。これは避妊・中絶といった人為的出生抑制行為を宗教的理由から全く行わない集団である（Eaton & Mayer, 1954）。同時に、特に早婚というわけではないが、未婚率は低い。このことは、もし人為的な産児調節が行われず、結婚適齢者が一〇〇％近く結婚すれば、当時の欧米諸国でももっと高い出生率を持てたはずであることを示している。

人口革命が起きた頃のヨーロッパの出生率は現在からみると高い。しかし、一九五〇年代の途上国と比べるとかな

図7　仮説的な自然出生力モデルと72カ国平均の年齢別出生率

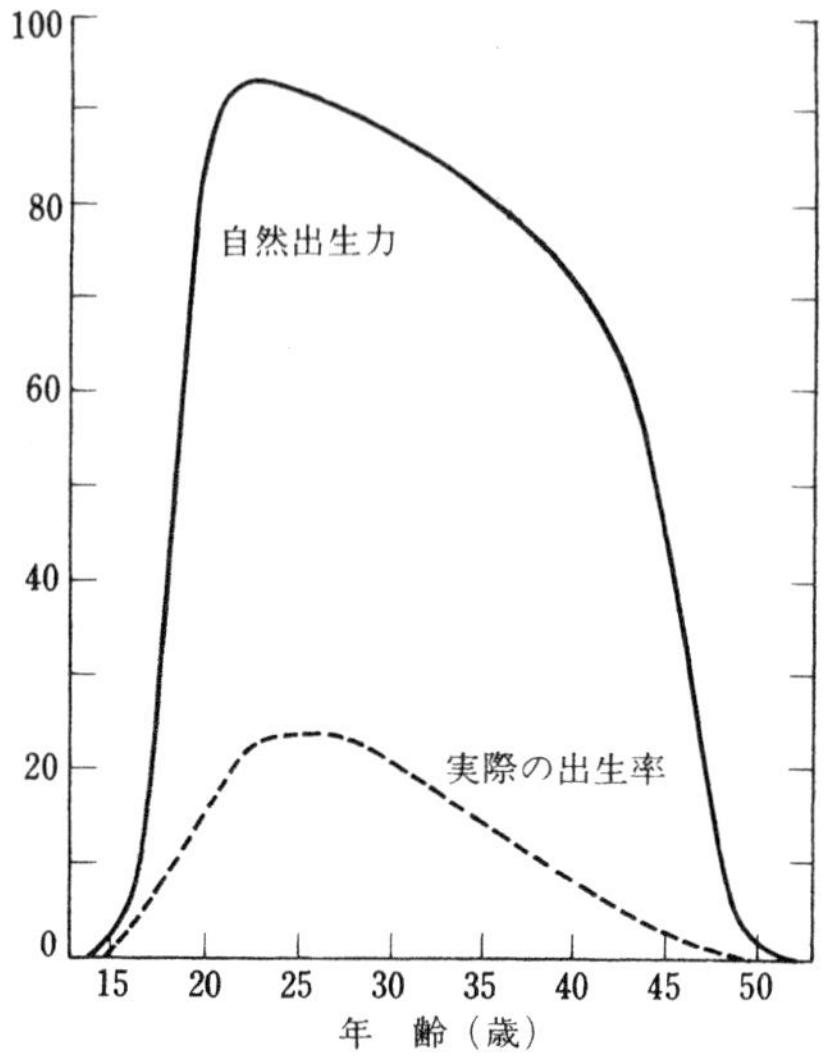


り低かった。この理由として、ヨーロッパ諸国では一生独身で終る人たちの割合が一〇―一五%あるいはそれ以上と、途上国と比べて高かったこと、また女子の初婚年齢が二五歳以上と非常に晩婚だったことが指摘される。当時は結婚外の同棲は少なかったので、結婚して出産活動に現役である女性の比率は相対的に小さかったことになる。生み盛りの年齢において結婚した女子の比率があまり大きくなければ、出生率がかなり低くなることは当然である。このように、自然出生力と実際の出生率との間には差があることを示したのが図7である。

人口転換学説に対してはさまざまな批判が行われた。例えば、社会経済の近代化によって出生率が低下すると謳っているが、どのような社会経済的条件が整ったときに出生率の低下となるのかの臨界点を明確に示していないこと、あるいはブラスが指摘するように、いつ、いかなる速度で出生率の低下が始まるかの予報能力に欠けるという点に対してである(Brass, 1979)。

批判としてさらにいくつかをあげることができる。第一に、人口転換が起こる前のヨーロッパでは、一般に思われている以上に国別の社会経済的条件が異なっていた。また、国の内部でも地域別に差異がみられた。それにもかかわらず同一地域、同一文化、同一言語、同一宗教の場合にほぼ一斉に出生率が低下したことからすると、出生率の低下と社会経済の近代化の過程とが深く関連し合っているとは必ずしも言えないのではないかというものである。第二に、フランスのように出生率の低下が死亡率の低下より早くから起こっている国もあるし、またドイツでは死亡率の低下が出生率低下と同時に始まっている(Coale, 1973)。こうしてみると、死亡率の低下が必ずしも出生率の低下の前提とはならないのではないかというものである。

最近プリンストン大学で行われたヨーロッパ出生力の歴史的研究から帰結されることは、社会経済の近代化と出生率の低下が、十分には関連していないことである。ヨーロッパで出生率が低下していったとき、それは経済・生活水準の同じ地域に沿って進行したというよりも、同一文化、同一言語・宗教の線に沿って行われた(Knodel & van de Walle, 1979)。出生率低下については文化的要因の方がより重要と言えるのではないかというのが、オリジナルな「人口転換理論」には見られない新しい知見である。

次に、人口転換理論は、少産少死の均衡に入った以後の状況を明確に示していない。現在欧米諸国では出生率が低下し、人口の置換水準、すなわち新旧世代一対一の人口再生産はとても達成できない状況にある。これに対して人口転換理論は、将来、人口の置換水準まで出生率が回復するのか、あるいは上下運動を繰り返しながら長期的にはさらに低下するのかという質問に対する答えを用意していない。

人口転換理論は、以上のようにいくつかの曖昧さを持っているが、それにもかかわらず人口のマクロな流れを解釈する際にはいぜん有力であり、大きな意味を持っている。次の章で述べるように、世界各地域の人口将来推計の作業にあたっては、結局これが最大の理論的根拠を提供している。人口転換理論の通りにはいかないケースも多々あるが、いまのところ、これ以外に世界の人口の趨勢を大局的に説明できる仮説はない。こまかい例外についてはこれを修正し、より精緻なものにできる可能性は十分あるように思えるのである。

## 三　人口現象の多様性

### 1　人口に関する南北格差

世界人口の動向をみる場合、私たちはまずその全体としての増加の大きさに驚くが、次にはその中での国による多様性に驚く。

(1) 人口増加率

人口増加率について見ると、一方ではブラック・アフリカと呼ばれるサハラ砂漠以南の国々、あるいは中近東の国々のように、人口増加率が非常に高く、現在も三%以上を示している国が随所にある。三%の人口増加率と言えば、二五年間に人口が二倍になるという猛スピードである。日本では、終戦直後のごく短い期間を除き、このように急速に人口が増加した経験はなかった。また欧米諸国においてもそれはきわめて稀であり、二〇年とか三〇年の比較的長い期間では皆無と言ってよい。

他方、ヨーロッパでは人口増加率が非常に低く、特に国連の定義による東ヨーロッパで人口増加率がマイナスとなっている。国連の推計によれば、一九九五−二〇〇〇年の間にヨーロッパで人口増加率がマイナスになった国は、旧ソ連のロシア、ウクライナ、ラトビア等、旧ソ連圏のブルガリア、ハンガリー、ルーマニア、アルバニア等、旧ユーゴスラビアのクロアティア、スロベニア、およびイタリアを含んだ一六カ国を数える。一九九〇−九五年の間にマイナスであった国は、旧ソ連および旧ソ連圏の国々、旧ユーゴスラビアのボスニア・ヘルツェゴビナ等、およびポルトガルを含んだ一五カ国であった。

表3は二〇〇〇年の世界および主要地域の主な人口指標を示したものである。この表から、先進地域と途上地域、すなわち「北」と「南」との間には、どの人口指標をとっても歴然たる格差のあることがわかる。最近の国連の人口推計によれば、かつて非常に高かった世界の人口増加率はすでにその峠を越え、今や漸減の方向にあるとされているが、その有力な要因として、途上地域の出生率低下による人口増加率の減退がある。しかし、途上地域の出生率は予想外に低下しているとはいえ、まだかなり高く、そのため途上地域における一九九五−二〇〇〇年の年平均人口増加率は一・五九%と先進地域の〇・二七%と比較して際立った高さを示している。

元来、世界人口の南北の分布についてみると、「南」の人口が「北」よりも多いことが知られている。二〇〇〇年

表3　世界および主要地域の主な人口指標：2000

| 人口指標 | 世界 | 先進地域 | 途上地域 | アフリカ | アジア | ヨーロッパ | ラテンアメリカ・カリブ | 北部アメリカ | オセアニア |
|---|---|---|---|---|---|---|---|---|---|
| 人口増加 | | | | | | | | | |
| 総人口(百万人) | 6,055 | 1,188 | 4,867 | 784 | 3,683 | 729 | 519 | 310 | 30 |
| 世界人口に占める割合(%) | 100.0 | 19.6 | 80.4 | 12.9 | 60.8 | 12.0 | 8.6 | 5.1 | 0.5 |
| 1995-2000年平均増加率(%) | 1.33 | 0.27 | 1.59 | 2.36 | 1.38 | 0.03 | 1.57 | 0.85 | 1.29 |
| 1975-2000年世界人口増加のシェア(%) | 100.0 | 7.0 | 93.0 | 19.1 | 64.5 | 2.7 | 10.0 | 3.3 | 0.5 |
| 人口動態(1995-2000年の期間) | | | | | | | | | |
| 粗出生率(‰) | 22.1 | 11.2 | 24.9 | 38.0 | 21.9 | 10.3 | 23.1 | 13.8 | 17.9 |
| 合計特殊出生率 | 2.71 | 1.57 | 3.00 | 5.06 | 2.60 | 1.42 | 2.69 | 1.94 | 2.38 |
| 粗死亡率(‰) | 8.9 | 10.1 | 8.6 | 13.9 | 7.7 | 11.3 | 6.5 | 8.3 | 7.7 |
| 平均寿命(男女合計)(歳) | 65.4 | 74.9 | 63.3 | 51.4 | 66.3 | 73.3 | 69.2 | 76.9 | 73.8 |
| 出生後20歳になるまでの生存数(出生数100人) | 91 | 98 | 89 | 80 | 92 | 97 | 95 | 98 | 97 |
| 人口構成(%) | | | | | | | | | |
| 15歳未満 | 29.7 | 18.2 | 32.5 | 42.5 | 29.9 | 17.5 | 31.6 | 21.2 | 25.2 |
| 15-64歳 | 63.4 | 67.4 | 62.4 | 54.3 | 64.2 | 67.8 | 63.0 | 66.3 | 64.9 |
| 65歳以上 | 6.9 | 14.4 | 5.1 | 3.2 | 5.9 | 14.7 | 5.4 | 12.5 | 9.9 |
| 人口密度(1 $km^2$ 当り人口) | 45 | 22 | 59 | 26 | 116 | 32 | 25 | 14 | 4 |

出所：UN (1999a).

現在、世界の人口のうち五分の四が「南」のものであり、五分の一だけが「北」の人口であるが、さらに「南」の増加率が二倍以上ということになると、人口増加の絶対数は「南」の方が圧倒的に大きい。例えば、一九七五年から二〇〇〇年までの間に世界の人口は四〇億七五〇〇万から六〇億五五〇〇万へと一九億八〇〇〇万増加したが、この増加分のうち「南」の増加分は九三％を説明している。しかも、「北」についてみると、女子一人当りの出生率はやがていくらか回復するとしても、人口が高齢化し、生み盛りの人口が小さくなるので、人口増加数はさらに小さくなり、二〇二〇年以後マイナス成長に転ずると予想されている。これに反して、「南」では、将来まだ死亡率が低下する可能性が十分あるので、二〇〇〇年から二〇五〇年にかけての世界の人口増加のうち、「南」の貢献度はさらに大きくなることが予想される。その結果「南」「北」の人口分布はさらに「南」の方に傾き、遂には世界人口の増加はすべて途上地域の人口増加によって説明されることになる。これについては最後の節で論ずる。

(2)　出生率

表3によれば粗出生率は一九九五－二〇〇〇年の期間に対して人口一〇〇〇人につき「北」が一一・二、「南」が二四・九で

あるが、これを合計特殊出生率でみると「北」は一・五七と人口の置換水準以下であるのに対し、「南」は三・〇〇と約二倍である。

日本のような低死亡率の国にあっては、一人の女子がその全出産期間を通じて平均二・〇八人(死亡がなければ女子一・〇〇人と男子一・〇五人の子供を生めばよいわけだが、実際にはそれが次の世代の子供を生み得る年齢になるまでに死亡によって減るので、二・〇八人を生まねばならない)を生めば、将来やがて人口が増えもせず減りもせずという静止人口に達するが、先進国では、そのすべてが人口置換水準の水面下にあるのである(後掲表21)。

(3) 死亡率と平均寿命

人口一〇〇〇人についてみた粗死亡率は、一九九五―二〇〇〇年の期間平均で「北」一〇・一、「南」八・六で、「南」の方が低いように見える(表3)。しかしこれは、「南」の人口が「北」に比べて若く、死亡率の低い青少年人口の比率が相対的に大きいことに由来するみせかけ上の率である。したがって、より厳密な比較は、平均寿命の数字でみなければならない。平均寿命は「北」の男女平均七四・九歳に対し「南」は六二・三歳であり、一二歳近い開きがあることがわかる。

以上の出生率と死亡率のより厳密な意味の格差を観察するとき、「北」は少産少死の状態に達したといえるのに対して、「南」はまだ多産中死あるいはせいぜい中産少死の段階に留まっていると見なすことができよう。人間資源の立場からみると、「北」に比べての「南」における平均寿命の低さは決して有利に働くものではない。つまり、先進工業国では一〇〇人の出生児のうち、二〇歳の成人式に出られるのは九八人で、その間せいぜい二人しか死亡しないのに、途上国では一〇〇人のうち一一人も死亡し、八九人しか生き残らない勘定になる。成人になるまでに九人も多く失うという状況は、子供の養育・教育にかけた投資という点からみると、非常に効率の悪いことであろう。ちなみにアフリカでは八〇人しか生きのびず、二〇人は途中で死んでしまうことになる。このように死亡率が高いということは、人的資本投資に無駄が多いということである。したがって途上国は、人口の観点からみても、貧困になるべくして貧困であるとも言える。あるいは、貧困が多くの死亡をもたらし、多くの無駄な死亡が貧困をもたらすという悪循環におちいっているかのようにみえる。

わが国はアジアで初めての先進工業国であり、また一九八〇年頃から世界で筆頭第一の最長寿国になった。しかし、この平均寿命の長足の進歩、死亡率の着実にして大いなる低下が、間接的に経済開発に役立ったことはあまり喧伝されていない。

一九三五年頃は一〇〇人の男子出生児のうち二〇歳までに死亡する者は二四人で、七六人しか生存しなかった。一九八四年以後は一〇〇人のうち九九人が生存している。さらに特筆すべきは、一九三五年では同じ男子一〇〇人のうち六五歳まで生きのびた人は三六人しかいなかったが、九八年現在それが八四人に増加していることである。

一九八四年当時、大学を卒業させるまでに子供一人につき、金額だけで二〇〇〇万円かかるといわれた(ＡＩＵ保険会社、一九八四)。現在は三〇〇〇万円かかる。これに加えて金に換算できない親の努力、サービスは、同世代の子供全体を考えると莫大なものに上る。ところがせっかく大きくなった子供も、戦前には三分の一しか六五歳まで生き残らなかった。しかし、近年は十分の八から九が生き残る。この厖大な人間の延労働力年の多くが、無駄になることなく活用されるということが、どれだけ戦後の経済の復興とそれ以後の発展に力を貸したことであろうか。この問題については、さらに第五章およびその他で論じてみたいと考える。

(4)　人口構成

次に「南」「北」の人口構成の相違について、表3に基づきながら簡単に触れよう。

年齢構成は、過去の出生率と死亡率、特に出生率がもたらしたものであるが、二〇〇〇年の時点で、先進国においては、一五歳以下の人口の比率が途上国のそれに対して格段に小さいことが指摘される。それと裏腹に六五歳以上の老人人口の比率が非常に大きい。途上国の年齢構成は徐々に先進国型に近づき始めるが、まだまだ高齢化社会というにはほど遠い。

一五歳未満、一五―六四歳、六五歳以上という年齢三区分を用い、一五―六四歳の人口が経済活動に従事し、一五歳未満と六五歳以上の人口が経済活動をしないと仮定し、それらの従属負担の比率、つまり、生産年齢人口一〇〇人で何人の非生産年齢人口の面倒をみなくてはならぬかという数字をみてみよう。すなわち、一五歳未満人口と六五歳以上人口の和を一五―六四歳人口で割った比率をみると、二〇〇〇年現在先進国は一〇〇人で四八人の面倒をみればよいのに対し、途上国は一〇〇人で六〇人の扶養者を支えねばならない。このことは、再び経済の面からみると、ほかの条件が一定ならば、途上国は経済開発への再投資の相当分(あるいは大部分)を扶養人口の負担のために回さなければならないことになる。

(5) 人口密度と資源

最後につけ加えたいことは、人口密度に関する状況についても、「南」が「北」に比べて格段に悪いことである。大まかに考えれば人口密度とは人口と土地資源との比率であり、あえてもっと大雑把に言えば人口と資源との比率である。したがって、人口密度があまりに高いことは、資源との関係において有利とはいえないのである。

一方でニューヨークのマンハッタンに林立する摩天楼の景観、あるいは東京の朝のラッシュアワー、パリの下町の煙突の多さを眺め、他方でアフリカの草原地帯やアラビアの砂漠を見ると、先進国は途上国よりも人口密度が高いと思われるかもしれないが、全体としてみると、表3に示すように、途上地域の方が先進地域に比べて二倍以上も人口密度が高いのである。さすがにアフリカやラテンアメリカ・カリブ海地域は一平方キロ当り二六、二五人と低いが、アジアは非常に人口密度が高く、全体として「北」に比べて著しく不利な状況にあるといえよう。しかもアフリカにおいても、将来人口密度は急速に高くなり、現在一平方キロ当り二六人が二〇五〇年には五八人となり、先進国の平均の二・六倍以上となることが予想される。

## 2 地域間の多様性の増大

人口に関する南北格差はきわめて著しいことが明らかとなった。そして「南」の人口状況は、経済発展、あるいは生活水準の向上という観点からみて、「北」に比べて著しく不利であることが指摘された。

ところで、世界人口の五分の四を占める「南」の人口がすべての地域で同質で同じ問題をかかえているかというと、決してそうではない。再び表3を見ればすぐに明らかなように、途上地域の四大主要地域の間でも異質化、分化が進んでいることに注目したい。特にアジア・ラテンアメリカとアフリカとの格差が注目される。そして、ここでは示されていないけれども、特にアジアの中の東アジア地域の欧米諸国への接近が注目される。東アジアは現在、人口増加率わずかに〇・八七%、合計特殊出生率一・七七、男女合計平均寿命七一・〇歳と欧米地域に迫っている。もちろん東アジアには地域人口の一〇分の一を占める日本が含まれている。しかし、日本を除いても大勢は変らない。この最大の理由は、東アジア地域人口の八六%を占める中国において、最近三〇年間、特に一九七〇年から八五年の間に急速な出生率の低下を経験し、平均寿命の伸びも着実に進行していることである。中国の最近の出生率低下が途上国全体の出生率低下に多大な貢献をしていることはすでに述べたとおりである。

東アジアの突出とともに、アフリカの人口転換の遅れ、後発性も目につくところである。アフリカで特徴的なのは、合計特殊出生率が五を超えるという群を抜く高さであることもさることながら、平均寿命が際立って低いことであり、途上国中の途上国、least developed countries（最貧国）というにふさわしい。その桁ちがいの高い出生率のために人口増加率は最近でも毎年二・四%という高さを示している。しかもアフリカは、もし死亡率が予想以上に低下すれば、生み盛りの年齢における女性が夫と死別する確率も低下し、自分自身の健康も改善され、さらに高い出生率を示す可能性を秘めているのである。

一九六〇年頃までは、出生率（総再生産率すなわち女児だけの合計特殊出生率）を横軸にとって、各国を分布させると、先進国と途上国は画然と分かたれていた（図8）。ところが最近は、途上国が、いわば優等生のグループ、普通生のグループ、そして昔ながらの途上国型のグループの三つに分化していく傾向にある。これは、平均寿命に関しても

図8 125カ国の総再生産率の度数分布

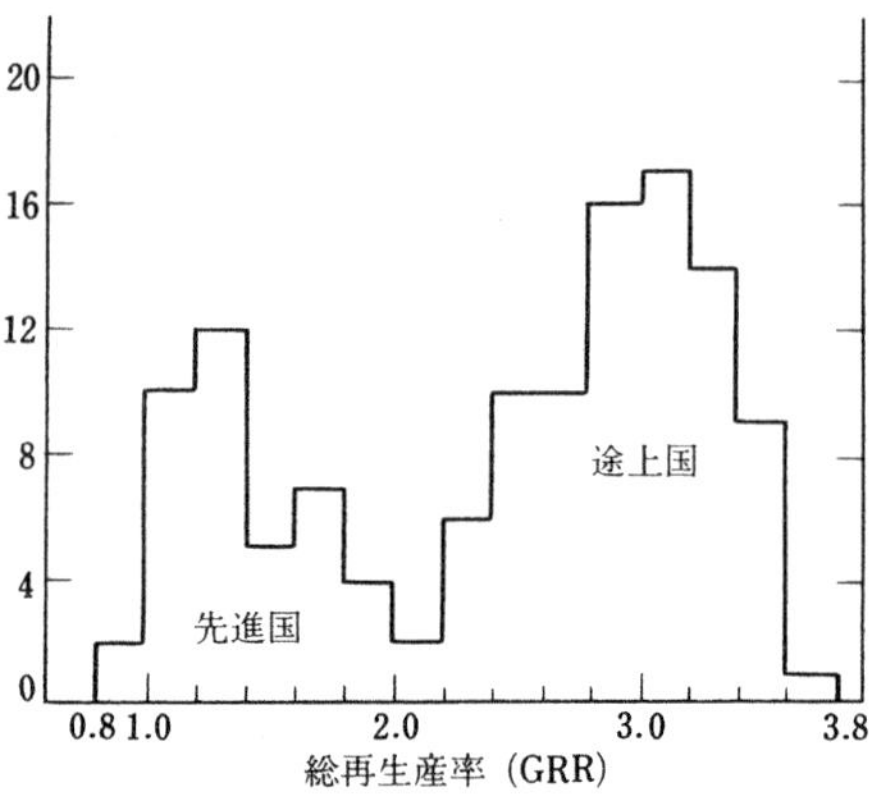


出所：UN (1965).

ほぼ同様であって、途上国の中の優等生グループは、先進国グループに追いつきつつあり、途上国の優等生は先進国グループの遅れた国より、人口指標に関しては進んでいるケースも現われている。途上国のうちシンガポール、韓国、キューバ、バルバドス、トリニダード・トバゴ等はすでに先進国のいくつかの国々よりも出生率が低く、平均寿命は高くなっている。近い将来、タイ、イスラエル、ウルグアイ、アルゼンチン、チリ、コスタリカ、そしてほとんどのカリブ海地域諸国も、先進国グループの遅れた国を抜くだろうと言われている。

一九六〇年代まで通用した「南」と「北」の二元論は、途上国グループの先頭を走る集団が、先進国グループのしんがりに接近し、追い越すことによって成り立たなくなってきた。二元論の世界ではなく、多後の章で述べるように、途上国グループが先進国グループと合体して、元論の世界に入ったのかもしれない。これは、斉一化の方向に進む前兆かもしれないのである。

## 四　二一世紀への見通し

### 1　途上地域人口の圧倒的増加

二一世紀の世界人口はどうなって行くであろうか。国連人口部が作成した最新の主要地域別世界人口の推計(UN, 1999a)によってそれを展望してみよう。

世界の人口は二〇〇〇年現在六〇・六億であるが、二〇二五年には七八・二億となり、二〇五〇年には八九・一億となる。さらに一九九九年に試みられた超長期的予測によれば、二二世紀の半ばには九七億という数字が出されている(UN, 1999b)。さてこの内訳であるが、途上地域の人口は二〇〇〇年の四八・七億が二〇二五年には六六・一億となり、二〇五〇年には七七・五億となる。一方、先進地域の人口は、二〇〇〇年一一・九億、二〇二五年一二・一億、二〇五〇年一一・六億と、この間ほとんど増加せず、むしろ後の期間は減少するので、世界人口の増加はほとんどが途上国によって占められることになる。ちなみに、二〇〇〇年から二〇二五年までの世界人口の増加を一〇〇とすると、途上地域の増加は九八%であり、二〇二五年から二〇五〇年までの世界人口の増加を一〇〇とすると、途上地域のそれはそのすべてを説明すると予想されている。

また、世界人口の中で先進地域・途上地域の人口がそれぞれどのような比率を占めているかを計算してみると、一九八五年では先進国二四%、途上国七六%であったが、二〇〇〇年にはそれぞれ二〇%及び八〇%、二〇二五年には一六%及び八四%、二〇五〇年には一三%及び八七%となり、二一世紀前半には世界人口の八割以上が途上国の人口によって占められる。しかし、一九五〇年では先進地域三二%、途上地域六八%と、先進地域の人口はまだ世界人口の三分の一近くを占めていたのである。

## 2　途上地域の高出生率の影響

このように、近い将来はますます途上国の人口が増大し、大きなシェアを占めるわけであるが、この最大の理由は、昔と比べ非常に低下したとはいえ、いぜん高い途上国における出生率である。国連推計によれば、一九九五－二〇〇〇年間平均で途上国全体の合計特殊出生率は三・〇〇であるが、これが二〇二〇－二〇二五年には二・三一になり、さらに二〇四五－五〇年には二・〇六になると仮定されている。つまり今後五〇年間に、途上地域の合計特殊出生率は現在の三分の二に低下するというなかなか早いペースを予想しているのである。途上国の中にはサハラ以南のアフリカや中近東のような、いぜん非常に出生率が高く、しかも現在低下が顕著に見られない国もあるので、本当に五〇年間で途上国全体の平均が現在の三分の二までに低下するのかという危惧もあるが、サハラ以南アフリカ、中近東においても家族計画の普及がこれまでの予想を超える速度で進行しており、また中国、あるいはＡＳＥＡＮ諸国、中米、カリブ海諸国の目覚しい出生率低下が全体的にカバーすると推定されているのである。

二・〇六という合計特殊出生率は、途上国平均の女子平均寿命が六五歳とすると、母親一対女児一という人口の置換水準を割る低いものであるが、このようなレベルに途上国全体の平均が低下したとしても、世界人口は二〇五〇年には八九億になるのであって、もし出生率の低下がそのようにはかばかしくなければ、人口増加はもっと大きくなるであろう。国連の「高位推計」によれば、二〇二〇－二〇二五年の途上国の合計特殊出生率を二・七八、二〇四五－五〇年のそれを二・五四と比較的高い仮定値に置くと、世界人口は二〇二五年八三億七九〇〇万、二〇五〇年一〇六億七四〇〇万という大きな数字を示すことになる。

このように、将来の世界人口の動向の鍵を握るのは途上地域の人口の動向である。その場合最大の要因は出生率の動向であり、はたしてそれが予想されるようにうまく低下するかどうかにかかっている。そして人口増加率は今後着実に減退するにせよ、巨大な人口を養うための食糧生産はどうなるのか。また工業化に伴う環境破壊・汚染をどう処理するのか等の問題が現われてくる。

### 3　アフリカ人口シェアの増大

途上国の中でも、将来人口増加が最も激しいと見られるのがアフリカとアジアの中の南部・中央アジアである。南部・中央アジアとは、インド亜大陸の国々に、イランと五つの旧ソ連の国々、すなわちカザフスタン、キルギスタン、タジキスタン、トルクメニスタン、およびウズベキスタンを包含する地域である。アフリカは出生率の低下が最も遅く起こる地域である。国連推計によれば、一九九五－二〇〇〇年にアフリカの合計特殊出生率は五・〇六である。それが二〇二〇－二五年には三・一〇にまで低下し、二〇四五－五〇年に二・一〇になると予想されている。一方南部・

表4　世界人口の主要地域別割合の推移：1950-2050　（%）

| 年次 | 世　界 | 先進地域 | 途上地域 | アフリカ | アジア | | | ヨーロッパ | ラテンアメリカ・カリブ | 北部アメリカ | オセアニア |
|---|---|---|---|---|---|---|---|---|---|---|---|
| | | | | | | 東部アジア | 南部・中央アジア | | | | |
| 1950 | 100.0 | 32.2 | 67.8 | 8.8 | 55.6 | 26.6 | 19.8 | 21.7 | 6.6 | 6.8 | 0.5 |
| 60 | 100.0 | 30.3 | 69.7 | 9.2 | 56.3 | 26.2 | 20.5 | 20.0 | 7.2 | 6.8 | 0.5 |
| 70 | 100.0 | 27.3 | 72.7 | 9.7 | 58.1 | 26.7 | 21.3 | 17.8 | 7.7 | 6.3 | 0.5 |
| 80 | 100.0 | 24.4 | 75.6 | 10.5 | 59.5 | 26.5 | 22.3 | 15.6 | 8.1 | 5.7 | 0.5 |
| 90 | 100.0 | 21.8 | 78.2 | 11.7 | 60.4 | 25.6 | 23.5 | 13.7 | 8.4 | 5.4 | 0.5 |
| 95 | 100.0 | 20.7 | 79.3 | 12.3 | 60.6 | 25.1 | 24.1 | 12.8 | 8.5 | 5.2 | 0.5 |
| 2000 | 100.0 | 19.6 | 80.4 | 13.0 | 60.8 | 24.5 | 24.6 | 12.0 | 8.6 | 5.1 | 0.5 |
| 10 | 100.0 | 17.8 | 82.2 | 14.3 | 60.9 | 23.4 | 25.5 | 10.7 | 8.8 | 4.9 | 0.5 |
| 25 | 100.0 | 15.5 | 84.5 | 16.6 | 60.4 | 21.7 | 26.2 | 9.0 | 8.9 | 4.6 | 0.5 |
| 50 | 100.0 | 13.0 | 87.0 | 19.8 | 59.1 | 18.8 | 27.3 | 7.0 | 9.1 | 4.4 | 0.5 |

出所：UN (1999a).

中央アジアは、一九九五—二〇〇〇年に三・三六であった合計特殊出生率が、二〇二〇—二五年に二・一七、そして二〇四〇—五〇年に二・一〇と比較的速く低下する。

一九九五年から二〇〇〇年までに世界人口は三億八九〇〇万人増加したが、その内訳はアフリカが八七〇〇万人、南部・中央アジアが一億二六〇〇万人となっている。南部・中央アジアの出生率が相当程度低下し、人口増加率も一九九〇年以降二%を割っているのに人口増加数が巨大であるのは、人口ベースが大きいためである。二〇〇〇年から五〇年の間に世界人口は二八億五四〇〇万の増加が予想されている。この五〇年間の人口増加率は平均〇・七七%の低率となっているが、この期間にアフリカだけで九億八二〇〇万人と三分の一以上の増加が見込まれている。南部・中央アジアは九億三九〇〇万人の増加であり、中国、日本、韓国、北朝鮮、モンゴルを含む東部アジアは一億九一〇〇万人にすぎない。世界人口の将来はアフリカと南部・中央アジア、特にアフリカにかかっていることが明白である。

世界人口の中で各主要地域の占める人口比率をみると、表4に示されるとおりである。世界人口の中でアフリカの占めるシェアは、一九五〇年には九%にすぎなかったが、二〇〇〇年には一三%、そして二〇五〇年には二〇%と世界人口の五分の一を占めるに至ると予想される。南部・中央アジアは一九五〇年には二〇%であったが、二〇〇〇年に二五%、二〇五〇年に二七%へと増加する。それに反して、東部アジアは一九五〇年には二七%を占めたが、二〇〇〇年に二五%、二〇五〇年に一九%とその相対的シェアは低下する一方である。

## 4　先進国人口シェアの凋落

しかし、何よりも著しいのは、ヨーロッパ、北部アメリカ、オーストラリア・ニュージーランド、そして日本の、先進国人口シェアの低下である。先進国のシェアは一九五〇年ではちょうど世界人口の三分の一であったが、二〇〇〇年には五分の一になった。そしてこのままでいくと六分の一、さらに一〇分の一ということになるかもしれない。今から二七年前、筆者がまだ国連人口部で人口推計課長をしている時に、一九七三年の出生率が一定として、世界の人口分布が二二世紀にどうなるかを計算したことがある。その結果は、途上地域の人口割合が九九・五%で、先進地域の人口は僅か〇・五%になるという数字を得た。当時、翌一九七四年のブカレストでの世界人口会議のための基礎資料を同課で作成中であったが、このようなショッキングな数字は載せることはできないと、人口部長の判断によってお蔵入りになったことを今でも生々しく憶えている。

それはともかく、このような先進国の人口シェアの減退は、ひとえに新旧世代一対一の人口再生産もままならないくらい低い出生率にあることは論をまたない。従って、ヨーロッパの諸国は、このあまりにも低い出生率に大きな懸念を持っていることは事実である。その一つの現われとして、一九八四年の四月に、ヨーロッパ共同体(EC)加盟一〇カ国の社会・労働担当大臣がパリに集まり、世界人口に対するEC人口シェアの低下を喰い止めるために、お互いに協力し努力しようと決議を行っているのである(Population Council, 1984)。第九章で述べるように、現在先進国の中で低出生率に懸念を持つ国、そして出生率回復のための人口政策を採っている国の数が一〇年以前と比較して増えたことは注目に価する。しかしながら、過半数の先進国は、いろいろな事情から懸念を正式には表明せず、また特に明示的な出生増進政策を行っていない状況にある。

図9 世界人口増加率の長期的推移

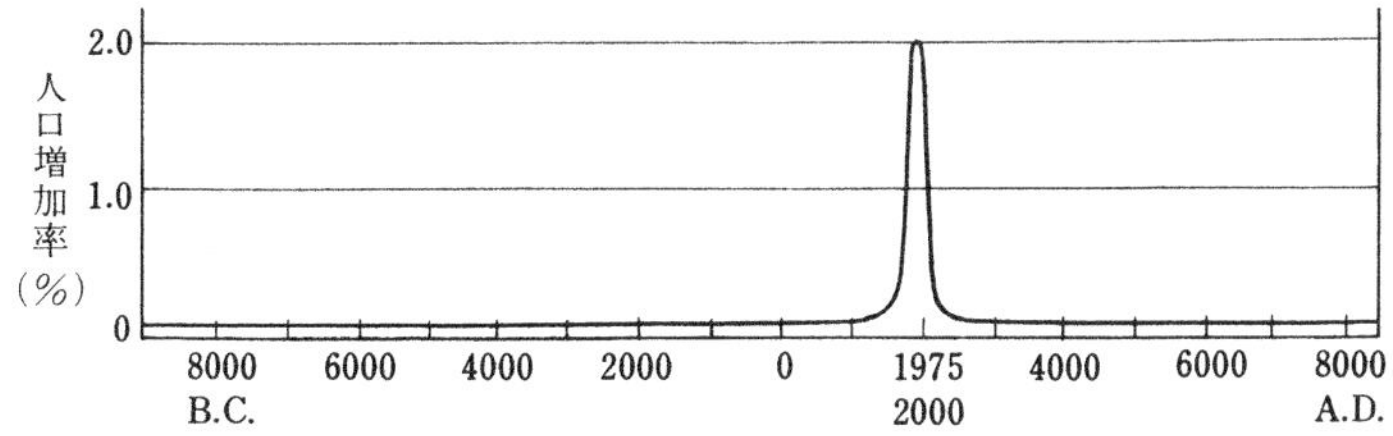


出所: Coale (1974)に,国連資料を基に多少修正を加えた.

## 5 出生率決定原理の逆転

先史時代の人類発生の頃から現代までの人口増加の推移を眺めてきたが、特徴的なことは、一八世紀以前は人類の人口増加率が平均して極めて低かったことである。もし、世界人口の静止が将来の姿だとする国連人口推計が正しければ、図9に示すように何百万年にも及ぶ人類の歴史、そして今後の長い未来を通じて、人口増加率が一%を超えたのは二〇世紀から二一世紀前半にかけての一〇〇年にも満たないごく短い時代にすぎなかったことになる。国連の長期推計の中位値によれば、二一世紀の半ばに、世界人口は九七億に達し(UN, 1999b)、二二世紀の終り頃一〇〇億前後で安定化するものとみられる。将来どこかで、世界人口は人口増加ゼロにならなければならない。楽観論・悲観論を問わずそれは議論の余地がない。問題は、悲観論者は資源・食糧の枯渇によって世界人口の増加が二二世紀までとても続かないのではないかと危惧するが、楽観論者はそれがまだまだ先の話だと思っていることなのである。

一つの興味ある事実は、第二次大戦以前の人口増加が、経済発展と手に手を取って進んできたことである。すでに述べたように、世界人口が急増したことが歴史上に少なくとも三回ある。第一は中期旧石器時代から後期旧石器時代に移行する時期、第二は後期旧石器時代から新石器時代へ発展した時期、そして第三に一八世紀から一九世紀にかけての産業革命の時代である。その場合、技術革新による新しい農業技術、産業技術によって生活水準が向上し、死亡率が段階的に低下し、その結果人口の増加が見られた。

第二次世界大戦後の世界人口増加の状況は、以上の三回の場合と異なり、全く逆である。現在は、十分な食糧、豊富な資源に必ずしも恵まれているとは思えない生活水準の低い途上国で人口が非常な勢いで増加しており、逆に物質の豊かさでは史上類を見ない先進工業国で人口増加は横這いである。中にはかつてのドイツ、現在のイタリアのように人口が減少している国さえある。第二次世界大戦までに見られた経済と人口のストレートに正の関係が、戦後全く倒錯しているのが、現代の人口現象の特徴であろう。

その理由は、出生率決定の原理が近代化の過程で逆転してしまったことにある。

元来人口増加は出生、死亡、国際人口移動によって決まる。国際人口移動は全体から見ると小さく、特殊な場合を除くと問題にならない。さて、この出生と死亡であるが、まず死亡率の高低は経済の水準と教育程度と逆の関係にある。言うまでもなく、途上国は先進国より死亡率が高いが、しかし注目すべきはその格差が縮小していることである。さらに、途上国は若い人口が多いので全体としての死亡率が表面上低く現われ、先進国と途上国の差は接近している。一方、出生率と経済水準との関係は、産業革命までは正の関係にあったのに反し、以後は逆転して負の関係になっているのが特徴的である。死亡率の格差による人口増加率への影響が小さくなったために、先進国と途上国の人口増加率の格差を決めるものは両者の出生率の高低である。ところが、出生率決定の原理が昔と今とで逆転し、経済水準が高いほど出生率が低く、経済水準が低いほど出生率は高いという関係になってしまったのである。

なぜ途上国の出生率が高く、先進国のそれは低いのか。これについてはもう少し整理した形でさらに第四章で取り扱うこととする。

# 第二章　人口推計の方法

## 一　国連による人口推計

第一章で国連が行った世界人口推計の数字をもとにして世界人口の動向を概観したが、本章では、国連の人口推計がどのようにまとめられるかを見てみたい。

国連人口部は一九五一年一二月に *The Past and Future Growth of World Population : a Long Range View* と題する報告書をまとめた。これが国連世界人口推計のさきがけである。それ以後、国連人口部は十数回にわたって推計を改訂してきた。当初は間隔が決まっておらず、一九六〇年代、一九七〇年代は五年に一回であったが、最近は二年に一回となった。また、最初は各国別の推計はなく、世界の主要地域に対してのみであったが、一九六〇年代からは各国別となった。一番新しいものは一九九八年度(一九九五年のデータに基づくもので、一九九九年に報告書を刊行)の推計で、西暦二〇五〇年までを対象に「中」「高」「低」「出生率一定」の四つの仮定にたって推計が行われている(UN, 1999a)。

### 1　不完全人口データの評価と補正

国連の人口推計というと、ふつう将来人口の推計だけを行っていると思われている。わが国では国勢調査の人口数や人口動態統計(出生・死亡数や結婚・離婚数の統計)の精度が極めて高いために、国連の人口推計も将来人口の推計

図10　インドの1961年センサスにおける男子人口の各歳別年齢分布

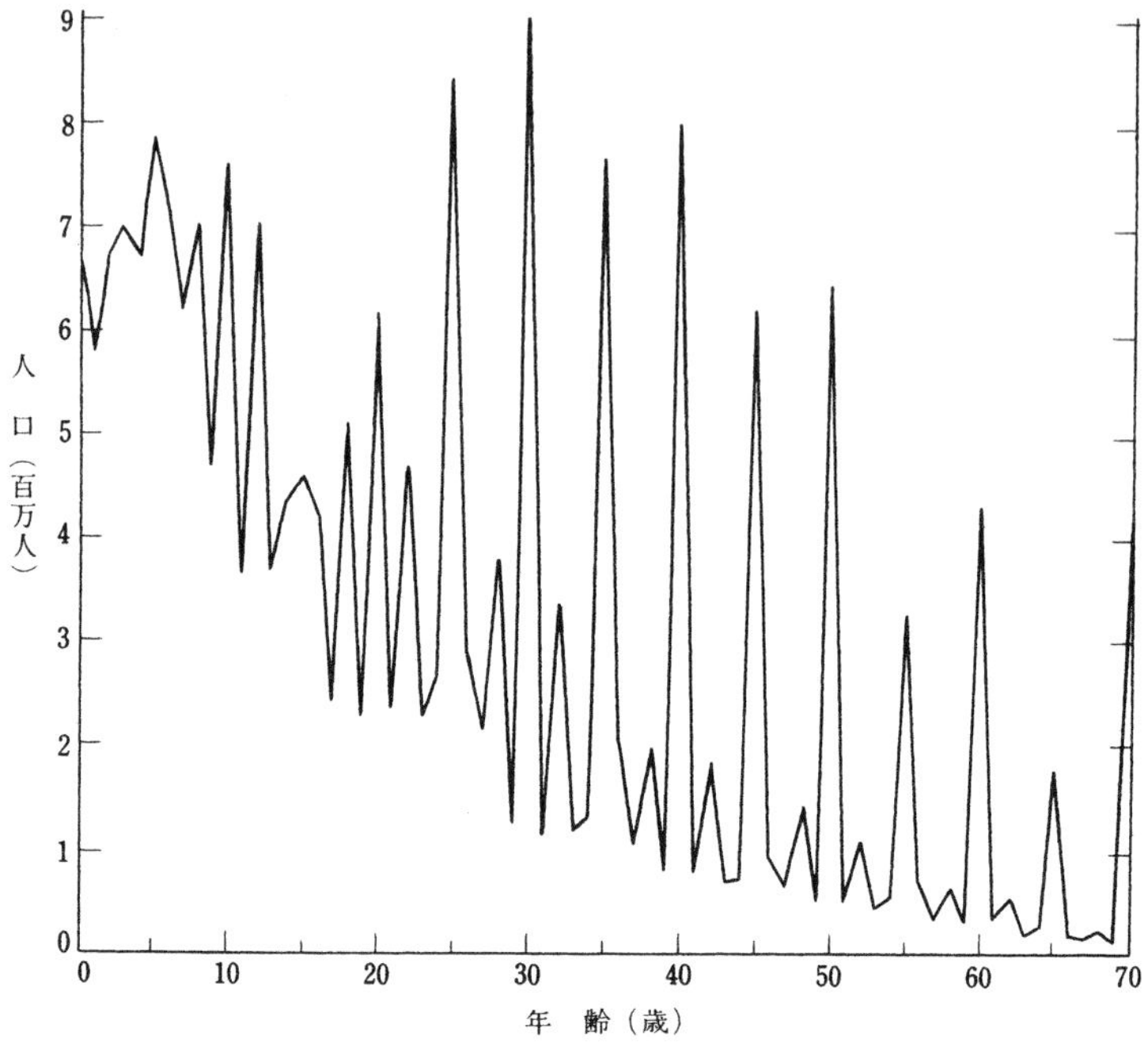


だけを行っていると思いがちであるが、実際には国連は過去・現在の人口推計をも同時に行っているのである。将来人口推計は、あとで述べるように過去・現在の傾向を将来に延長するものであるから、過去・現在の人口推計ならびに出生率・死亡率の正しい推定がなければ、成り立たないのである。ところが、先進国は別にして、途上国の人口統計のほとんどは精度が悪く、そのままではとても使いものにならないものが多い。

図10はインドの一九六一年センサスの男子年齢各歳別人口のグラフである。縦軸は人口数を表わす。これはインドのセンサス報告書に記載されたなまの数字をそのままプロットして描いたものだが、かなりいいかげんであることがわかる。例えば五〇歳前後のところを見ると、四九歳五四万八〇〇〇人、五〇歳六四一万一〇〇〇人、五一歳五五万八〇〇〇人となっている。つまり、五〇歳の人口は四九歳と比べて一二倍、五一歳と比べて一一倍の大きさとなっている。

全般的に見て、年齢が三〇、三五、四〇、…、というように五の倍数である場合は、その前後の年齢人口に比べて

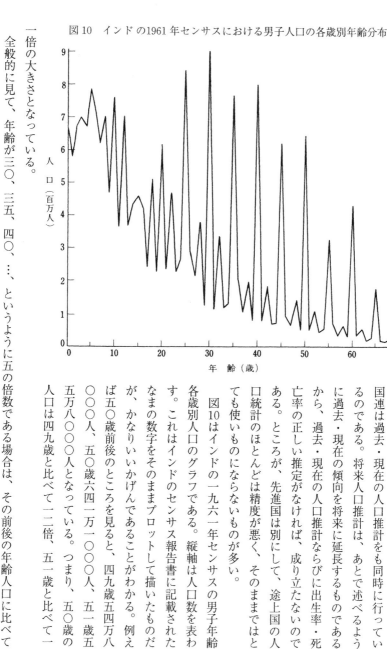

はるかに大きな数字を示す傾向にある。中でも〇で終る年齢の報告数は大きい。これは〇および五で終る「特定年齢への選好集積」といって人口学では有名な統計上の誤りであり、五〇歳男子人口が四九歳男子人口より本当に一二倍も多いわけではない。このような過大集積は年齢が高くなるほど大きくなる傾向がある。これは、一般にインドあるいは他の途上国では、日本のように正確な年齢の観念がなく、「何歳か」と訊かれると、五〇歳とか六〇歳とかのきりのよい年齢で答えてしまうからである。

人口予測にあたり、このような不正確な数字をそのまま使って将来を推計するわけにはもちろんいかない。それで、この場合一つの方法として、年齢の末尾を三―七、八―二というようにくくって新しい五歳階級をつくり、それを例えば数学式で補整(内挿)して各歳にばらし、改めてそれを末尾が〇―四、五―九というようにくくり直してスムーズな五歳階級をつくるという作業を行うことがある。

統計の間違いは、しかし、このような年齢別人口だけに限らない。むしろ年齢別人口は補整が簡単である。途上国では出生率・死亡率を計算する基となる毎年の出生数・死亡数に関する統計がもっと不正確である。このような統計を人口動態統計と呼ぶが、これをつくるためには、住民に出生・死亡・結婚・離婚が起きたときにこれらを市町村に届けさせ、それを市町村がまとめ、最後は中央政府に送り、中央政府は毎月・毎年これらを集計・製表する体制が備わっていなければならない。ところがそもそもこの登録制度を持っていない途上国が多い。ブラック・アフリカと呼ばれるサハラ砂漠以南の国々、あるいは中近東の国では、そのような統計を持っている方が少数である。

さらに、出生・死亡の登録制度を持っていても、そこで得られる出生数・死亡数は登録漏れが多く、出生率・死亡率は実際よりはるかに低く表われていることが多い。例えばアフリカのケニアとラテンアメリカのエクアドルを例に取ろう。筆者が国連に勤務していたときにケニアで最後に出生・死亡の登録が行われたのは一九七八年で、粗出生率は人口一〇〇〇人につき一八・二、粗死亡率は三・〇と報告されている。随分低いが、これはどうも大間違いで、国連人口部が当時開発した人口分析の方法を駆使して推定したところ、出生率はなんと五六・一であり、死亡率は一五・九であった。出生数・死亡数ともに実際の三分の一しか登録していなかったことになる。エクアドルの場合一九八三年の登録によれば、粗出生率二三・三、粗死亡率は六・〇である。ところが国連人口部の推計によれば、粗出生率は四一・六であり、死亡率は一〇・四であった。程度の差はあるが、明らかに両国とも登録漏れが著しい。このような例はこの二国だけに限らない。

政府公式発表の登録出生率・死亡率がこのように本当の(もちろん国連の推定が本当の値とは限らないが少なくともはるかに真実に近い)値に比べて低すぎると、ほかのもっとこみ入った数字、年齢別出生率(例えば二〇－二四歳女子人口を分母とし、その女子がある年に生んだ子供数を分子とする値)や年齢別死亡率(例えば同様に二〇－二四歳の女子人口を分母とし、ある年にその中で死んだ女子数を分子とする値)についても、同様な、あるいはもっと程度の悪い状況が予測される。極論すれば、一部の「途上国」ばなれのした、所得も高く教育程度も高い途上国、例えばウルグアイ、シンガポール、イスラエル、あるいは小さい島国のモーリシャス、マルティニーク等を除けば、ほとんどすべての途上国の出生・死亡統計には漏れや歪みがあり、そのままでは使用できないのである。

ここでは、途上国のなまの人口データがいかに不備であるかの一例をあげたが、もう一つ面白い例について述べてみよう。インドやパキスタンなどのインド亜大陸から中近東、アフリカにかけて起こる面白い人口構造上の歪み、ひずみがある。これは、先に述べた特定年齢への選好を取り除いたあとでも残るもので、一つは五歳未満の人口が比較的小さいこと、もう一つは一五歳から一九歳の人口が非常に小さいことである。前者は、人口の中で幼少部分が絶えず漏れ易いという法則を反映するものであるが、後者についてはもっと複雑である。もしこのトラフ(人口のくぼみ)が本当であれば、一〇年経つと二五－二九歳のところにトラフが出現するはずであるが、一〇年後のセンサスではいぜん一五歳から二〇歳の間に出現し、それからまた一〇年後もトラフは移動せず、同じところに出現するのである。こうしてみると、このトラフはインド亜大陸の国々の人口センサスに何か構造上の欠陥があって、このような結果をもたらすのだと考えざるを得ない。これは、世界の人口現象七不思議の一つと言ってよいものだが、理由は、インド亜大陸から中近東、そして一部のアフリカへと広範囲に拡がる地域において、一五―一九歳という青少年期人口が独自のアイデンティティを持たず、幼児性の強い一部の人口はそれよりさらに幼い少年少女として、早熟グループの一部はもう二〇歳以上の大人として、故意に誤った年齢階層における位置づけを与えられるためである(ボンベイ人口センター教授 K. V. Ramachandran の一九六一年の談話)。そして、これらの社会には、何か日本や欧米とは違った、一五―一九歳の青少年に独自のアイデンティティを持たせることを妨げる文化、習俗の力が働いているとしか考えられない。

このように人口の基礎データが不十分な状況では、人口推計作業というものが単に将来人口推計だけでなく、人口推計に必要な過去・現在の人口指標の推定をも含んだものであるべきことがわかるであろう。国連人口部の作業量から言えば、八〇%はむしろ過去の人口指標の検定・評価、そして正しい推定のために使われるのである。これらの推定方法については、その代表的な考え方と二、三の例が本章の後半に示されるであろう。

## 2　国連人口推計の役割

もう一つ国連の人口推計に対して巷間よく誤って考えられていることがあるので、それについて説明したい。それは、各国が最近は色々な公式推計(日本では国立社会保障・人口問題研究所が行っている)を発表しているので、国連はそれらを集めて統計すればよいのではないかという疑問あるいは感想である。

実は二〇〇に及ぶ世界各国のうち、定期的に推計を行っている国は四分の一にも達しないのである。さらにこれらの国々の中でも、国連が行っている推計様式に忠実な国はさらに少ない。すなわち、〇と五で終る年次で二〇五〇年まで、中、高、低、出生率一定の四仮定について推計を行っている国は半減し、さらに基礎データが本当に確かなのか、出生率・死亡率の仮定の立て方が妥当かどうかについて吟味を加えれば、これに合格する国はまず一〇カ国もないというのが現状である。

そういうわけで、結局国連がほとんど新規に推計作業をやることになるのだが、このように国連が行うことについ

図11　国連人口推計の基本的手続き

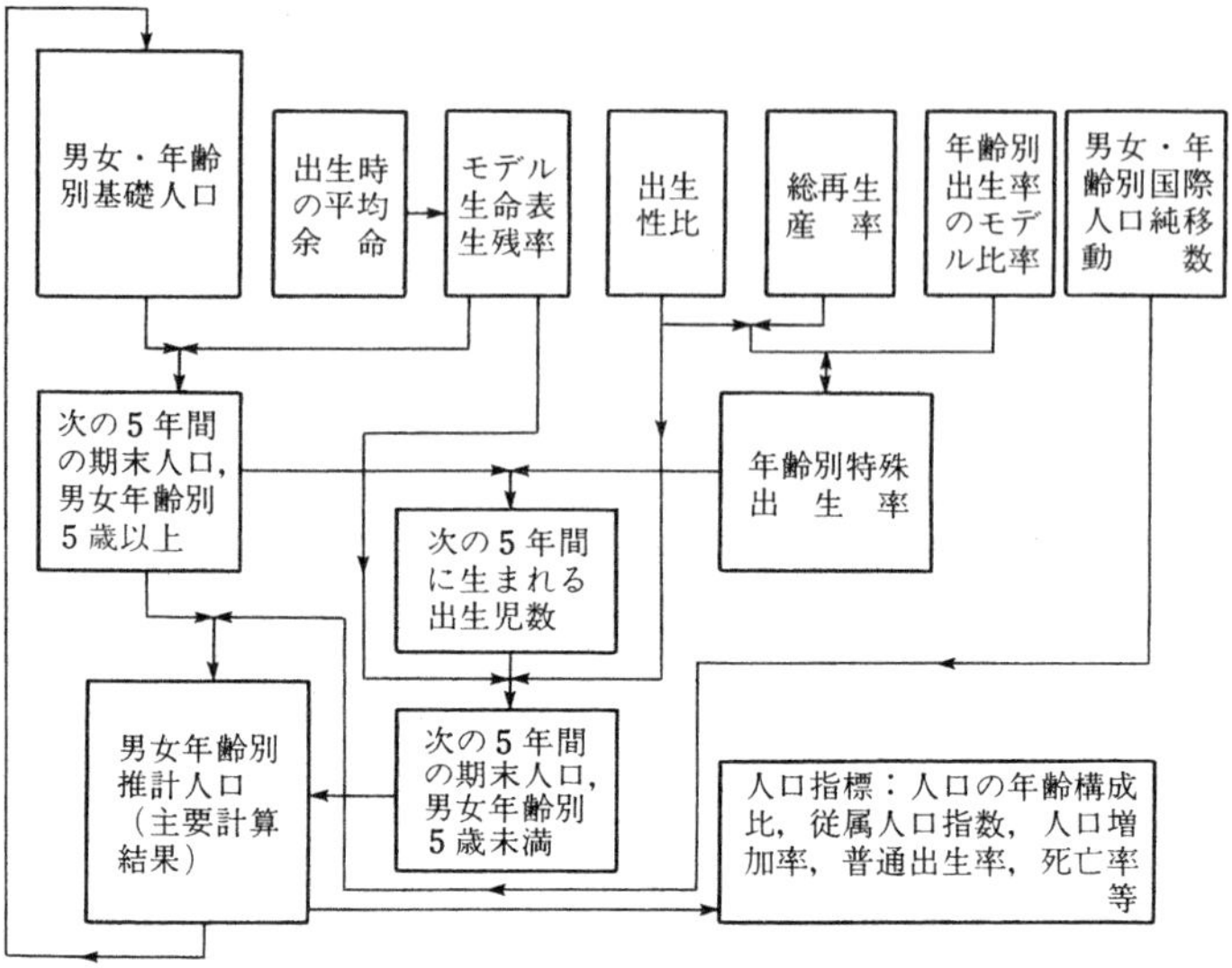


ては大きな長所がある。つまり、国連が行うことによって、各国の基礎データ、推計の方法、将来出生率・死亡率が減退するパターンなどについてお互いに比較できる客観性、斉一性が得られることである。例えばヨーロッパを例にとると、各国が勝手に行っていれば、一〇年後にスペインの平均寿命がスウェーデンのそれよりも高くなるというような珍妙なことが起きるが、国連がヨーロッパの国全体について行うと、常にその中の小地域の平均寿命の伸長ぐあい、あるいは各国の伸長ぐあいというものを総合的に判断して斉一的に取り扱うことができ、各国・各小地域間の相対比較について非常にバランスの取れた推計が得られることである。

## 二　コウホート要因法

国連が用いている人口推計の方法はきわめて簡単であり、それは「コウホート要因法」と呼ばれる。それはフローチャート風に示せば図11のようになる。

コウホートというのは元来ローマの軍団の編成単位を示す言葉であった。人口の領域でこの言葉が使われるときは、同じ年に生まれた人口集団という意味だと考えればよい。一九八〇年に生まれた人口は一九八一年の一二月三一日までにはすべて一歳となり、一九八二年一二月三一日まではすべて二歳となる。このように年が経つにつれて人口は加齢していくが、コウホートとはある同じ年に生まれたというアイデンティティを持った集団と考えてよい。ただし、生まれた年だけを基準にするのではなく、もう少し広い意味で、例えば一九八〇年の国勢調査で〇－四歳である人口は一九八五年には五－九歳となるが、このように五歳ごとにくくった集団も一つのコウホートと考えられる。このように人口分析ではある出発時点で同じグループを考え、それが時間の経過とともに結婚、出産、死亡といった人口現象を経験して、そのグループの人数や構成が変化していく姿を追跡することをコウホート分析と呼ぶのである。

　コウホート要因法による人口推計の手続きを理解するために、中国男子人口の推計を例に取って説明してみよう。まず、出発点を一九八〇年とする。中国は一九八二年七月一日に国勢調査を行った。これを一九八〇年七月一日に割り戻し、男子の〇－四歳、五－九歳、一〇－一四歳の人口を推計する。この数字を示したのが図12の左側の一九八〇年基準人口である。一九八二年国勢調査の人口をどのようにして一九八〇年の人口に割り戻すかについては、混乱を招くので説明を省略し、ここでは、以下に述べる生残率の考えを逆にした逆生残率を使って推定したということを述べるにとどめる。

図12　中国男子人口を例にとったコウホート要因法の説明　（千人）

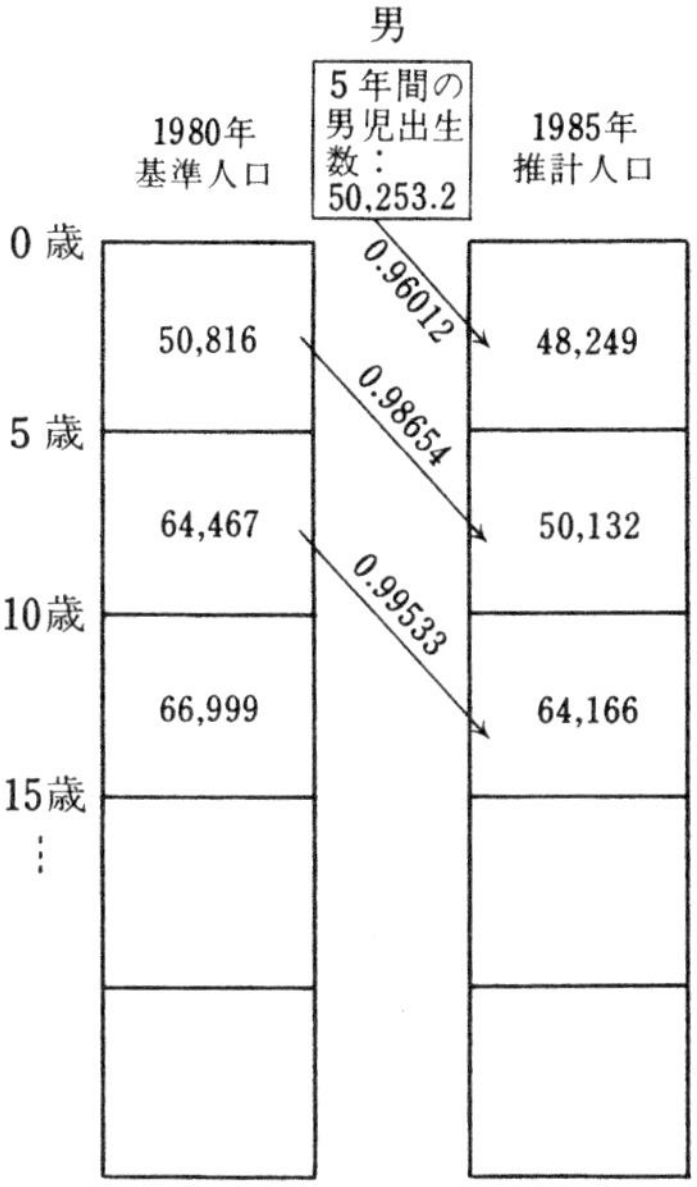


　一九八〇年の中国男子の〇－四歳人口は五〇八一・六万人であった。このコウホートが五年後の一九八五年には五－九歳になるが、そこで必要なのが生残率である。〇－四歳人口が五年経って五－九歳となる場合、その間に何人かは死ぬが大部分は生き延びる。最初の〇－四歳人口の何％が五－九歳に生き残るかの確率が生残率である。生残率はまず第一に国の死亡率の状

況によってみな違うし、第二にそれぞれの年において異なる。そして、第三にどの年齢からどの年齢へ生残するかでそれぞれ違う値を示す。この生残率は、各国の年齢別死亡率を基にして構成された「生命表」の中の一つの関数として計算される。途上国のように年齢別死亡率が信頼できないときは、モデル生命表という代用の生命表から値を導かねばならないが、その手続きについてはもう少し後に説明する。

このようにして一九八五年の五歳以上の人口数は、一九八〇年の五歳ずつ若い五歳階級別人口に生残率を掛けることで求められるが、一九八五年の〇－四歳の人口はどのようにして求めるのであろうか。これは一九八〇年七月一日から八五年六月三〇日までのちょうど五年間の出生数を求め、それに出生数が〇－四歳人口として定着する生残率を掛けて求めるのである。出生後一カ月未満の新生児は特に死亡率が高いのが普通で、それが〇－四歳人口を構成するように生存する確率は〇－四歳人口が五－九歳になる確率よりも相対的に低い。中国人口の場合、一九八〇年七月一日から八五年六月三〇日までに予想される出生児の数は九七六六万一九〇〇人である。このうち男児の数は性比という値を用いて割り振りする。中国の出生時の性比は女一〇〇人に対し男一〇六となっている(日本人もだいたい同じ比率)ので、出生数に二〇六分の一〇六という比率(〇・五一四六)を掛けると、男子の出生児の数は五〇二五万三二〇〇人である。これに、生残率〇・九六〇二一を掛けると、一九八五年の〇－四歳人口は四八二四万九〇〇〇人となる。

## 三　生命表の概念とモデル生命表

### 1　生命表の考え方

以上述べたところから、人口推計をするためには生残率という概念が必要なことが明らかになったと思う。生残率を求めるためには生命表というものについて説明しなければならない。生命表とは、ある国、あるいはある地域の、ある年における死亡の状況を、最も純粋な形で、生まれた時点から人間が生存可能な一〇〇歳までの各年齢について、

図13　生命表における生存曲線，定常人口，生残率の考え方

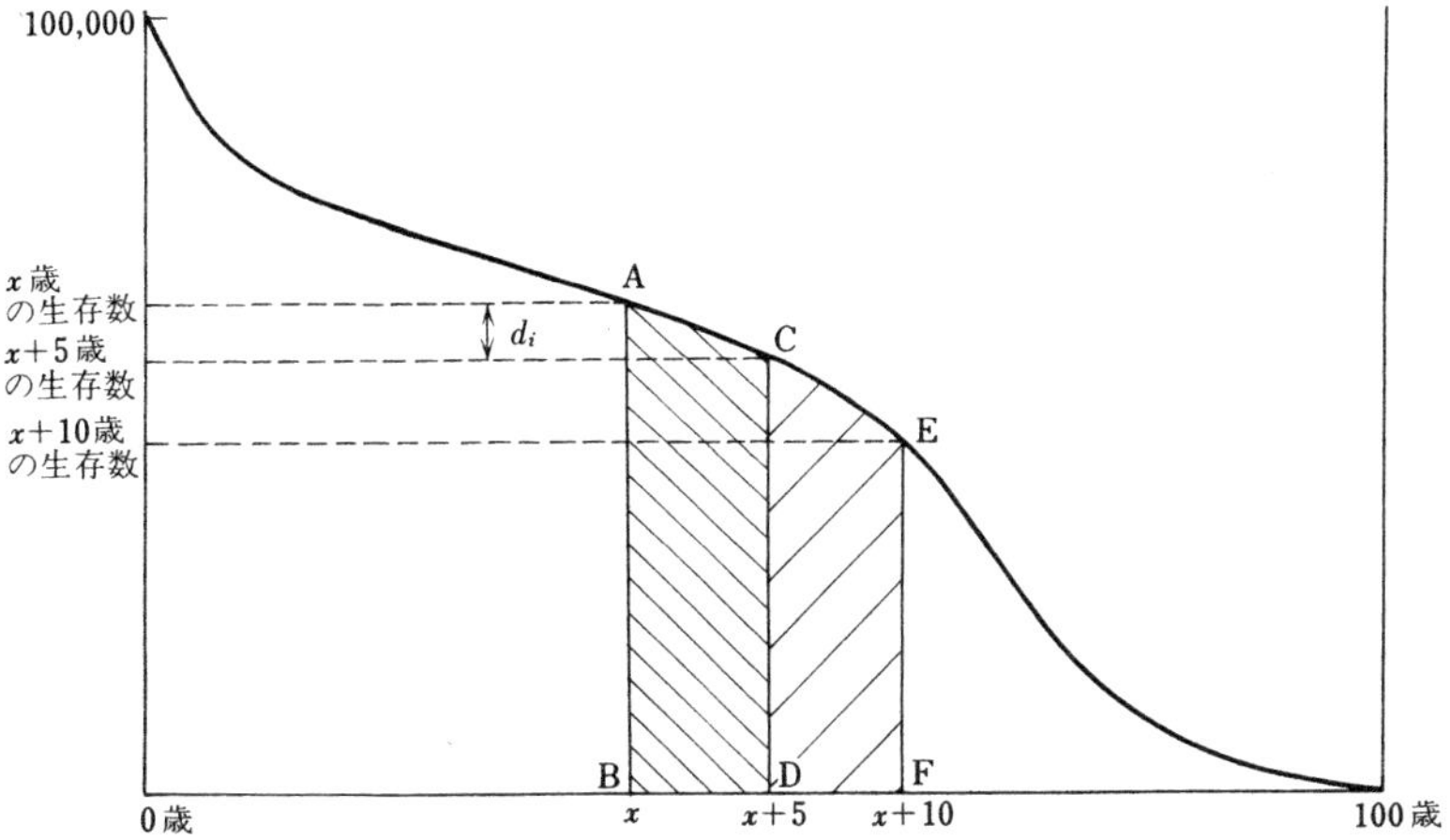


確率の数値で表わした表である。

　いま、ある一時点に一〇万人が同時に生まれたとする。この同時出生集団は、時間が経つにつれ、年齢ごとに定められた死亡率に従ってその成員を少しずつ失い、最後には一人も残らず死んでしまう。生命表は、最初の一〇万人が加齢によってどのような死亡確率で減少していくのか、またそれぞれの年齢と次の年齢との間でどれだけの延年数を生きるのか、全体として何年の総延年数を生きるのか、をきちんと数値的に示すものである。

　図13は最初一〇万であった出生集団が年齢の経過によってどれだけ減ったかを示す図である。いま年齢$x$、$x+5$、$x+10$の三つを考える。ＡＢＤＣの四点によって決められた楔型の面積は、最初の一〇万人の出生数が$x$歳から$x+5$歳(例えば四〇歳から四五歳)まで生きた延年数を表わす。これは、出生数と総死亡数が毎年等しく、しかも各年齢別死亡率が毎年一定である場合に出現する$x$歳から$x+5$歳の人口であると考えられる。これを人口学では$x$歳から$x+5$歳までの定常人口(stationary population)と呼び、$_nL_x$という符号で表わしている。$n$は階級幅を示しふつうは五歳幅であるから$_5L_x$とも書ける。

　さて$_5L_x$の定常人口は五年経つと図13のＡＢＤＣからＣＤＦＥへと移る。五年間のうちにさらに死亡によって定常人口は減少してい

るので、ＣＤＦＥの面積はＡＢＤＣより小さい。そこでＣＤＦＥの面積、つまり $x+5$ 歳から $x+10$ 歳の定常人口を $x$ 歳から $x+5$ 歳の定常人口で割った商が五年間の生残率である。数式で書くと、

$${}_5\bar{p}_x = \frac{{}_5L_{x+5}}{{}_5L_x}$$

となる。${}_5\bar{p}_x$ は $x$ 歳から $x+5$ 歳までの定常人口が五年かかって $x+5$ 歳から $x+10$ 歳までの定常人口になる場合の生残率である。

平均寿命という言葉がよく使われるが、これは厳密に言えば出生時の平均余命である。これは図13の○歳から一〇〇歳の間の生存曲線の下にある総面積、すなわち ${}_5L_x$ を $x$ について累積したものを、出発点の一〇万人の人口で割った商で、$\mathring{e}_0$ という符号で表現する。

生命表について詳しく説明する余裕はないし、また内容が技術的にすぎるのでこれ以上の説明は本書にはふさわしくない。詳しくは岡崎陽一『人口統計学』あるいはチン・ロン・チィアン『生命表とその応用』を参照されたい。

## 2　モデル生命表

前にも述べたように、多くの途上国では生命表を作成するための基礎データである死亡率に誤りが多く、往々にして公式発表の数字は過小評価が多い。そのため、公式発表の数字を基にして生命表は作れない。そこでそのような場合でも使えるような「モデル生命表」というものが国連人口部(UN, 1982a)やプリンストン大学人口研究所のコールとデメイン(Coale & Demeny, 1966)によって用意されている。ほかに数個異なったモデル生命表も作られているが、国連人口推計にあたってはこの二つの種類のものが主に使用されている。

モデル生命表の骨子は、世界中の国々から信頼できる数字の生命表をできるだけ古い時代に遡ってあらゆる死亡水準をカバーできるような範囲で集め、それらの数値を数学的に補整し、例えば平均寿命が五二歳なら死亡確率はこれ、

定常人口はこれ、生残率はこれ、平均寿命が五三歳なら……というぐあいに、世界の死亡パターンを最大公約数的に示すものである。その場合、コールとデメインのモデルは世界を東西南北の四つに分け、同じ平均寿命五二歳であっても四つの異なった死亡(生存)のパターンを用意している。

図14は平均寿命が同じだが死亡率の異なる二つの場合の生存曲線を示したものである。生存曲線AとBは、その曲線下の面積は同じだが、Aは比較的低い乳幼児死亡率に特徴づけられ、Bは比較的高い乳幼児死亡率によって特徴づけられている。Aはアジア型、Bはラテンアメリカ型ということができるかもしれないが、このように地域によって、平均寿命は同じであっても年齢別死亡率は非常に異なる。世界で一つだけのモデル生命表だと、ある地域には過大、別の地域には過小の推計人口をもたらす可能性があるのである(基礎人口の構成が同じならともかく実際にはそれぞれ異なっているので)。

図14　平均寿命は同じでも異なる死亡率を持つ二つの生存曲線

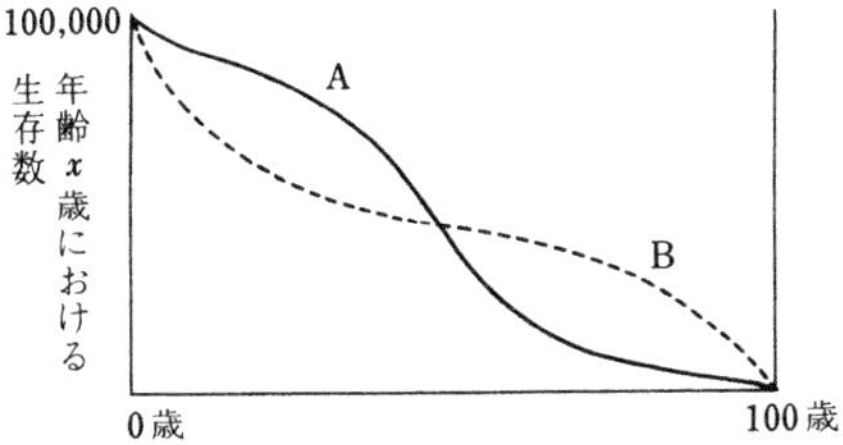


国連人口部は一九五五年に最初のモデル生命表を作成した(UN, 1955)。その時は単一のモデル生命表であったが、一九八二年に発表された改訂モデル生命表は、ラテンアメリカ、チリ、東アジア、南アジア、そしてその他の一般モデルと、五つのグループに対して別々に作られている(1982a)。

モデル生命表からどのようにしてある国の現状に最も近い一連の死亡確率、生残率を得ることができるのか、いくつかのケースについて説明してみよう。

(1)　もし過去二回の国勢調査があれば、例えば一九七〇年の三〇－三四歳人口と一九八〇年の四〇－四四歳人口とを比較してセンサス生残率を出すことができる。全年齢に対しセンサス生残率を計算し、これをモデル生命表の生残率と比較し、平均で一番似ているモデル生命表の段階と地域モデルを選定する。

(2)　近年一回だけしかセンサスが行われていない場合、安定人口モデルを利用する。

二〇世紀の初めにロトカによって、母親の年齢別出生率と男女の年齢別死亡率が相当期間一定ならば、年齢別人口構造が安定するという命題が発見された(Lotka, 1939)。そしてロトカの後に、年齢別人口構成の変化を決めるものは主に出生率の変化であって死亡率の変化ではない、という関係が理論的にも経験的にも立証され、したがって、出生率の低下を経験せず、それが過去ほぼ一定であったと考えられる途上国の年齢構造は、安定人口のそれに酷似しているはずだという考えが打ち出された。

そこでコールとデメインは、モデル生命表と関連して、当時考えられるあらゆる組合わせの出生率と死亡率によってモデル安定人口表を作成した(Coale & Demeny, 1966)。この表によれば、もし例えば一五歳未満の全人口に対する比率が正しく得られ、そしてもう一つ最近の人口増加率がかなり正確にわかっていれば、粗出生率、GRR(総再生産率)、平均寿命、一連の年齢別死亡率が順次求められる。従って、この安定人口の方法によってどのモデル生命表の段階と地域モデルが適当かを選択することができるのである。

(3) センサスが最近一回あり、さらに国際統計学会が一九七〇年代に行った、出生率と死亡率の水準がサンプル調査ながらかなり正確に把握されるようになった「世界出産力調査」を利用できる場合に、これらのデータはモデル生命表選定の際の有力な決め手となる。

(4) 五歳未満の乳幼児の死亡率は、途上国では非常に高いが、それはまた平均寿命の水準と密接に関連している。従って、乳幼児の死亡率を正しく推定する必要がある。ブラスは二つの、途上国ではよく得られるデータからこれを推定した(Brass, 1964)。一つのデータは標本調査からの母親の既往出生児数であり、そしてそのうち何人が現在生存しているかという割合である。第二は母親を含む全女子の人口で、これはセンサスから得られる。この方法においては、まず女子一人当り平均既往出生児数と女子一人当り平均生存出生児数から女子一人当り平均死亡児数を得、次に母親の各年齢における平均死亡児数を生命表で用いる死亡確率(出生時から子供の年齢 $x$ 歳まで)に変換するために、ブラスが種々の途上国で経験的に得た変換係数を用いる。最近は、多くの人口学者がより最近の豊富なデータをもとに回帰方程式を用いて変換を試みているが(Sullivan, 1972; Trussell, 1975; Preston & Palloni, 1978 ; UN, 1983)、結果はブラスの方法とあまり変らない。ともあれ、このようにして、五歳未満の乳幼児死亡率が得られれば、それがモデル生命表選定のために役立つとともに、それ自体が死亡率指標作りに直接役立つのである。

## 四　将来の出生・死亡・国際人口移動の予測

### 1　出生率の予測

出生数の予測は、基準人口に含まれる女子人口のうち出産に関係ある一五歳から四九歳までの人口数と、その女子人口が将来そのように生むであろうと予測される年齢別出生率を掛けることによって求められる。年齢別出生率とはある年の各年齢階級の女子人口を分母とし、その女子が生んだ出生数を分子とした値である。

出生率の予測については色々な方法があるが、国連の将来動向に関する仮定の立て方、およびその背景となる基本的考え方は次のとおりである。

(1)　各国、特に途上国の将来の出生率の予測において、過去一九七三年以降の推計では、いずれもすでに述べた人口転換理論と閾値仮説(threshold hypothesis)を基本的考え方としている。閾値仮説とは、社会経済的条件が成熟しつつある状態において、最初はそれが出生率の低下と結びつかないが、ある臨界点に達した時に低下が始まり、最初は緩やかだがやがて急ピッチで進むとする考え方である(UN, 1965)。

その際には推計の基礎年次における出生率の水準と、出生率の低下が始まる時期の設定が重要である。そのためには、どの程度社会経済的要因が成熟したときに、低下の開始が起こるかのめどが必要になる。正直言ってすべての途上国に対して万能な方法はなく、各国の人口増加率の趨勢、出生率・死亡率の趨勢、教育程度、結婚年齢の上昇ぶり、生活水準等々を考慮に入れながら、そして同じ地域の途上国とのバランスを図りながら、仮定の設定を行う。

(2) 長期的な観点から、出生率は一度低下し始めると継続的に低下し、究極的には総再生産率(GRR)、すなわち、一人の母親が一生の間に生む女児数であり、女児だけに対する合計特殊出生率(八七ページ参照)が一・〇で、母親とその女児との世代交替が一対一になるような水準に達すると仮定する。多くの先進諸国においてGRRが一・〇を大きく下回っているが、それらの国においても二〇五〇年までは無理としても、長期的には出生率は回復すると考える。

(3) もし途上国で低出生率志向の人口政策がとられ、家族計画が国家的規模で推進されている場合、それは出生力低下開始の時機を早め、また低下の速度を促進すると考える。現在、アジア、ラテンアメリカで出生率が低下しているのは多分に人口政策の成功の結果である。

(4) 出生率の低下は、最初は緩慢であるが、次第に低下のスピードを増し、しばらくして減速すると仮定する。比較的最近になってから出生率が低下した東ヨーロッパ及び東アジア諸国の出生率の低下の経験に基づくと、GRRが二・五を通過し一・五にさしかかる期間において低下の速度は最大であった。この経験を利用して、あとで述べるように途上国に対する出生率低下モデルが準備され、推計に用いられている。

(5) 国連の推計で特に留意されていることは、各地域において異なった文化的要因の出生力に及ぼす影響である。定量的には計測されないが、少なくとも定性的にみて、文化と価値様式が出生率低下の開始時期、その後の加速の状況に大きな影響力を持つと考えることは適切である。アイリーン・トイバーによって注目されたように、中国文化圏に位置づけられる東アジア及びその周辺の諸国で、日本を筆頭に、中国、台湾、香港、シンガポール、韓国、あるいはマレーシアの中国人の出生率が一九五〇年代から六〇年代にかけて相当程度低下したことが知られている(Taeuber, 1966; 1971)。また比較的類似の経済的条件を備えながら、出生率低下の開始時期が大きくずれたり、その後の低下のスピードが非常に異なる場合があり、それらは独特の文化的・習俗的要因によって決定されることが多い。

それ故、国連推計では、出生率低下の曲線が描く軌跡のモデル作りに関し、すべての途上国に対する単一モデルを用意するよりも、それぞれの文化圏(例えば中国文化圏、インド文化圏、イスラム文化圏)に対し異なった出生率低下

図15　発展途上国の出生力低下モデル

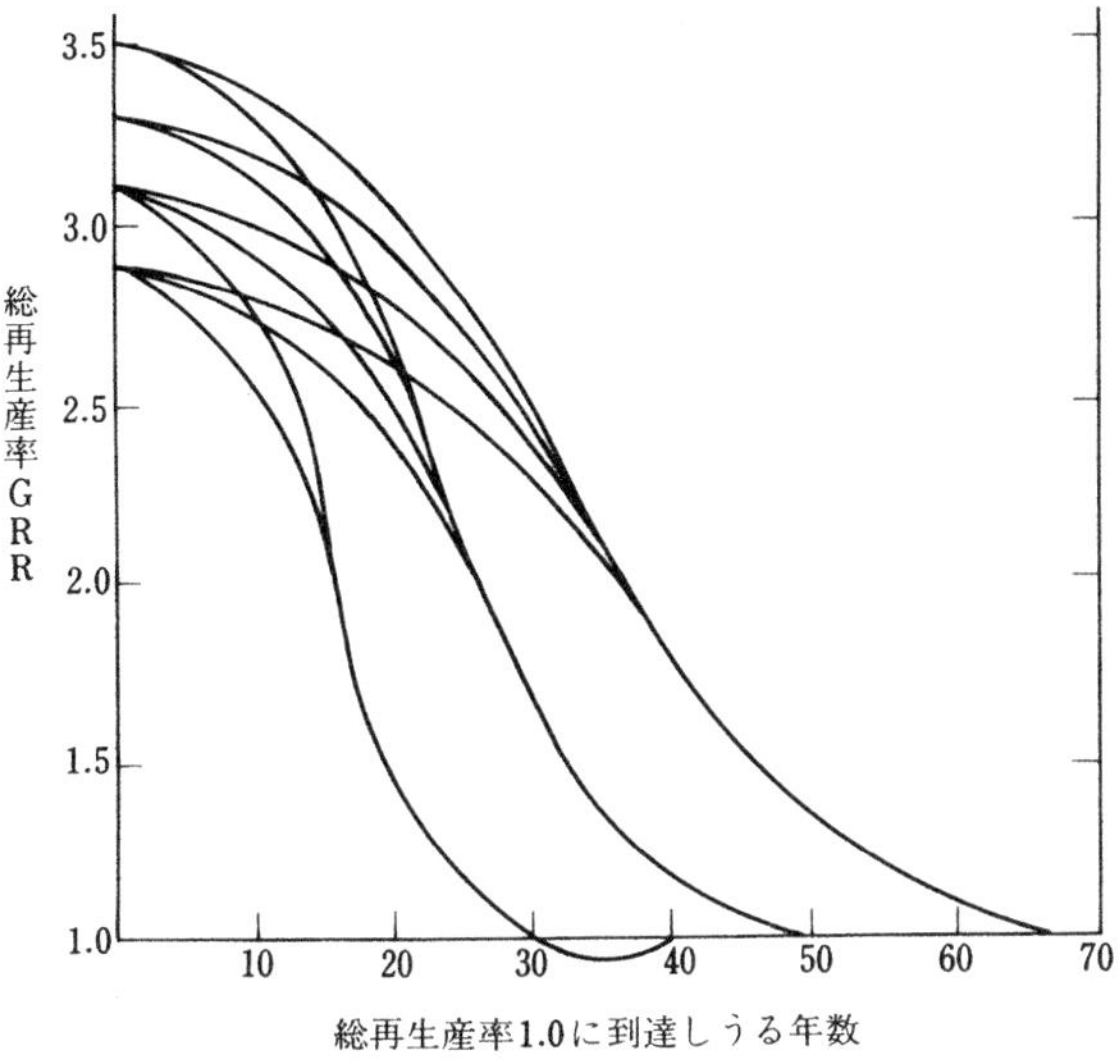


最初のGRRの水準が2.9，3.1，3.3，3.5の場合.

のモデルを組み立て、これを推計に応用している。実際には、例えば図15で示されるような様々のモデルを作り、ある国がどのコースを辿るかの選択を、経済的条件とともに、どの文化圏に属しているかを考慮して行っている。

(6)　出生率推計にあたり、もう一つ考慮するのはそれが島国かどうかである。島国は概して同質性が保たれており、また外部からの影響をうけやすい。対照的なのがアフガニスタン、ボリビアのような内陸国、あるいはインドのような多くの州および多民族からなる人口巨大国である。

すでに第一章で述べたように、島嶼である香港、シンガポール、アフリカ沖のモーリシャス、カリブ海のバルバドス、トリニダード・トバゴ、ジャマイカ等で出生率の急速な低下が見られており、準島嶼国と見られる中米地峡地帯のコスタリカ、パナマも出生率低下の著しいことで知られる。これとは逆に、インドのような人口巨大国は、民族、言語、宗教に関し非常に複雑な構成を持ち、どうしても家族計画のような新しいアイディアとノウハウの伝播が遅滞しがちであり、またそれぞれの階層、グループで受けとめ方が異なるので、国家的規模で出生率が地すべり的に低下することは難しい。

図15で示されたそれぞれのコースの選択はそれぞれの国の経済・社会・文化的条件、そして家族計画の進捗状況を十分に考慮して行っている。現在のところ、ある回帰方程式を設定し、以上の変数を投入して将来のGRRを決定するという計量経済学の方法は必ずしも用いてい

ない。具体例として、GRRが最初三・五の場合、三・三の場合、三・一の場合、そして二・九の場合を掲げ、例えば二・九の場合それが七〇年経って一・〇に低下するケース、五〇年経って一・〇になるケース、四〇年経って一・〇になるケースというのを想定している。これらの低下の状況はロジスティック曲線に近く、最初の低下の速度はゆるやかだが、中頃が急速で、最後の部分が再びゆるやかになる軌跡を描いている(河野編、一九八二；UN, 1977)。

## 2　出生率のモデル年齢パターン

出生率の将来予測に関して次に重要なことは、今GRRの将来の水準が年次別に設定されるとして、母親の年齢別出生率の分布をいかに設定するかである。単純に考えると、それぞれの異なったGRRの水準に同じ年齢別特殊出生率の分布をあてはめてもよさそうであるが、この方法が理論的に適切でないことは明白である。

出生率が低下する場合、母親の年齢分布によっていろいろなパターンが考えられるが、一番よく見られるのは母親の年齢が三五歳以上と一五―一九歳の出生率が急速に低下するケースである。出生率が全般的に低下する際には高齢出産が減少するのは道理だし、また結婚年齢が上昇し女子の就学・就業率が高まることから一五―一九歳の出生率がまず低下することも当然である。それに反して生み盛りの二〇―二四、二五―二九、三〇―三四の年齢の出生率はそれほど変化しない。ということはこの出生率を単純合計した合計特殊出生率を一〇〇とした各年齢階級の出生率の分布を取れば、その分布は出生率がGRR三・〇の状態と一・〇のところでは非常に変化することが考えられる。すなわち出生率が低下するにつれて、二〇―三四歳の年齢階級のパーセンテージは増大し、両端の一五―一九歳のところと三五歳以上のそれは急速に縮小する。

国連人口部は、このため各国から入手できる限りの出生率の年齢分布を集め、これを地域別に分類し、さらにガウス曲線をあてはめて数学的に補整し、一〇地域の年齢別出生率のモデルパターンを構成した。一〇地域とは北西ヨーロッパ、西ヨーロッパ、南ヨーロッパ、北米、旧ソ連、日本、日本とアラブ諸国を除いたアジア、アラブ諸国を除い

表5 サハラ以南のアフリカ，アラブ諸国，アジア(日本を除く)に対する出生率のモデル年齢パターン (%)

| GRRの水準 | 全年齢 | 年齢階級（歳） | | | | | | |
|---|---|---|---|---|---|---|---|---|
| | | 15-19 | 20-24 | 25-29 | 30-34 | 35-39 | 40-44 | 45-49 |
| サハラ以南のアフリカ | | | | | | | | |
| 3.50 | 100.0 | 14.7 | 23.5 | 21.9 | 17.9 | 12.8 | 7.2 | 2.0 |
| 3.00 | 100.0 | 16.4 | 24.7 | 22.1 | 17.3 | 11.7 | 6.2 | 1.5 |
| 2.50 | 100.0 | 16.1 | 25.4 | 22.0 | 17.0 | 11.6 | 6.2 | 1.6 |
| 2.00 | 100.0 | 14.9 | 25.9 | 22.1 | 17.1 | 11.7 | 6.4 | 1.8 |
| 1.50 | 100.0 | 14.0 | 31.1 | 24.7 | 16.6 | 9.2 | 3.6 | 0.6 |
| 1.00 | 100.0 | 8.2 | 35.4 | 29.9 | 17.4 | 7.2 | 1.7 | 0.1 |
| アラブ諸国 | | | | | | | | |
| 3.50 | 100.0 | 7.8 | 21.7 | 25.1 | 21.9 | 15.0 | 7.2 | 1.4 |
| 3.00 | 100.0 | 8.8 | 21.9 | 24.3 | 21.1 | 14.8 | 7.5 | 1.6 |
| 2.50 | 100.0 | 8.5 | 23.1 | 24.9 | 21.0 | 14.2 | 6.9 | 1.4 |
| 2.00 | 100.0 | 7.6 | 24.4 | 26.0 | 21.1 | 13.6 | 6.2 | 1.1 |
| 1.50 | 100.0 | 6.6 | 29.1 | 29.8 | 20.7 | 10.4 | 3.2 | 0.3 |
| 1.00 | 100.0 | 7.2 | 31.2 | 30.3 | 19.7 | 9.0 | 2.4 | 0.2 |
| アジア(日本を除く) | | | | | | | | |
| 3.50 | 100.0 | 11.8 | 24.1 | 24.1 | 19.5 | 13.0 | 6.3 | 1.3 |
| 3.00 | 100.0 | 7.9 | 22.8 | 26.2 | 22.0 | 14.2 | 6.1 | 0.9 |
| 2.50 | 100.0 | 5.6 | 21.4 | 26.6 | 23.3 | 15.4 | 6.7 | 1.0 |
| 2.00 | 100.0 | 3.8 | 20.8 | 27.9 | 24.6 | 15.7 | 6.3 | 0.8 |
| 1.50 | 100.0 | 2.4 | 23.5 | 33.7 | 25.6 | 11.9 | 2.8 | 0.1 |
| 1.00 | 100.0 | 2.8 | 31.1 | 38.4 | 21.1 | 5.9 | 0.7 | 0.0 |

1978年国連人口部部内資料.

たアフリカ(サハラ以南のアフリカ)、アラブ地域、ラテンアメリカのパターンである。いま参考までに、サハラ以南のアフリカ、アラブ地域、日本を除いたアジアについてのモデルパターンを示したのが表5である。GRRの水準が三・五から一・〇へと低下するにつれてパターンは変化し、一五－一九歳と三五歳以上の年齢で比率が低下し、またそれとは逆に二〇－二九歳の比率は上昇しているが、地域によって変化の様相はかなり異なることに注目されたい。例えばアラブ諸国の一五－一九歳の出生率の比率はあまり変化していない。また三〇－三四歳の比率は三地域いずれにおいても比較的安定している。

## 3 死亡率の将来予測の方法

一九七三年以降国連推計における死亡率の将来予測は、出生時における平均余命(いわゆる平均寿命と呼ばれる)と、出生時の平均余命に対応した男女年齢別生残率を基にして行われた。

先進国の政府が発表した公式推計の中には国連の推計基準に一致し、妥当な結果を示すものがあるので、それは除く。それ以外の国については国連のモデル生命表とコールとデメインのモデル生命表から、将来に推計された平均余命と対応する男女別年齢別生残率を補間計算によって求め、人口推計に用いる。

平均寿命は一般的に言って、四〇歳代、五〇歳代の時は上昇が著しい。しかし、六〇歳代、七〇歳代になると伸長はスローダウンする。国連の平均寿命伸長のモデルでは、六〇歳までは五年間で二歳伸びると仮定している。それ以後は、伸びは遅くなり、しかもその国の社会経済条件を考慮に入れていくつかの選択肢を入れている。

さて、冒頭で中国の例を取ったので、中国の将来の平均寿命の最新推計をここに掲げておく。一九九〇―九五年の平均寿命は男子六六・七歳と推定されたが、一九九五―二〇〇〇年六七・九歳、二〇〇〇―〇五年六九・一歳、二〇〇五―一〇年七〇・三歳、二〇一〇―一五年七一・三歳、二〇一五―二〇年七二・三歳、二〇二〇―二五年七三・三歳、二〇二五―三〇年七四・一歳、二〇三〇―三五年七四・九歳、二〇三五―四〇年七五・七歳、二〇四〇―四五年七六・二歳、そして二〇四五―五〇年七六・七歳となる。したがって伸びは、一九九〇年から二〇一〇年まで各五年間一・二歳、二〇一〇年から二五年まで各五年間一・〇歳、ついで〇・八歳、〇・五歳と縮小の一途を辿るように推計されている。

## 4　国際人口移動の推計

人口推計の四つの要素は基礎人口、出生、死亡、そして国際人口移動であるが、この中で国際人口移動は相対的にウエイトが低いと言える。なぜならば、第一に、国際人口移動の統計は出生・死亡のそれよりもさらに不完全で、非合法移民とか難民は数を正確に把握しにくいこと、第二に、多くの国、例えば日本、中国、あるいはアジア諸国、東欧諸国、旧ソ連において、国際人口移動は総人口の中でその比率が非常に小さく、人口推計にあたってほとんど無視できること、そして第三に、国際人口移動の将来は、不確定要素が出生率・死亡率に比べて桁違いに大きいからである。

出生率と死亡率は、長期的には社会経済の変化に反応するが、短期的には比較的安定している。これに対し、国際人口移動は移動を受け入れる国の景気変動、入移民に対する労働力需要の変化、政治的状況に応じて猫の眼のように変るし、また送り出す側からみてもその政治的経済的変化によって激変する要素をはらんでいる。特に最近の戦争とか政治紛争による難民の増加は全く予期せぬ出来事であり、これらを予測することは難しい。

国際人口移動を把握するには直接的方法と間接的方法がある。これらについて簡単に述べたい。

(1) 国際人口移動の統計

国際人口移動を直接把握するには三つの方法がある。第一は国境管理によるデータの収集で、空港、海港あるいは陸地続きの国境のチェックポイントを通過する入国者・出国者の数を押さえる方法である。第二は恒久的な人口登録、労働雇用登録あるいは外国人登録によるものである。第三は人口センサスや標本調査による実態調査を通じての情報収集である。

しかし、これらに基づく国際人口移動統計は、他の人口統計、すなわち出生・死亡そして国内人口移動の統計と比較してはるかに制約がある。往々にしてデータは入移民人口に対してだけであり、またその男女年齢別構成は一部の先進国を除いて不明である。米国、カナダ、西欧、オーストラリア、ニュージーランド、日本などにおいてはデータが比較的よく揃っているが、一般に出移民者に対する統計は完備されているとはいい難い。

途上国の出移民に関する統計は非常に不完全である。一九七〇年代になってアラブの石油産出国に対する入移民の状況は比較的よく把握されるようになったが(Serageldin *et al.* 1981)、これについても多くの漏れがあると見られている。

(2) 間接法による国際人口移動の計量

直接法による国際人口移動のデータは、多くの国において欠けているか、またはは存在しても正確でないので、間接法によって移動を把握する以外に方法がないことが多い。それは国内人口移動の計量で用いる出生死亡残差法と生残率法と呼ばれる方法である。ただこの方法は、前記の直接法、すなわち空港や国境通過の際にチェックする方法、あるいは人口登録による方法とは異なり、純移動しか計量できない欠点がある。つまり、A国からB国へ一〇万人が移動し、B国からA国へ五万人が移動したとすると、結果としてはA国からB国へ五万人が純移動したことになるが、この方法ではこの純移動の結果しかわからない。

出生死亡残差法は簡単である。いまA国において国勢調査統計と出生・死亡統計が比較的正確であるとすると、人口移動は次の方程式によって推定される。

$$M = P_t - P_0 - (B - D)$$

$M$は0年から$t$年にかけての国際人口移動量であり、$P_t$は$t$年の人口、$P_0$は最初の0年の人口、$B$と$D$はそれぞれ0年から$t$年の間の出生数と死亡数の和である。

コウホート生残法による国際人口移動の計量の原理はこの出生死亡残差法と同じである。ここでは死亡数を直接扱わない代りに、生命表の年齢階級間の生残率をある期間の初めの年齢階級の人口に掛け、期間後の生残人口を計算し、これを期末における実際人口と比較することにより行われる。もし実際人口がこの期待人口より大きければ、差は純入移民数であったとし、期待人口が実際人口よりも大きければ差は純出移民数として計量される。

(3)　国際人口移動の将来

以上の大別して二つの方法によって、国際人口移動は計量される。それでは国際人口移動の将来はどのように考えられるだろうか。

国連の考え方によると、人口移動は長期的にみて、拡大よりもむしろ縮小化、そして安定化を目指していると言える。一つは地球上から米国とかオーストラリアのようなフロンティアが消滅したこと、そして各地域に言語、文化、風俗に関して同質性を希求するムードができて、世界全体はいくつかのブロック経済・文化圏に分化し、そのまま固定化しつつあるような徴候が見られることである(例えばヨーロッパ連合、ワルシャワ条約締結国、アラブ連合体)。このような状況では、大陸間の国際人口移動を促進させる要因はあまり見当たらないとされる(UN, 1985a)。最近の一九九六年と九八年の国連推計によれば、伝統的に移民受入国である米国のような国に対する移動の流れは二〇二五年まで継続するが、ほかの、近年にわかに受入国となった国々への移動は二〇一〇年までに徐々に解消すると想定している(UN, 1998a)。

過去には西部ヨーロッパ、北部ヨーロッパに押し寄せた南部ヨーロッパ、トルコ、北部アフリカからの出稼ぎ移民もようやく収束傾向にある現在、移民を受け入れる可能性のある国は米国、カナダ、オーストラリア、ニュージーランド、そしてアラブ石油産出国くらいであるが、これらに対しても将来国際人口移動の大きな増加を見込むことはできないというのは一つの考え方である。それどころか、これら地域自身の人口増加と資源の枯渇、環境保全の流れ、そして世界的規模での景気停滞に伴い、将来の国際人口移動は、一部の地域を除き安定化すると国連は予想している。

しかし、ごく最近の国際人口移動の動向を展望すると、人口移動の潮流が全体として将来減退するようにはみえない。南北の経済格差が厳然と存在する一方で、近年みられる運輸通信、生産管理技術の進歩は企業のグローバル化を促進しており、経済活動のボーダーレス化は国際労働移動の圧力を強めこそすれ、弱めはしないだろう。また、同時に進行中のインターネットや人工衛星を利用したテレビの普及等によって、先進国の豊かな生活の情報、映像が世界中に広まり、貧しい途上国の人々の相対的飢餓感、そして先進国への移動意欲を高める働きをするとも考えられる。加えて、最近の航空便の発達、航空運賃の低廉化は大陸間の移動を一層容易なものにしている。

さらにヨーロッパ連合(EU)の成立によって、ヨーロッパ内部の国際人口移動は将来増加するとの観測もある。国際人口移動の見通しは人口推計において最も難しい領域であるが、近い将来、より洞察力に満ちた、もっと精緻な方法論が構築され、世界人口推計に組み入れられる必要は大いにある。国際人口移動の分析はデータの制約もあり、人口学の中で最も未発達の領域である。今後の研究が大いに望まれるのである。

# 第三章　死亡率低下とその要因

## 一　戦後の死亡率低下と平均寿命の伸長

第二次世界大戦後の世界の人口現象の中で最も劇的なものは、発展途上国における死亡率の低下であろう。一九五〇年代から六〇年代にかけて「人口爆発」という言葉がよく使われたが、これは、一方では途上国でほぼ例外なしに高い出生率が見られたのに反し、他方死亡率が急速に低下して、両者の格差がそのまま人口増加となって現われたためである。死亡率の低下として有名なのがモーリシャスとスリランカの例である。モーリシャスでは一九四二－四六年の期間から一九五一－五三年の期間の間に、平均寿命が三三・〇歳から五五・一歳へと急速に上昇した。スリランカでは一九四六年から一九五三年にかけて四二・七歳から五六・七歳へと大幅に伸びた。粗死亡率でみると、スリランカでは一九三六－四六年の期間から一九五〇－五二年の期間にかけて、一〇〇〇人について二一から一二へと低下している(UN, 1953)。

しかし、戦後死亡率が低下し平均寿命が飛躍的に上昇したのは、発展途上国だけでなく、先進国においても見られる現象であり、さらにすべての途上国の間で一様に起きたわけでもない。国連人口部がまとめた最新の一九九八年推計によって、世界六大主要地域別の粗死亡率と平均寿命の一九五〇年から二〇〇〇年までの推移を示したものが、それぞれ表6と表7である。ここで粗死亡率というのは人口一〇〇〇人についての死亡者の割合で、五年間の総死亡数

表6　世界の主要地域別粗死亡率の推移：1950-2000　(‰)

| 主要地域 | 1950-55 | 1960-65 | 1970-75 | 1980-85 | 1985-90 | 1990-95 | 1995-2000 |
|---|---|---|---|---|---|---|---|
| 世界 | 19.7 | 15.6 | 11.6 | 10.3 | 9.6 | 9.3 | 8.9 |
| 先進地域 | 10.2 | 9.4 | 9.4 | 9.6 | 9.6 | 10.1 | 10.1 |
| 途上地域 | 24.2 | 18.2 | 12.4 | 10.5 | 9.6 | 9.1 | 8.6 |
| アフリカ | 26.6 | 22.8 | 19.2 | 16.3 | 14.4 | 14.4 | 13.9 |
| アジア | 23.9 | 17.6 | 11.4 | 9.6 | 8.8 | 8.3 | 7.7 |
| 東部アジア | 23.3 | 15.7 | 6.4 | 6.6 | 6.6 | 7.1 | 7.0 |
| ヨーロッパ | 10.6 | 9.7 | 10.1 | 10.7 | 10.5 | 11.3 | 11.3 |
| ラテンアメリカ・カリブ | 15.6 | 12.4 | 9.9 | 7.9 | 7.2 | 6.7 | 6.5 |
| 北部アメリカ | 9.4 | 9.3 | 9.0 | 8.5 | 8.6 | 8.6 | 8.3 |
| オセアニア | 12.3 | 10.5 | 9.6 | 8.1 | 7.9 | 7.5 | 7.7 |

出所：UN (1999a).

をそれに見合う平均人口の五倍で割った、一番簡明な数字である。平均寿命とは出生時における平均余命のことである。平均寿命という言葉は元来俗語であるが、しかし今日広く一般に使われているのでここでも用いる。平均寿命は死亡率そのものではなく、正反対の生存率に関連する指標であるが、その長所は、粗死亡率と異なり年齢構造の影響を取り除いているところにある。

国連の推定に基づく表6によれば、世界全体の粗死亡率は一九五〇—五五年の一九・七から一九九五—二〇〇〇年の八・九へと半分以下に減少しているが、特に世界人口の五分の四を占める途上地域では二四・二から八・六へと三分の一近くになっていることが注目される。他方、先進地域では一九五〇—五五年の一〇・二から一九九五—二〇〇〇年の一〇・一へとほとんど変化していない。一九五〇—五五年には先進地域の死亡率は途上地域の二分の一をかなり下回っていたが、一九八五—九〇年には同じ水準となっており、一九九五—二〇〇〇年には途上地域の八・六に対して一〇・一と逆転することになる。このように、粗死亡率に関して南北が逆転するのは、先進地域は、死亡率が当然高い老年人口を相対的に多く抱えているためである。個々人についてみれば、先進地域の方がいぜん死亡率が低いにもかかわらずこのような現象が起きるのは、年齢構造の違いがもたらすいたずらである。そこで、年齢構造の影響を除去した指標としての平均寿命について、国際比較を試みてみよう。

表7　世界主要地域および主要国の男女合計平均寿命の推移：1950-2000　（歳）

| 地域・主要国 | 1950-55 | 1960-65 | 1970-75 | 1980-85 | 1985-90 | 1990-95 | 1995-2000 |
|---|---|---|---|---|---|---|---|
| 世界 | 46.5 | 52.4 | 58.0 | 61.3 | 63.1 | 64.1 | 65.4 |
| 先進地域 | 66.6 | 69.8 | 71.2 | 73.0 | 74.1 | 74.1 | 74.9 |
| 途上地域 | 40.9 | 47.7 | 54.7 | 58.6 | 60.5 | 61.9 | 63.3 |
| アフリカ | 37.8 | 42.1 | 46.1 | 49.5 | 51.3 | 51.1 | 51.4 |
| アジア | 41.3 | 48.4 | 56.3 | 60.4 | 62.5 | 64.5 | 66.3 |
| 東部アジア | 42.9 | 51.4 | 64.2 | 67.7 | 68.2 | 69.5 | 71.0 |
| ヨーロッパ | 66.2 | 69.8 | 70.8 | 71.9 | 73.0 | 72.6 | 73.3 |
| ラテンアメリカ・カリブ | 51.4 | 56.8 | 60.9 | 64.9 | 66.7 | 68.1 | 69.2 |
| 北部アメリカ | 69.0 | 70.1 | 71.5 | 74.7 | 75.2 | 75.9 | 76.9 |
| オセアニア | 60.9 | 64.6 | 66.6 | 70.1 | 71.3 | 72.9 | 73.8 |
| 日本 | 63.9 | 69.0 | 73.3 | 76.9 | 78.3 | 79.5 | 80.0 |
| フランス | 66.5 | 71.0 | 72.4 | 74.7 | 76.0 | 77.1 | 78.1 |
| ドイツ | 67.5 | 70.3 | 71.0 | 73.8 | 74.8 | 76.0 | 77.2 |
| イタリア | 66.0 | 69.9 | 72.1 | 74.5 | 76.2 | 77.2 | 78.2 |
| スウェーデン | 71.8 | 73.5 | 74.7 | 76.3 | 77.3 | 77.9 | 78.5 |
| イギリス | 69.2 | 70.8 | 72.0 | 74.0 | 75.0 | 76.2 | 77.2 |
| 米国 | 69.0 | 70.0 | 71.3 | 74.5 | 74.9 | 75.7 | 76.7 |
| ロシア | 67.3 | 69.0 | 68.2 | 67.6 | 69.2 | 66.5 | 66.6 |
| エチオピア | 32.9 | 36.9 | 41.0 | 42.0 | 44.6 | 45.2 | 43.3 |
| エジプト | 42.4 | 47.4 | 52.1 | 56.6 | 61.0 | 63.9 | 66.3 |
| ナイジェリア | 36.5 | 40.5 | 43.5 | 46.4 | 48.2 | 49.6 | 50.1 |
| 中国 | 40.8 | 49.5 | 63.2 | 66.6 | 67.1 | 68.4 | 69.8 |
| バングラデシュ | 36.6 | 40.6 | 44.9 | 49.7 | 52.8 | 55.6 | 58.1 |
| インド | 38.7 | 45.5 | 50.3 | 54.9 | 57.6 | 60.3 | 62.6 |
| インドネシア | 37.5 | 42.5 | 49.3 | 56.2 | 60.2 | 62.6 | 65.1 |
| サウジアラビア | 39.9 | 45.9 | 53.9 | 62.6 | 67.5 | 69.6 | 71.4 |
| キューバ | 59.3 | 65.2 | 70.7 | 73.4 | 74.1 | 74.9 | 75.7 |
| メキシコ | 50.6 | 58.3 | 62.4 | 67.5 | 69.6 | 71.2 | 72.2 |
| ブラジル | 51.0 | 55.8 | 59.6 | 63.1 | 64.6 | 65.7 | 66.8 |

出所：UN (1999a).

表7の男女合計の平均寿命の推移によれば、世界全体の平均寿命は一九五〇－五五年には四六・五歳であったが、一九九五－二〇〇〇年には六五・四歳と、一八・九歳伸びた。しかし先進地域・発展途上地域別にみると、先進地域ではこの間六六・六歳から七四・九歳へと八・三歳しか伸長していないのに対し、途上地域では四〇・九歳から六三・三歳へと二二・四歳も伸びており、世界全体の平均寿命の伸長は実は多くを途上地域のそれに負ってい

ることがわかる。こうしてみると、戦後世界における「人口爆発」という現象は、実はこのような目覚しい途上国の平均寿命の伸びによっていることが理解されよう。

次に先進地域・途上地域の内訳をみると、ここで特別に表章しているように平均寿命の伸びが著しいのが東部アジアで、一九五〇―五五年から一九九五―二〇〇〇年にかけて四二・九歳から七一・〇歳へと実に二八・一歳も伸びている。これは東部アジアの人口の八六％を占める中国において、四〇・八歳から六九・八歳へと二九・〇歳も伸びていることによるところが大きい。また同期間中アジア人口の二八％を占めるインドにおいて、三八・七歳から六二・六歳へと二三・九歳伸びたことも注目される。ラテンアメリカ・カリブ地域では五一・四歳から六九・二歳への一七・八歳と、相当の伸びを示しているが、アフリカでは三七・八歳から五一・四歳への一三・六歳の伸びに留まっている。しかし、これさえも、ヨーロッパの六六・二歳から七三・三歳への七・一歳、北部アメリカの六九・〇歳から七六・九歳への七・九歳の伸びと比較すると大きい。

以上の検討から言えることは、平均寿命が四〇歳台・五〇歳台の場合その伸長は著しいが、六〇歳台・七〇歳台になると、それが減速化していくことである。表8は世界・先進地域・途上地域および六大主要地域の男女合計平均寿命の各五年間における増加を示したものである。一九五〇―五五年から一九九五―二〇〇〇年の四五年間の中で、一九五〇―五五年から一九六五―七〇年にかけては先進・途上地域および各主要地域においていずれも平均寿命の伸びは非常に大きいが、一九七〇―七五年以後伸びは次第に小さくなる。東部アジアの平均寿命の伸びが一九六〇―六五年から一九六五―七〇年にかけて九・一歳と例外的に高いが、それも以後は減少している。先進地域は、全体として一九五〇―五五年から一九五五―六〇年にかけては二・五歳と比較的伸びが大きかったが、以後は小さくなっている。もっとも、人口現象には例外が常にあり、北部アメリカは一九五〇―五五年から一九六五―七〇年にかけて平均寿命の伸びは非常に小さかったが一九七〇年代になって逆に大きくなっている。これは、米国を中心として、過食と喫煙を制限し、各自自己の健康管理を行う傾向が強くなったことが大きな要因と考えられる。一方、アフリカとヨーロッ

表8 世界主要地域別男女合計平均寿命の各5年間の増加：1950-2000 （歳）

| 地域 | 1950-55/1955-60 | 1950-65/1965-70 | 1970-75/1975-80 | 1980-85/1985-90 | 1985-90/1990-95 | 1990-95/1995-2000 | 1950-55/1995-2000 |
|---|---|---|---|---|---|---|---|
| 世界 | 3.1 | 3.6 | 1.7 | 1.8 | 1.0 | 1.4 | 18.9 |
| 先進地域 | 2.5 | 0.7 | 0.9 | 1.1 | 0.0 | 0.8 | 8.3 |
| 途上地域 | 3.4 | 4.5 | 2.1 | 1.9 | 1.4 | 1.4 | 22.4 |
| アフリカ | 2.2 | 2.0 | 1.9 | 1.8 | −0.2 | 0.3 | 13.6 |
| アジア | 3.5 | 5.3 | 2.2 | 2.1 | 2.0 | 1.8 | 25.0 |
| 東部アジア | 3.8 | 9.1 | 2.2 | 0.5 | 1.4 | 1.4 | 28.1 |
| ヨーロッパ | 2.1 | 0.6 | 0.4 | 1.1 | −0.4 | 0.7 | 7.1 |
| ラテンアメリカ・カリブ | 2.9 | 2.0 | 2.2 | 1.8 | 1.4 | 1.1 | 17.8 |
| 北部アメリカ | 0.8 | 0.4 | 1.8 | 0.5 | 0.7 | 1.0 | 7.9 |
| オセアニア | 2.1 | 0.7 | 1.6 | 1.2 | 0.6 | 0.9 | 12.9 |

出所：UN (1999a).

パでは一九八五年から一九九〇—九五年にかけて平均寿命の縮小が認められる。前者はエイズ(Acquired Immunodeficiency Syndrome)の蔓延による影響であり、後者は、旧ソ連と東欧における政治・経済体制変換前後の社会的混乱に伴う死亡率上昇によるものだと考えられる。これらの点については後の節で再び論ずる。

以上述べたような途上地域全般の著しい平均寿命の伸長によって、南北の寿命格差は一九五〇—五五年当時の六六・〇歳対四〇・九歳その差二五・一歳から、一九九五—二〇〇〇年七四・九歳対六三・三歳その差一一・六歳へと、一三・五歳も縮小した。それでは、先進地域と比較してなぜ途上地域で平均寿命の伸びが著しいのか。そしてこのままでいくと本当に南北の寿命格差を解消することができるのであろうか。これについて以下少し考えてみたい。

## 二 戦後の死亡率低下の要因

### 1 生活水準の上昇

図16は、米国の死亡研究の第一人者サミュエル・プレストンが一九七五年に平均所得の増加と平均寿命の伸長を論じた論文(Preston, 1975)に掲げられた図で、横軸は国民一人当りの所得(単位一九六三年基準の米ドル)で縦軸は平均寿命を表わす。プレストンは一九〇〇年代、三〇年代、および六

図16　平均寿命と1人当り国民所得との関係

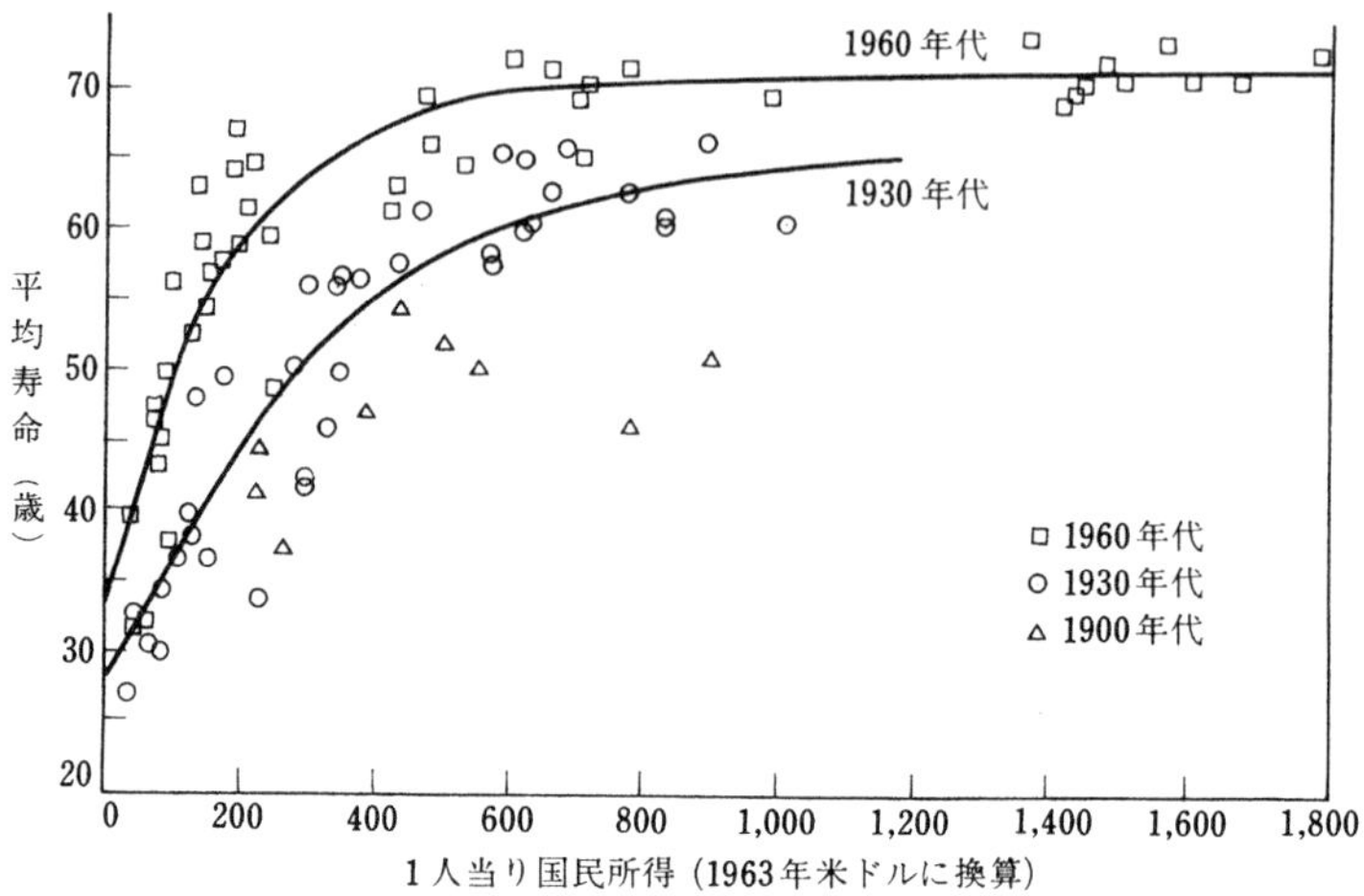


出所：Preston (1975), p. 235.

〇年代にかけて信頼できる数値と考えられる世界各国の平均寿命をプロットし、特に一九三〇年代と六〇年代のものについてはロジスティック曲線をあてはめてみた。一九〇〇年代の数値はすべて先進国についてであるが、一九三〇年代のものは三八カ国のうち一三カ国が途上国の値であり、六〇年代のものは五七カ国中二九カ国は途上国の値である。

この図から二、三の興味ある事実が浮び上がってくる。第一に、国民平均所得の上昇と平均寿命の伸長との関係は非常に明白である。ちなみに国連人口部は一九八二年に、一九六五年と七五年のデータを用いて同様にプロットしているが、両者の正の関係はそこでも明らかに認められる(UN, 1982b)。プレストンが直線でなくロジスティック曲線をあてはめたように、平均寿命は平均所得の低いところではそれが少しでも上昇すれば急角度に上昇する(弾性値が高い)が、平均所得が八〇〇―一〇〇〇ドルくらいになるとあまり上昇しなくなる。そうすると、この階層では、所得以外の要因、例えば文化、食習慣の差が平均寿命を左右するという可能性も生まれよう。そして、第二に、一九三〇年代の各国の配列と一九六〇年代のそれとを比較すると、同じ平均所得の水準であっても一九六〇年代の方が高い平均寿命を示していることである。例えば一〇〇ドルから五〇〇ドルの範囲では、一九六〇年代の方が一〇―一二歳ほど高い平均寿命を示している。ただし、平均所得がこの範囲以上となると、差はせばまる。以上から、次のことが言えるだろう。すなわち、平均所得の低い途上国では今後所得の上昇によって平均寿命が伸びる大きなポテンシアルを持つが、すでに所得の高い先進国では所得が上がっても平均寿命の伸びはあまり期待されないのである。

## 2　医療技術の発展

さて、一九三〇年代と一九六〇年代では同じ平均所得水準にある国でも六〇年代の方がかなり高い平均寿命を示しているが、この差は一体どうして生じたのであろうか。プレストンによれば、これこそが経済外的要因、つまり戦後欧米で起きた革命的医療技術の発達、そしてその途上国への伝播普及によるものであるという。そしてまた単に医学の発展や革命的な医薬品の恩恵を受けているだけでなく、先進国やWHO（世界保健機構）等の国際機関の指導のもとに、途上国がこれらの近代的医療技術を受け入れる効率的インフラストラクチュア（人事体制も含めた医療保健体制のネットワーク）を組み立てるためのノウハウを得ることによって、先進国がかつて百年もかけて実現した死亡率の低下を短期間に達成し得たことを意味する。プレストンによれば、一九三〇年代において平均寿命を四〇歳台から六〇歳台に伸ばすためには、一九六〇年代の三倍もの平均所得が必要であったという（Preston, 1975）。

## 3　死因構造の変化

次に、なぜ途上国で戦後死亡率が急速に低下し、平均寿命の伸びが先進国のそれをはるかに上回ったかを、死因構造の分析を通じて行うことにする。死亡の原因には種々のものがあるが、WHOは国際比較を可能にするために「国際疾病、傷害及び死因統計分類」を設定している。この分類は三桁に及ぶきめ細かいものだが、これを基に五つのグループに分けて観察しよう。A群　細菌・寄生虫感染によるもの、B群　成人病、C群　妊産婦及び乳児期に固有の疾患、D群　外因死、E群　その他である（厚生統計協会、一九九〇）。

表9　日本における死因群別死亡率と構成比率の推移：1935-1988

| 年次 | 全死亡 | A群 | B群 | C群 | D群 | E群 |
|---|---|---|---|---|---|---|
| 死　亡　率（人口10万につき） | | | | | | |
| 1935 | 1,677.8 | 727.8 | 413.6 | 130.7 | 63.0 | 342.6 |
| 50 | 1,087.6 | 387.0 | 356.1 | 79.2 | 61.4 | 203.9 |
| 55 | 776.8 | 158.1 | 367.0 | 42.8 | 64.8 | 144.0 |
| 60 | 756.4 | 121.9 | 413.5 | 28.3 | 65.2 | 127.6 |
| 65 | 712.7 | 84.7 | 435.9 | 23.2 | 57.0 | 111.9 |
| 70 | 694.0 | 66.0 | 442.0 | 19.0 | 60.4 | 106.6 |
| 75 | 631.1 | 53.7 | 419.0 | 14.4 | 50.7 | 93.4 |
| 80 | 621.4 | 47.1 | 431.3 | 9.5 | 45.4 | 88.1 |
| 85 | 625.5 | 54.4 | 424.8 | 6.3 | 46.9 | 93.2 |
| 87 | 618.1 | 55.4 | 419.4 | 5.3 | 45.8 | 92.2 |
| 88 | 649.9 | 62.1 | 438.9 | 4.9 | 46.4 | 97.6 |
| 構　成　比　率（%） | | | | | | |
| 1935 | 100.0 | 43.4 | 24.7 | 7.8 | 3.8 | 20.4 |
| 50 | 100.0 | 35.6 | 32.7 | 7.3 | 5.6 | 18.7 |
| 55 | 100.0 | 20.4 | 47.2 | 5.5 | 8.3 | 18.5 |
| 60 | 100.0 | 16.1 | 54.7 | 3.7 | 8.6 | 16.9 |
| 65 | 100.0 | 11.9 | 61.2 | 3.3 | 8.0 | 15.7 |
| 70 | 100.0 | 9.5 | 63.7 | 2.7 | 8.7 | 15.4 |
| 75 | 100.0 | 8.5 | 66.4 | 2.3 | 8.0 | 14.8 |
| 80 | 100.0 | 7.6 | 69.4 | 1.5 | 7.3 | 14.2 |
| 85 | 100.0 | 8.7 | 67.9 | 1.0 | 7.5 | 14.2 |
| 87 | 100.0 | 9.0 | 67.9 | 0.9 | 7.4 | 14.9 |
| 88 | 100.0 | 9.6 | 67.5 | 0.7 | 7.1 | 15.0 |

A群：細菌・寄生虫感染によるもの――感染症及び寄生虫症，髄膜炎，インフルエンザ，肺炎及び気管支炎，胃腸炎，その他の死因．

B群：成人病――悪性新生物，良性新生物，心疾患，高血圧性疾患，脳血管疾患，腎炎，精神病の記載のない老衰，その他の死因．

C群：妊産婦及び乳児期に固有の疾患――妊産婦死亡，先天異常，出産時外傷，低酸素症，分娩仮死及びその他の呼吸器病態，その他の周産期の死因．

D群：外因死――不慮の事故及び有害作用，自殺，その他の外因．

E群：その他．

出所：厚生統計協会(1990)．この形の表章は残念ながら1991年以後は行われていない．

表9はわが国における主要死因群別死亡数と構成比率の年次別推移を表わす。一九三五年では全死亡数の半数近くはA群の細菌・寄生虫感染によるものであった。ところが、最近はその割合は極端に減少し、一割以下となっている。ただし、例外的な疾患は肺炎である。肺炎は細菌感染によるものであるが、近年老人における肺炎による死亡は増加している。一方、わが国ではここ三〇年以上B群の成人病、代表的なものとして①悪性新生物（ガン）、②心疾患、③脳血管疾患による死亡が過半数を占めている。

ここでWHOがまとめた統計によって、一九九六年における主要死因群の構成比率を先進・途上国に分けて眺めてみよう（表10）。この表の感染性疾患及び寄生虫病による死亡は表9のA群に相当する。途上国ではこれに相当する比率は四三％であるのに対し、先進国ではわずか一・二％にすぎない。一方、表10のⅡの循環器系統の疾患（心疾患、脳血管疾患、腎炎等）による死亡とⅢの悪性新生物による死亡の合計が表9のB群成人病による死亡であるが、これが途上地域では三四％であるのに対し先進地域では六七％となっている。

貧しい途上国では子供が多いが、五歳未満の子供に関しては死亡率が高く、これら乳幼児死亡の大半はⅠの死亡であると考えられる。一方、途上地域は老年者が相対的に少ない。そして循環器系統の疾患と悪性新生物による死亡は老年者に多い。途上地域で感染性疾患及び寄生虫病による死亡が多く、成人病による死亡が少ないのは、年齢構造の違いによるところも大きい。これは厳密な統計によるものではない

表10　1996年における主要死因群による死亡数の構成比率（％）

| 死　　因 | 世　界 | 先進地域 | 途上地域 |
|---|---|---|---|
| Ⅰ. 感染性疾患及び寄生虫病 | 33.3 | 1.2 | 43.0 |
| Ⅱ. 循環器系統の疾患（心疾患，脳血管疾患，腎炎等） | 29.4 | 45.6 | 24.5 |
| Ⅲ. 悪性新生物 | 12.2 | 21.0 | 9.5 |
| Ⅳ. 呼吸器系統の疾患（感染性を除く） | 5.5 | 8.1 | 4.8 |
| Ⅴ. 周産期死亡及び新生児死亡 | 7.2 | 1.0 | 9.1 |
| Ⅵ. 母性死亡 | 1.1 | 0.02 | 1.5 |
| Ⅶ. その他 | 11.3 | 23.1 | 7.7 |
| 全死亡 | 100.0 | 100.0 | 100.0 |

注：周産期死亡：妊娠満28週以後の死産と早期新生児死亡を合わせたもの．
新生児死亡：生後4週未満の死亡をいう．特に生後1週未満の死亡を早期新生児死亡という．
出所：WHO（1997），UN（1997）．

が、現在寄生虫の駆除を行いながら家族計画を普及させようとするインテグレーション活動を強力に推進している家族計画国際協力事業団からの見聞によれば、南部・中央アジア、アフリカの国々の農村地帯では住民はまず一〇〇％が寄生虫を持っていたそうである。それと同時に、胃腸炎、赤痢、マラリア、肺炎、結核、インフルエンザ等の細菌感染による死亡率は非常に高い。

しかしながら、この細菌・寄生虫感染による死亡は、他の死因群、特に成人病による死亡に比較してコントロールしやすいのである。表9から明らかなように、わが国の死亡率低下の歴史は細菌・寄生虫感染による死亡の減少によるものと言っても過言ではない。戦前は国民病と言われた結核による死亡は一九三五年ごろには総死亡数の一一％を超えていたが、一九九〇年には〇・四％であり、一九九七年には〇・三％にすぎない。世界的にみて、細菌・寄生虫感染による死亡は、近代医学の導入、特に抗生物質と細菌・寄生虫を媒介する蚊・しらみ・だにを駆除する化学薬品の応用によって、また飲料水と一般食物の殺菌化を行う公衆衛生技術の導入によって、大幅に減少できることが立証された。ラテンアメリカ・アジアにおける戦後の死亡率低下、特に乳幼児死亡率低下はこれらの要因によるところが大きい。

## 4　普遍的善としての死亡率低下

しかし、死亡率の低下が常に近代医学の導入と公衆衛生の拡充だけで起こるとは限らない。スリランカやインドのケララ州において、国民生活の向上、特に女性の教育水準の上昇が、衛生思想の普及や乳幼児をより健康的に養育するということを通じて死亡率低下、特に乳幼児死亡率低下に大きな役割を果たしたことが知られている(UN, 1982b)。第二次世界大戦前は、乳児死亡率(一歳未満の死亡数をその年の出生数で割った商)が、スリランカでは出生数一〇〇〇に対して一五〇くらいであったと報告されているし、一九五〇年のインドではまず二〇〇を下らなかっただろうと推定されている。ところが、国連の最新の推定によれば、一九九五－二〇〇〇年のスリランカの乳児死亡率は出生数一〇〇〇に対してわずかに一八に、同じくインドのそれは七二に低下している(UN, 1999a)。それだけに乳幼児の死亡率低下が全体の死亡率低下に占めるシェアはきわめて大きかったのである。

ここで特記すべきことは、すでに前に述べたように、死亡率の低下と平均寿命の伸長が、出生率の低下とは異なって、すべての民族・国家・文化において普遍的に良しとされることである。人間が生をうけた限り健康で長寿が望ましいという基本的考え方を、今さら各民族・階層に伝播普及する必要はないため、近代医学の技術の導入と公衆衛生設備の拡充に反対する声はない。問題は少ない政府予算をどのように配分すれば最も効果的かという点にある。ともあれ、死亡率低下が普遍的〝善〟であるところが、出生率低下、およびそれに関連する家族計画、避妊、そして人工妊娠中絶の是非を論ずる場合とは全く性格を異にするゆえんであり、死亡率の低下が社会・文化に拘束されることなく、むしろ社会・文化によって促進される形で進行する背景を説明している。

## 三　途上地域における死亡率低下の減速

途上地域においては第二次世界大戦後、先進地域も経験しなかった「予想外」の死亡率低下が見られたが、最近その低下速度が減退し、低迷しつつあるとの見解が有力となり、半ば常識とされるようになった。現に表7・8によれば、各五年間の平均寿命の伸びは減少しつつある。細菌・寄生虫感染による死亡率が大半減少してみれば、細菌感染死亡の中で除去しにくいものだけが残り、臓器の損耗、老化による成人病とあわせ、これらの死亡率をさらに格段と低下させることはむつかしいからである。

細菌感染による死亡は栄養不良、栄養のバランスを失した状況で起こりやすい。過去の歴史は飢饉の直後疫病が発生し、そのために死亡率が急増している事実を物語る。欧米先進国は、産業革命後の経済発展と生活水準上昇の長い歴史において、栄養水準を上昇させ、同時に教育の普及による国民の衛生思想の向上、政府の努力による公衆衛生の改善によって死亡率を低下させてきた。戦後の医療革命はこのような長い死亡率改善の過程を短縮させる触媒的作用を発揮したと言える。途上国における戦後の驚異的な死亡率の低下は、医療革命による触媒的作用がいわば実力以上の効果をもたらしたものであるとも考えられる。そうだとすると、死亡率低下、平均寿命伸長の究極的要因は所得水準の上昇による国民生活水準の向上、特に栄養水準の増進であって、これらを伴わない途上国の死亡率低下は、いくら政府が熱心に医療体制の強化、公衆衛生の改善を図っても早晩限界に打ち当たるのは当然と言える。

途上国の間で憂慮すべき状況は、アフリカ、アジアにおいて平均寿命の非常に低い国々が存在することである。これらの地域には最貧国(least developed countries)と呼ばれる貧しい国々が少なからずあり、また貧しいだけでなく、教育程度も低く、また内陸国(landlocked countries)と言って、運輸通信面で外国との技術的・文化的交流の機会に乏しい国々が存在している。表7にみられるように、一九九五−二〇〇〇年におけるアフリカの男女合計平均寿命は五一・四歳と、他の地域と比べて格段に低い。現在世界一の短命国はアフリカ西部のシエラレオネであって、一九九五−二〇〇〇年男女合計でわずか三七・二歳、男子三五・八歳、女子三八・七歳という驚くべき低い平均寿命を示している。さらに、男女合計平均寿命が四〇歳前後の国には、マラウィ(三九・三歳)、ウガンダ(三九・六歳)、ザンビア(四〇・一歳)、ルワンダ(四〇・五歳)がある。そのほかに、男女合計平均寿命がまだ四〇歳台に留まっている国は二〇を数える(UN, 1999a)。

サハラ以南のアフリカでは、一九八〇年代からエイズが蔓延し始め、特に東部アフリカ、中部アフリカ、南部アフリカでその勢いを増している。前述のシエラレオネを含めたサハラ以南のアフリカ五カ国は、すべてエイズ猖獗の著しい代表的な国々でもある。国連とWHOとの共同研究によれば、一九九七年一年間に世界中で死んだエイズ患者は二三〇万人に上るが、そのうち一八〇万人(七八%)はサハラ以南のアフリカで起きている。また同じく一九九七年に全世界で三〇六〇万人の感染患者がいると推定されるが、そのうち二〇八〇万人(六八%)はサハラ以南のアフリカに在住しているとみられる(UN, 1997)。主としてエイズの影響のために、一九八〇年代以降平均寿命が一時的あるいは継続的に減退している国が二五もあり、中でもボツワナでは、一九九〇―九五年から一九九五―二〇〇〇年にかけて、男女合計平均寿命が六一・二歳から四七・四歳にまで減少した。一方、ジンバブエでは、同じ期間に五一・八歳から四四・一歳に縮減している。前述のルワンダでは、エイズのほかに民族紛争の影響もあって、一九八五―九〇年から九〇―九五年の間に四八・二歳から二三・五歳へと激減している(UN, 1997)。さらに深刻な情勢は、エイズの流行が単にアフリカ大陸に留まらず、今やインド、タイ、ミャンマー、カンボジアといったアジアの各地に飛び火し、猛烈な勢いで広がりつつあることである。

アジアには、インド亜大陸の周辺、特に内陸国に平均寿命の低い国がいくつか見られる。たとえばアフガニスタンは一九九五―二〇〇〇年で男女合計四五・五歳、男で四五・〇歳という低さである。このほか、カンボジアで男女合計五三・四歳、ラオスは五三・二歳である。アフリカのエチオピア、チャド、マリ、ニジェール、ブルキナ・ファソ、中央アフリカ共和国、そしてラテンアメリカのボリビアはいずれも内陸国であり、同時に平均寿命の短い国々である。これらの内陸国の平均寿命が短いことは、これらの国が非常に貧しく、ある場合には戦争の惨禍を被ったせいでもあるが、同時に医療・公衆衛生に関する新しい知識・技術がそこに届くのに時間がかかるということにもよっている。これらの国々は「世界の僻地」と言ってもよいであろう。

## 四　平均寿命の男女差

元来女子の平均寿命は男子のそれを上回るのが普通であり、先進国では特に男女差が開いている。スイス、ノルウェー、フィンランド、米国、フランス、オーストラリア等では七歳前後の開きがある。ロシアに至っては一二歳の差が見られる。この男低女高の傾向の理由は必ずしも明らかではないが、一つは生理的なもので、女性にはある種のホルモンの分泌があり、それが動脈硬化等身体の老化を遅らせ、ガンの発生を阻止する働きをするのではないかと考え

表11　インド亜大陸諸国における男女の平均寿命（歳）

| 国 | 1960-65 | | 1995-2000 | |
|---|---|---|---|---|
| | 男 | 女 | 男 | 女 |
| アフガニスタン | 34.0 | 34.0 | 45.0 | 46.0 |
| バングラデシュ | 41.7 | 39.5 | 58.1 | 58.2 |
| ブータン | 38.5 | 40.0 | 59.5 | 62.0 |
| インド | 46.2 | 44.7 | 62.3 | 62.9 |
| イラン | 50.9 | 50.6 | 68.5 | 70.0 |
| マルディブ | 46.4 | 43.9 | 65.7 | 63.3 |
| ネパール | 39.6 | 38.6 | 57.6 | 57.1 |
| パキスタン | 45.7 | 44.5 | 62.9 | 65.1 |
| スリランカ | 63.3 | 63.7 | 70.9 | 75.4 |

注：イランはインド亜大陸の周辺国として掲げた.
出所：UN (1999a).

られている。他の理由は男性に対する職業ハザード(危険)説であって、採石採鉱あるいは特殊の化学工業、原子力・放射能関係、高層ビル建設のようにひとたび間違うと事故が発生し、死亡する可能性が高い職業があり、また塵肺とか珪肺のようにある種の採石採鉱に長く従事すると罹る職業病があるが、これらのハザードの多い職業に就いている人達は圧倒的に男性が多いというものである。さらに、「男は家を出ると七人の敵あり」と言われている通り、男性は外で働き、そのため過労、ストレス、フラストレーションによって神経系の病気、胃潰瘍・十二指腸潰瘍に罹りやすいというストレス説もある。それに加えて、煙草や酒の常用者には男性が多く、これら悪影響が健康に現われるというライフスタイル男女性差説もあげられよう。

　このように、男性を取り巻く環境は一般に平均寿命の男低女高をもたらすものと考えられるが、それにもかかわらず、表11に示されているように、かつて一九八〇年代前半までインドを中心としたインド亜大陸の国々、バングラデシュ、ブータン、イラン、ネパール、パキスタンで平均寿命の男高女低現象が見られた。現在でもネパール、マルディブはそのような傾向にあり、スリランカを除いた国々では男女格差はほとんど認められない。これは、これらの国々が多産であり、劣悪な衛生状態のため妊産婦死亡率が高いこともあるが、同時に男尊女卑の伝統が強く、生活水準の低い生活環境において女子、特に乳幼児期の女児が男児と比べ食事の際に平等な配分を受けないこと、また病気の際にろくに医者に診てもらえなかったり十分な看護を与えられないことを意味する(Ware, 1986)。

日本も男尊女卑の伝統が強いが、これだけ生活水準が高くなれば、インド亜大陸の国のように女子が男子と比べて劣悪な生存チャンスしか与えられないという状況は存在しない。わが国の場合、平均寿命の男女差は一九九八年の生命表によれば六・八歳であり、これは西欧諸国に匹敵する大きな格差である。一九二一―二五年の生命表によれば男子四二・〇六歳、女子四三・二〇歳で差は一・一四歳、一九二六―三〇年の生命表によれば四四・八二歳対四六・五四歳で差は一・七二歳にすぎなかった。当時の女性は多産であり、合計特殊出生率は五前後であった。当時の医療衛生状態からして妊産婦死亡率は高かったと考えられるし、女児が男児と比べ平等に扱われたという証拠はない。一般的に女子の年齢別死亡率はすべての年齢で男子よりも低いが、例えば一九二六―三〇年では一歳から四〇歳にかけて逆に高くなっている。一九三五―三六年では三歳から四〇歳にかけて同じく高くなっている。このようにわが国の場合でも戦前にはインド亜大陸諸国とかなり似た現象が見られたのである。

表11のスリランカの平均寿命をみると、インド亜大陸の他の国々とは異なっていることに気づく。スリランカの平均寿命はずば抜けて高いし、男高女低型ではない。スリランカは島国であるし、宗教は仏教であり、言語もインドとは異なる。しかしインドとの文化的交流は非常に強く、また一部の人々はタミール人で明らかにインドのタミール地方から移住して来た人々である。スリランカの人々はちょうど九州の人が東京ディズニーランドを見に行くような調子で大都会のボンベイ、ニューデリーを訪れる。女性はサリーを着ているし、服装、食事、立居振舞い、物の考え方、いずれをとっても日本人の眼にはインド人と変らないように見える。このようなインド文化圏にあるスリランカで平均寿命の男高女低現象が見られないのは何故だろうか。

スリランカ統計局にあってこの国の死亡率分析の権威であるミーガマによれば、この国での公衆衛生の歴史は古くイギリスの統治時代に始まっており、一九三〇年代から乳児死亡率の低下が見られる(Meegama, 1986)。そして驚くべきことに一九三一年すでに婦人に選挙権が与えられており、女性の地位と役割に対して政府の考慮が払われているのである。表12に示されているように、戦前は女性の教育程度は男性に比較して低かったが、現在は男性と比べて遜色

表12　スリランカの10歳以上人口の識字率の推移　（%）

| 国勢調査の年次 | 男子 | 女子 |
|---|---|---|
| 1881 | 29.8 | 3.1 |
| 1901 | 42.0 | 8.5 |
| 11 | 47.2 | 12.5 |
| 21 | 56.4 | 21.2 |
| 46 | 70.1 | 43.8 |
| 63 | 79.3 | 63.2 |
| 71 | 85.6 | 70.7 |
| 91 | 91.1 | 83.2 |
| 95 | 93.4 | 86.2 |

出所：Committee for International Co-operation in National Research in Demography (1974); Sri Lank (1997).

はないし、他のインド亜大陸の諸国と比べると格段に高い。このような女性に高い教育・地位を与える環境風土（スリランカがアジアで一番早く、おそらく世界でも最も早く女性の総理大臣を実現させた国であることを想起されたい）が、こぢんまりとまとまった島国であることも一因となって、行き届いた医療制度と公衆衛生の恩恵を男女ともに享受させているのであろう。ちなみに、スリランカの一人当り国民所得は国際的にみてインドより格段に高いとはいえず、世界銀行の一九九九―二〇〇〇年の報告によれば、一九九八年にインドは四三〇米ドルでスリランカは八一〇米ドルであって、両者とも低所得国に属する。それにもかかわらず、同じく一九九七年の女子の平均寿命はインド六一歳、スリランカ七五歳と一〇歳以上の差となっており、所得以外の社会的・政策的要因の重要さを物語っている（World Bank, 2000）。特に、都市部や農場地帯で上水道を設置し、清浄な飲料水の供給を行ったことが、消化器系統の細菌性疾患による死亡率の減少に大きな役割を果したと言われる（Meegama, 1986）。

## 五　先進国の平均寿命の動向

### 1　平均寿命伸長の停滞

途上地域における戦後の急速な平均寿命の伸長の陰に隠れているが、先進国も着実に平均寿命を伸ばしてきた（表7参照）。近代医療技術の恩恵を、先進国の人々も、感染性疾患による死亡率がまだ高い間は大いに享受したと言える。また、日本において特に顕著であるが、ヨーロッパ諸国でも生活水準の向上は目覚しく、医療制度の拡充も素晴らしいものがある。このような条件の下に、第二次大戦終了までにほとんどの先進国は今日の途上国の平均よりもかなり高い平均寿命を達成した上に、それから今日までにさらに七－八歳高いレベルに到達しているのである。

しかしながら、先進国、なかでも特にヨーロッパの平均寿命の最近の特徴は、一口で言うと停滞である。表13は一九八〇年から一九九六年前後までの約一五年間の男女それぞれの平均寿命の変化を先進国について示したものである。この表からみる限り、ヨーロッパの平均寿命は決して顕著に伸長したとは言えない。強いて言えば比較的よく伸びたいわゆる西欧の国々と旧ソ連圏の国々との差が歴然としている。旧ソ連圏の東部ヨーロッパとバルト三国の惨状は目を覆うばかりで、男女ともに平均寿命は停滞か減少しており、ブルガリア、ルーマニア、ロシア、ウクライナで、男子の平均寿命は減少し、ロシアとウクライナでは女子においてさえ縮小している。しかも旧ソ連圏の諸国の男子平均寿命は七〇歳をかなり下回る低い水準を示しているのが特徴的である。これは、これらの社会において社会経済的混乱と並行して、住民に対する保健管理システムが崩壊したとも思わせる荒廃ぶりである。

また男子の平均寿命が日本に比べて相当程度低いことは、アイスランド、スウェーデンを除いた欧米先進国において等しく認められるところである。一九八〇年当時国民一人当り平均所得では日本より三割から五割は高かったオーストリア、ベルギー、ドイツ、ルクセンブルグにおいても、男子の平均寿命は七〇歳そこそこであった。一九九六年現在でも、先進国の中で男子の平均寿命が七五歳以上なのは日本を除きアイスランド、ノルウェー、スウェーデン、ギリシア、スイス、カナダ、オーストラリアの七カ国だけしかない(表13)。

それでは何故ヨーロッパの先進国、特に東欧で平均寿命がそのように低く、そして伸びが停滞しているのか。この問題を究明するために、東部ヨーロッパの乳児死亡率、および六五歳以上の人口のうち特に死亡率の高い男子人口の中で三大成人病と呼ばれる悪性新生物(ガン)、心疾患および脳血管疾患による死亡率を、日本、米国と他のヨーロッパの諸国とで比較してみよう。

表 13　先進国における男女別平均寿命：1980 年と 1996 年の比較　(歳)

| 先進国 | 男子 | | | 女子 | | |
|---|---|---|---|---|---|---|
| | 平均寿命 | | 1980 から 1996 までの伸長 | 平均寿命 | | 1980 から 1996 までの伸長 |
| | 1980 | 1996 前後 | | 1980 | 1996 前後 | |
| 日本 | 73.4 | 77.0 | 3.6 | 78.8 | 83.6 | 4.8 |
| 東部ヨーロッパ | | | | | | |
| ブルガリア | 68.4 | 67.2 | −1.2 | 73.6 | 74.4 | 0.8 |
| チェコ | 66.8 | 70.5 | 3.7 | 73.9 | 77.5 | 3.6 |
| スロバキア | 66.8 | 68.8 | 2.0 | 74.3 | 76.7 | 2.4 |
| ハンガリー | 65.5 | 66.1 | 0.6 | 72.7 | 74.7 | 2.0 |
| ポーランド | 66.9 | 68.5 | 1.6 | 75.4 | 77.0 | 2.6 |
| ルーマニア | 66.5 | 65.3 | −1.2 | 71.8 | 73.1 | 1.3 |
| ロシア | 61.5 | 60.9 | −0.6 | 73.1 | 72.8 | −0.3 |
| ウクライナ | 64.6 | 62.8 | −1.8 | 74.0 | 73.2 | −0.8 |
| 北部ヨーロッパ | | | | | | |
| エストニア | 64.1 | 64.7 | 0.6 | 74.1 | 76.0 | 1.9 |
| デンマーク | 71.2 | 72.9 | 1.7 | 77.3 | 78.0 | 0.7 |
| フィンランド | 68.5 | 73.4 | 4.9 | 77.2 | 80.5 | 3.3 |
| アイスランド | 73.9 | 76.4 | 2.5 | 79.4 | 81.3 | 1.9 |
| アイルランド | 70.1 | 73.3 | 3.2 | 75.6 | 78.7 | 3.1 |
| ラトビア | 63.9 | 64.2 | 0.3 | 74.4 | 75.9 | 1.5 |
| リトアニア | 65.5 | 65.9 | 0.4 | 75.4 | 76.8 | 1.4 |
| ノルウェー | 72.3 | 75.5 | 3.2 | 79.0 | 81.0 | 2.0 |
| スウェーデン | 72.8 | 76.5 | 3.7 | 78.8 | 81.5 | 2.7 |
| イギリス | 70.8 | 74.3 | 3.5 | 76.9 | 79.5 | 2.6 |
| 南部ヨーロッパ | | | | | | |
| ギリシア | 72.2 | 75.1 | 2.9 | 76.6 | 80.3 | 3.7 |
| イタリア | 70.6 | 74.9 | 4.3 | 77.4 | 81.3 | 3.9 |
| ポルトガル | 68.3 | 71.3 | 3.0 | 75.3 | 78.9 | 3.6 |
| スロベニア | 67.5 | 71.0 | 3.5 | 75.1 | 78.6 | 3.5 |
| スペイン | 72.5 | 74.4 | 1.9 | 78.6 | 81.5 | 2.9 |
| ユーゴスラビア | 68.3 | 69.9 | 1.6 | 72.9 | 74.7 | 1.8 |
| 西部ヨーロッパ | | | | | | |
| オーストリア | 69.0 | 74.3 | 5.3 | 76.1 | 80.6 | 4.5 |
| ベルギー | 70.0 | 74.4 | 4.4 | 76.8 | 80.8 | 4.0 |
| フランス | 70.2 | 74.1 | 3.9 | 78.4 | 82.0 | 3.6 |
| ドイツ | 70.2 | 73.6 | 3.4 | 76.9 | 79.9 | 3.0 |
| ルクセンブルグ | 70.0 | 73.5 | 3.5 | 76.7 | 79.6 | 2.9 |
| オランダ | 72.4 | 74.7 | 2.3 | 79.2 | 80.4 | 1.2 |
| スイス | 72.4 | 76.1 | 3.7 | 79.1 | 82.2 | 3.1 |
| 北部アメリカ | | | | | | |
| カナダ | 71.9 | 75.1 | 3.2 | 79.0 | 81.2 | 2.2 |
| 米国 | 70.0 | 73.0 | 3.0 | 77.4 | 79.0 | 1.6 |
| オセアニア | | | | | | |
| オーストラリア | 71.0 | 75.2 | 4.2 | 78.1 | 81.1 | 3.0 |
| ニュージーランド | 70.4 | 73.7 | 3.3 | 76.4 | 79.1 | 2.7 |

出所：Council of Europe (1998).

## 2　乳児死亡率の比較

乳児死亡率とは出生一〇〇〇に対する一歳未満で死亡したものの数の比率であるが、東部ヨーロッパは総じて乳児死亡率が高い。先進国全体の乳児死亡率は、国連の数字で一九九五―二〇〇〇年の期間で九であった(ちなみに途上国全体は六三)。ところが、旧ソ連のベラルーシ、ロシア、ウクライナを含む東部ヨーロッパ全体では一八であり、これは北ヨーロッパ(スカンジナビア、イギリス諸島及びバルト三国の国々)の八、西部ヨーロッパ(オーストリア、ベルギー、フランス、ドイツ、ルクセンブルグ、オランダ、スイス等)の六と比べてかなり高い数字である。同じく国連の乳児死亡率の推定によれば、一九九五―二〇〇〇年の期間東部ヨーロッパでは、ロシア一八、ブルガリア一七、ベラルーシ二三、チェコ六、ウクライナ一九、ハンガリー一〇、ポーランド一五、スロバキア一一、ルーマニア二三となっている。さらに、これは国連の定義によると東部ヨーロッパではないが、いわゆる中央計画経済(社会主義圏)の国であったアルバニア三〇、ユーゴスラビア一八となっている。これに対して、日本は四、米国七、ノルウェー五、フィンランド六、フランス六、ドイツ五、オランダ六、スウェーデン五、スイス六、イギリス七と、西欧圏及び日本の乳児死亡率はかなり低い(UN, 1999a)。

かつて一九八〇年代のハンガリーと日本の乳児死亡を死因別に比較したことがある。一九八〇年代前半において、乳児死亡率はハンガリー二〇、日本は七であった。両国とも感染性・寄生虫による死亡率にはあまり違いが見られないが、肺炎による死亡率はハンガリーがかなり高く、また先天性畸形と出産時の酸欠・窒息による死亡率がハンガリーでそれぞれ日本の二・四倍、四・六倍も高い。このことは一般的医療技術の水準においてハンガリーが日本より遅れていたことを意味する。筆者はハンガリーに二回滞在したことがあり、ハンガリーの人口情勢に興味を持っているが、医療におけるレントゲン撮影の技術などは日本よりもかなり遅れていたように思える。

表 14　先進国の三大成人病死因による男子死亡率：1994-95（人口 10 万人に対し）

| 死　因 | 日　本 1994 | 米　国 1994 | ノルウェー 1994 | ドイツ 1995 | スイス 1994 | ハンガリー 1995 | ルーマニア 1995 | ロシア 1995 |
|---|---|---|---|---|---|---|---|---|
| 65-74　歳 | | | | | | | | |
| 悪性新生物 | 993.9 | 1,102.5 | 1,000.6 | 1,134.2 | 1,098.6 | 1,593.8 | 854.3 | 1,390.9 |
| 心　疾　患 | 364.5 | 1,095.1 | 1,138.1 | 1,121.8 | 782.5 | 1,541.7 | 1,522.2 | 2,132.9 |
| 脳血管疾患 | 248.9 | 156.0 | 261.6 | 273.9 | 144.7 | 745.5 | 1,052.4 | 1,296.2 |
| 75　歳　以　上 | | | | | | | | |
| 悪性新生物 | 2,013.6 | 2,040.8 | 2,197.1 | 2,420.3 | 2,452.1 | 2,696.4 | 967.8 | 1,478.3 |
| 心　疾　患 | 1,718.6 | 3,399.6 | 3,291.7 | 4,168.2 | 3,200.3 | 4,009.0 | 5,278.7 | 5,006.2 |
| 脳血管疾患 | 1,271.0 | 713.0 | 1,278.1 | 1,521.8 | 1,000.0 | 2,255.7 | 3,190.3 | 3,782.0 |

出所：WHO (1997, 1998).

## 3　三大成人病による死亡率

次に六五歳以上男子人口の三大成人病による死亡率を比較した表14は、日本と他の先進国との死因構造の差異、あるいは西欧圏と東欧圏との死因構造の差異を浮き彫りにしてくれる。

まず悪性新生物による死亡率についてみると、この表に関する限り、日本と米国・西欧の国々とはほぼ同じ水準にあるが、ハンガリーとロシアはかなり高い。一方、ルーマニアは低いが、この理由はよくわからない。定義上の差があるのかもしれない。しかし、心疾患と脳血管疾患による死亡率に関しては日本と、特に西欧圏の四カ国とではいぜん対照的な様相を示すことが特徴的である。すなわち、心疾患による死亡率は西欧圏諸国に比べ日本は格段に低く半分ないし三分の一であるが、脳血管疾患による死亡率は日本の方が現在も米国・スイスと比べて高い。ただし、もともとわが国はこの方面の死亡率が高いことで有名であり、かつては欧米に比べ四倍も五倍も高かった。現在はこれでも急速に減少し、一応西欧並みになったと考えられる。

このように日本と東部ヨーロッパを除く欧米諸国との成人病の死因構造は対照的であるが、東部ヨーロッパの諸国の場合は、心疾患死亡率に関しては西欧以上にかなり高く、また脳血管疾患死亡率は日本や西欧に比べて六五－七四歳のところで三倍から数倍高く、七五歳以上で二倍から三倍高い。このように東部ヨーロッパの諸国、特にハンガリーとロシアは高いものずくめで、これでは男子の平均寿命が低いのは当然と言えよう。

## 4　食習慣の差

わが国の心疾患による死亡率が欧米諸国に比べて格段に低く、しかも逆に今まで非常に高かった脳血管疾患による死亡率が急速に低下していることが、すでに世界で最低の乳児死亡率と相呼応して、日本を世界の最長寿国たらしめているゆえんである。元来、日本とかスカンジナビア諸国では寿命が長く、ドイツ、チェコ、スロバキア、ハンガリーのような中央ヨーロッパ諸国では寿命が短いのは、そこに文化の差、特に食習慣の差が微妙に反映しているようにも考えられる。わが国では鰯とか鯖のような背の青い魚をよく食べるが、海の魚、特に背の青い魚にはEPA(eicosapentaonic acid)という脂肪酸が含まれ、これが血管内の血液の凝固を妨げる働きをする。だからわが国は心筋梗塞といった虚血性心疾患による死亡率が低いのだという仮説がある。これは臨床的には明らかであっても人口統計的にはまだ証明されているとは言い難い。しかし、確かに中央ヨーロッパ、特に内陸国のチェコ、スロバキア、ハンガリー、あるいはドイツでは大西洋で獲れる新鮮な魚を食する機会に乏しく、またそのような習慣もない。

一国の食文化・食習慣が死因別死亡率に大きく影響を与えていると考えられるもう一つの例は、米国と日本を比較して日本の方が胃ガンあるいは胃潰瘍による死亡率が高いことである。例えば一九九四年現在六五歳から七五歳までの胃ガンによる男子死亡率は人口一〇万人につき、米国は二九・七にすぎないが、日本は二〇一・一と七倍近い。総じてわが国は胃腸疾患を患っている人が多い。テレビの広告を日米で比較すると、日本では胃腸薬の広告が非常に多いが、米国ではせいぜいアルカセルツァーとかバーモセルツァーといった消化剤であり、逆に頭痛薬の広告が一番多い。しかもこのセルツァー系の薬は頭痛にも効く。これはわが国の食事が醬油味の塩辛いものを美味とするところから食塩をとり過ぎること、そして元来胃に良いとされる牛乳・チーズを欧米と比較して少量しかとらないところからきているものと推察される。最近は胃潰瘍、胃ガンの発生が前より少なくなっているが、それは冷蔵庫の普及によって、これまでのようには塩漬けの食物を食べなくなったことが一つの原因であろう。また、日本に長期滞在し、懐石料理のような料亭料理でなく、通常の日本食をしばしば食べた経験のある外国の友人達が口を揃えて言うことに、日本食は熱い、熱すぎるというのがある。確かに、味噌汁にしても、鍋もの、ラーメン、雑煮、粥にしてもみな「ふうふう」と言って食べるのがよいとされている。この熱食文化はどこから来たのであろうか。おそらく一つの遠因は多湿で物が腐敗しやすい風土での殺菌効果であろうが、集団主義・家族主義の強い国柄の故、みなが一堂に集まり、煮えたての食物を即座に分かち合って食することに一致団結の精神の高揚をみたのであろうか。

## 六　死亡率の決定要因

すでに先進国と途上国との平均寿命の違いを眺め、その差異をもたらす要因について、あるいは第二次大戦後の目覚しい平均寿命の伸長の要因について解説を行ってきたが、本節では乳幼児死亡率に軸足を置いて、死亡率の決定要因についてまとめてみよう。

人間の死亡率はまずすぐれて生物学的なものであり、例えば年齢によるはっきりしたパターンが存在する。図17は一九六一年オーストラリア男子の生命表における死亡確率 $q_x$ である。このようなJ型の死亡率年齢パターンは、先進国とすでに死亡率の低下が著しい途上国の間で見られる普通の形である。概して女性は男性より死亡率が低いが、男女とも生まれた直後は死亡率が高く、年齢を重ねるにつれて低下し、一〇歳代初期で最低となり、それ以後次第に上昇するという形をとる。オーストラリア男子の場合二〇歳前後で小さなピークを経験しているが、これはモーターバイクの事故等の

図17　オーストラリア男子1961年の年齢別死亡確率

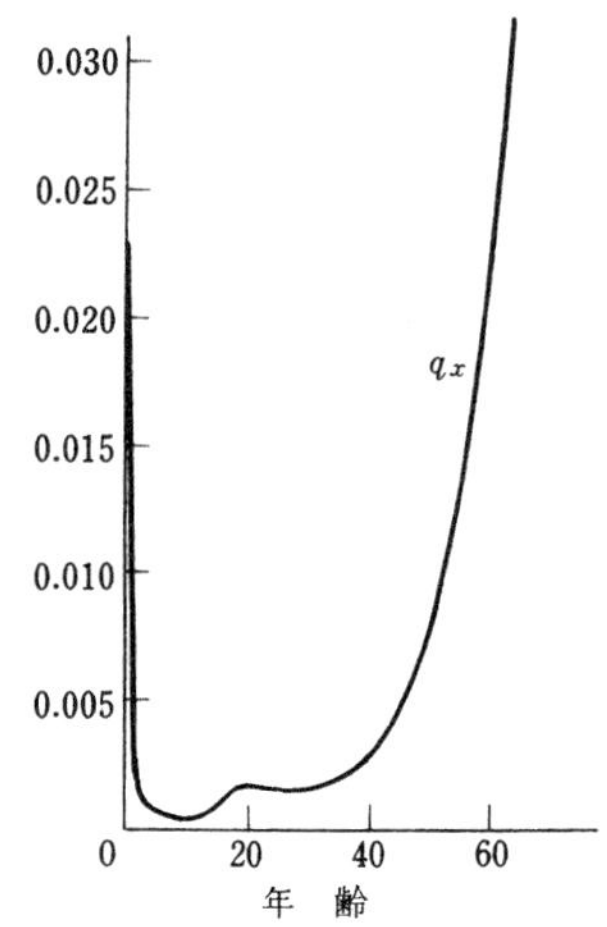

表15 日本人女子の平均寿命の伸びに対する年齢別死亡率低下の寄与

| 観察期間 | 平均寿命の伸び | 年齢別死亡率の寄与率（%） | | | | | |
|---|---|---|---|---|---|---|---|
| | | 0歳 | 1-4歳 | 5-14歳 | 15-39歳 | 40-64歳 | 65歳以上 |
| 1891-98/1947 | 17.10歳 | 46.4 | 13.7 | 10.8 | 16.9 | 8.7 | 3.5 |
| 1947-70 | 20.70 | 20.9 | 19.7 | 5.8 | 26.9 | 16.7 | 9.9 |
| 1955-60 | 2.45 | 27.6 | 18.6 | 6.9 | 26.3 | 21.4 | −0.8 |
| 1960-65 | 2.73 | 29.6 | 10.5 | 5.2 | 20.2 | 21.6 | 12.9 |
| 1970-75 | 2.23 | 9.5 | 2.4 | 2.2 | 10.3 | 29.5 | 46.1 |
| 1975-80 | 1.88 | 8.9 | 2.5 | 2.0 | 10.1 | 24.7 | 51.8 |
| 1980-85 | 1.72 | 7.0 | 2.4 | 1.4 | 4.8 | 18.5 | 65.9 |
| 1985-90 | 1.42 | 5.2 | 1.0 | 0.6 | 4.5 | 19.6 | 69.1 |
| 1990-95 | 0.95 | 2.7 | 0.4 | −0.6 | 2.9 | 6.3 | 88.3 |
| 1970-95 | 8.19 | 7.3 | 1.9 | 1.4 | 7.2 | 21.7 | 60.4 |

出所：国立社会保障・人口問題研究所(1999).

外因死がこの年齢層で多いためである。

途上国一般の場合、図17の曲線よりまだ全般的に死亡率が高く、特に乳幼児死亡率が高いため、J型というよりU型の形をとっている。総じて死亡率の低下はまず乳幼児死亡率、特に乳児死亡率の低下に現われ、次に二〇歳前後のところ、そして五〇－六四歳あたりに現われる。五一－一四歳の学童期、三〇歳から五〇歳未満の壮年期の死亡率には普通顕著な減少は認められない。先進国で死亡率が産業革命以後低下した過程でも、あるいは途上国の中で優等生と考えられる韓国、シンガポール、コスタリカ、ジャマイカ、バルバドス、そしてスリランカといった国々で死亡率が急速に低下し、平均寿命が上昇した時も、死亡率の年齢パターンはU型からJ型へと転換を経験している。現在のオーストラリア、そして日本を初めとする多くの先進国の死亡率年齢パターンは、J型といっても左の乳幼児期のはね上がった鉤の先端が図17の半分くらいになっているにすぎない。

表15は一八九一年から一九九五年にかけての一〇五年間をいくつかの任意の間隔に分け、その間の日本人女子の平均寿命の伸びがそれぞれの年齢階級の死亡率低下によってどのくらい説明されているかを、要素分解法という統計学の方法によって計算したものである。これによると、まずわが国において一八九一－九八年から一九四七年にかけて女子の平均寿命は一七・一〇歳上昇したが、このうち半分近くは乳児死亡率の低

下によってもたらされたものであった。一九世紀末から一九七〇年までは、五歳未満の乳幼児死亡率低下が平均寿命増加の少なくとも四〇％以上を説明していたと言ってよい。同時に一五－三九歳の年齢での寄与率が一九四七－七〇年の期間において高いが、これはかつて高かった二〇歳前後の結核死亡率が激減したためである。しかし、最近になると、乳幼児死亡率低下の貢献度が低下し、代って六五歳以上の高齢層の死亡率低下の貢献度が大いに高まってきたことがわかる。ちなみに、一九五五－六〇年と一九九〇－九五年の期間でそれぞれ六五歳以上と五－一四歳の年齢の寄与がマイナスとなっているが、これはこの期間これらの年齢で死亡率が上昇し、平均寿命を引き下げる効果があったことを表わしている。

乳幼児死亡率低下の平均寿命伸長に及ぼす影響は、人口転換を経験しつつある途上国において甚大である。乳幼児死亡率低下の要因については、国連、WHO、そして個々の大学の人口学者によって研究が蓄積されてきた。特に一九七〇年代に世界出産力調査が行われ、その副次的産物として四〇カ国にも及ぶ途上国について乳幼児死亡率の貴重なデータが得られるようになり、個票データを用いての多変量解析によって、乳幼児死亡率決定のメカニズムが明らかとなった。以下、そこで得られた結論の一端を紹介することとする。

① 予想された通り、両親、特に母親の教育程度のいかんは乳幼児死亡率を大きく左右する。直接乳幼児の養育にたずさわる母親が教育を受けているかどうかは、彼女の衛生・医療知識に繋がり、子供を扱うにあたって常に清潔を保つといった衛生観念の有無から、子供が病気をした際適切な医療措置を取れるかどうかといった高度なことにまで関係する。また、常日頃子供の健康を考え、予防接種をしなければならないとか、常備薬を用意しておくとかの基本的予防準備体制のいかんに関連する。

② 父親の職業も大きな要因である。父親の職業は彼の医療知識・衛生知識の程度とも関連するが、同時に所得とも密接に関連する。所得の水準は、一家の栄養水準を決定するが、同時に、子供が病気の際医者に連れて行くべきだとか、高い医薬品を購わねばならぬとかの意思決定、そして経済的能力に関連する(Hobcraft *et al.*, 1984)。

③　所得。これについてはすでに②で論じた。

④　子供の数と出生間隔。世界出産力調査の分析によって明らかとなった新しい点は、兄弟姉妹の数と出生間隔が非常に重要であるということである。すなわち既存の子供数が多ければ乳幼児死亡率は高くなり、出生間隔が短くなればこれまた乳幼児死亡率は高くなる。これには二つの理由が考えられる。一つは、多産と出生間隔の短縮化は、母体の栄養と体力を損耗させ、前の出産から完全に回復しないうちに妊娠すると、新しく生まれる子供は体重が少なくなったり、未熟児で生まれる可能性が増え、死亡の可能性が大きくなるからである。もう一つの理由は、新しく生まれた子供と既存の子供との競合である。この場合、幼い兄や姉が直接的に新生児に危害を加える(意図のあるなしを問わず)というよりも、頻繁な出産は乳児の早い乳離れを促進させ、このためその乳児が感染性の病気に罹りやすくなる(母乳摂取によって母親の免疫体をもらうのであるから)ことになるからである。さらにまた、妊娠中に母親は乳幼児の養育・看護に十分目が届かなくなる可能性も生ずることが考えられる(Hobcraft *et al.*, 1985)。

⑤　国あるいはコミュニティーの公衆衛生設備、特に殺菌された飲料水の供給。病院、クリニック等が最寄りにあり、乳幼児が病気の際容易に門を叩き医療サービスが受けられるかどうか。

出生力の場合と異なり、死亡率については、男女両性そしてすべての年齢の人間が死亡の危険にさらされており、しかも膨大な種類の死因が考えられるので、出生力決定要因モデルに相当する死亡率決定要因モデルの決定版はまだ作成されていない。図18はモスレーのモデルであり、出生力モデルと同じく近接要因 proximate determinants を最終的に媒介することにより、有病率や死亡率が決定されるというものである(Mosley, 1985)。近接要因として、モスレーは、特に乳幼児死亡の場合、出生関係の変数、母乳哺育を行っているかどうか、栄養状態、個々の家庭が病気を予防し、病気や事故の際直ちに手当てをする用意があるかどうかの状況を考えている。そして、近接要因の背後に文化的要因を考え、さらにその背後に環境的要因(気候、土壌の質、水、地形)、個々の家庭および個人の属性(父親の職業、知識、所得、家庭の衛生設備、家族構成等)、および制度的政策的要因(政府の政策、インフラストラクチュア、社会

図18　モスレーの死亡率決定要因モデル

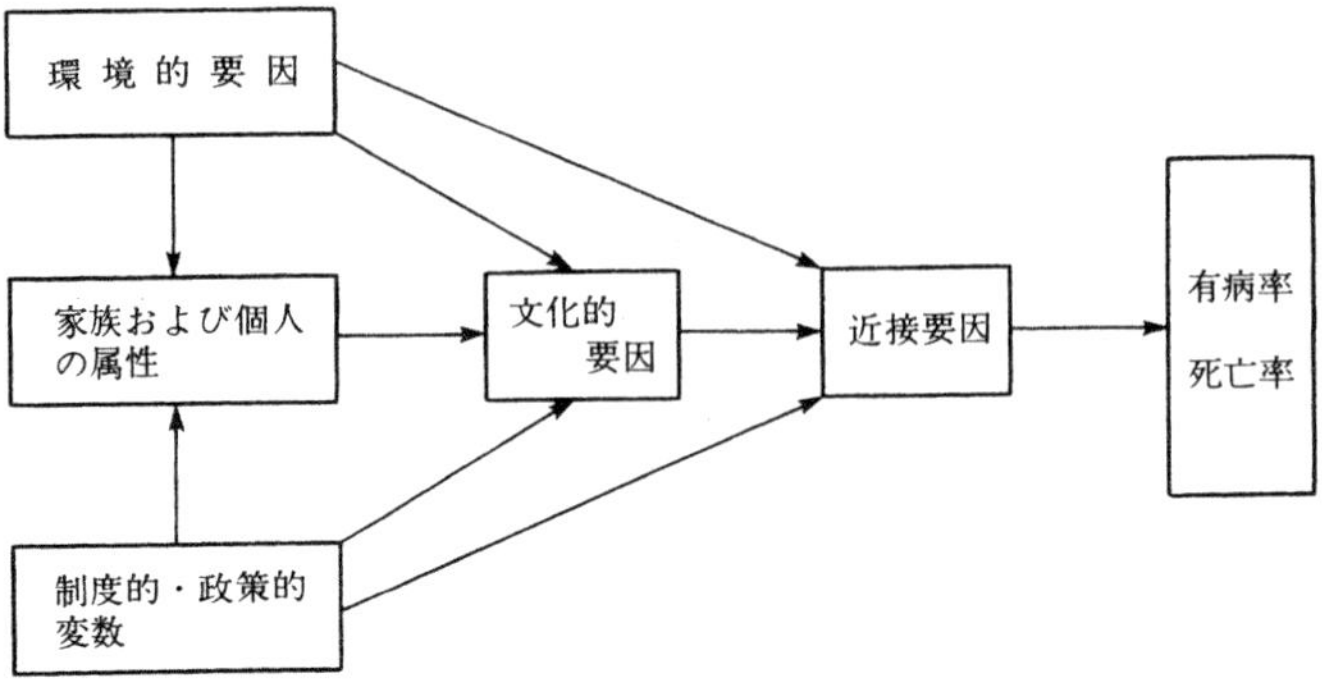


出所：Mosley (1985).

制度、公衆衛生プログラム等）の三つを置き、それらは一方では直接近接要因を決定するとともに、文化的要因のプリズムを通過することにより近接要因に影響を与えるという仕組みになっている。このモデル構成は、近接要因の範囲が必ずしも明解でないこと、わが国や他の東アジアの国々には必ずしも適当でないことなどの難点もあるが、死亡率決定要因解明のための有力な概念化の試みである。

## 七　疫学的転換

ヨーロッパ・北米における主要死因の変化に伴う死亡率低下と平均寿命伸長の過程を下敷とし、さらにラテンアメリカとアジアの一部で近年起きた変化を基にした、疫学的転換という仮説は、人類の寿命がどこまで伸びるか、そして途上国の将来の寿命がどうなるかを展望するにあたり、有用な考え方である。これは前に述べた人口転換理論（本書の第一章一二―一八ページ）に並行した考え方であって、社会の近代化、生活水準の向上、公衆衛生の普及、医学の発達によって、死因構造が変化し、死亡率が低下し、平均寿命が伸長する過程をモデル化し、普遍化しようとする試みである。

オムランが一九七一年にこの考え方を提唱したときには、三つの段階しか考えなかったが（Omran, 1971）、現在は最後の第三段階をさらに発展させて第四の段階を加えるのが普通である（Olshansky and Ault, 1986）。第一の疫学的段階は疫病蔓延と飢饉の時代である。この時代は欧米の人口史では新石器時代に入り人々が定着して農業を始めてから、産業革命前までの長い時代である。それ以前の旧石器時代狩猟採取の時代にあっては、いくつかの感染症、伝染病の蔓延はあったものの、人々の集落は小さく、発掘された骨の状況から、当時の人類の主要死因の筆頭は外因死であったと考えられる。すなわち猛獣の襲撃、嬰児殺し、天災による事故や殺傷による身体の破損・外傷によって、多くの人は死亡したと推定される(Horiuchi, 1997)。農業は一〇〇〇〇年から一二〇〇〇年前に始まった。農業の開始によって、より多くの人口を扶養できるようになり、人々は定着し集落を形成した。それによって人々は狩猟における肉体的危険から解放される一方、大きな集落を形成しての定住生活は伝染病の感染、そして蔓延を促進することになる。

村落あるいは小都市においては死亡率は非常に高く、しかも鋸の歯のように上下動しているのが特徴である。気候が不順で凶作になれば飢饉が起こり、伝染病の蔓延で死亡率は高騰するが、一方豊作になれば死亡率は低下した。肺炎、結核、赤痢、天然痘が代表的な死に至る病であった。特に乳幼児がその大きな犠牲者であった。同時に女性の母性死亡率が非常に高かった。当時は出産の回数が多い上に、劣悪な衛生状態のために、出産はしばしば若い女性の命を奪った。平均寿命は二五歳から四〇歳までの間であり、この時代の人々は自然の猛威、疫病の猖獗の前には全く無力であった。例えば中世の有名な黒死病の流行に対し何らなす術もなかった。

第二の疫学的段階は慢性的疫病蔓延収束期といえる段階である。この時代に、西欧で産業革命、農業革命が起こり、生活水準が向上し、都市化が進み、近代的公衆衛生施設が備わり始め、同時に医学・生物学上の発展がみられた。この近代化のおかげで、それまでみられていた鋸の歯のような死亡率の上下動が沈静化するに至ったことが注目される(本書の第一章一六ページ)。このような過程を経て、第一の段階で顕著にみられた感染性疾患による死亡率が激減し、さらに最も弱い乳幼児死亡率が大幅に低下した。平均寿命は五〇歳前後に上昇する。このような死亡率低下がどうして起きたのであろうか。フォーゲル(Robert Fogel)やマキューン(Thomas McKewon)は、それは生活水準の向上、特に栄養水準の向上が主因だと主張するが、プレストンやモレルは公衆衛生の改善、および個人の衛生思想の普及を評価する(Preston, 1989; Morel, 1991)。

第三の段階は成人病と人為的疾病の時代である。この段階は、一九七一年オムランが疫学的転換の論文を発表した当時は疫学的転換過程の最終段階と考えられていた。死亡率は全年齢において低下し、ほぼ人類が到達できる最高の平均寿命に接近しているものと考えられていた。死因については感染性疾患、寄生虫疾患はほぼ完全に制圧され、人間はほとんど慢性的成人病、すなわち心疾患、脳血管疾患、およびガンによって老年期に集中的に死亡するものとされた。ここで人為的疾病とは、喫煙、過度の飲酒、過労、夜更かしのように、多分に近代社会に付随した嗜好、習慣によって起きる病気という意味である。平均寿命は七〇歳台であり、これが人間の平均寿命としては限界に近く、もうこれ以上大幅に伸びることはないと考えられていた。

しかしオーシャンスキーとオールトが提唱するように、今や人類の寿命はこの第三の段階を超えて、彼らがいう第四の「発現が老年後期にシフトした形での成人病の時代」に入り、成人病の発現が遅れ、それによって平均寿命八〇歳時代が到来していることは瞠目に価する(Olshansky and Ault, 1986)。このグループとしては、日本をはじめとし、米国、スウェーデン、スペイン、オランダ、スイスが考えられる。喫煙の減少、過度の飲酒の制限、エクササイズの流行、国民医療保険制度の拡充、衛生保健思想のさらなる普及、肥満の防止等により、特に女性の寿命は九〇歳まで達する可能性があると考えられている。

## 八　死亡率はどうなるか

以上の考察や疫学的転換理論に基づいて、将来の死亡率、平均寿命について展望してみよう。

① 発展途上地域の死亡率は、これからもさらに相当程度低下し、現在見られる先進地域との平均寿命の格差は縮小するであろう。歴史的にみて、死亡率の低下は細菌性感染症及び寄生虫病による死亡の減少によるところが非常に

大きかった。現在の途上国の死因構造でこの前近代的死因による死亡の割合がまだ高い限り、個々の家庭の教育程度が向上し、公衆衛生施設の整備、近代医療制度の拡充、そして栄養改善が政府の指導の下に強力に推進されるとき、今後死亡率低下は続くであろう。しかし、一般生活水準の上昇や社会経済条件の改善がないと、公衆衛生プログラムの推進だけでは限度がある。

②　問題はサハラ以南のアフリカを中心としたエイズの蔓延である。それに対する有効な治療法や新薬の開発がないまま、エイズはアフリカ東部、中央部、そして南部の地域に広がり、死亡率は上昇している。住民の不十分な栄養状態、低い教育程度と保健衛生思想、そして貧弱な医療設備はエイズの感染を適切に食い止める方向に作動していない。エイズの免疫不全作用によって結核・肺炎の感染症死亡が急速に増加し、多くの国において二〇一〇年くらいまでに平均寿命はさらに低下することが予想される(UN, 1997)。そして、エイズは次にアジアに飛び火し、インド、タイ、ミャンマー、カンボジア等において現在猛烈な勢いで流行しつつある。国連の推計によれば、途上国のエイズによる死亡数は一九九五―二〇〇五年の一〇年間に一四〇〇万で、そのうちの三分の二はサハラ以南のアフリカで起こるが、二〇〇五―二〇一五年間には一三九〇万で、その半数近くはアジアで発生するという(UN, 1997)。二一世紀前半の途上地域におけるエイズの猖獗はきわめて深刻であり、このまま進行するならば、それは世界における最大の健康疾病問題、ひいては最大の人口問題に発展する可能性がある。

③　先進諸国については、今後いくらかの平均寿命の伸びが期待されるとしても、途上地域に予想されるような大幅な伸びはもはや期待できないであろう。しかし、欧米先進国で革命的医療技術・新薬が開発されるとか、今のような肉食過多で飽食のライフスタイルが、日本型のように少食で青い魚をもっと食べるものに変われば話は別である。また米国でみられるような煙草の摂取の減少の方向、適当な運動を行い規則正しく生活するというライフスタイルの変革は平均寿命伸長に役立つであろう。平均寿命は女性で九〇歳、男性で八二―三歳くらいまでいくのではなかろうか。

④　途上国は平均寿命に関する優等生と非優等生のグループ、そしてその中間の三つのグループに分かれ、優等生グループと非優等生グループとの間の格差は当分ますます広がるだろう。その差は現在の先進地域と途上地域の平均の格差くらいになるであろう。そうして、途上国の優等生グループは先進国の中の非優等生グループの国々を抜き、先進国・途上国という既存のグループ分けの意味はますます曖昧なものになるであろう。先進国の非優等生グループである旧ソ連圏諸国の混迷停滞はいぜん続き、二〇〇五年までにそこから脱することは難しいと思われる。

# 第四章　出生力低下とその要因

## 一　世界の出生率の動向

わが国では最近出生率《しゅっしょう》が低下し、女性一人が次の世代の出産を担当する女児一人さえも生まないような低い水準となっている。他方、西欧諸国では一九六五年頃から出生率が一斉に減退し、現在ほとんどの国で合計特殊出生率*が二を割り、このままでいくと将来は人口が減少する可能性が高まっている。

＊ 合計特殊出生率(total fertility rate, TFR)とは、一人の女性が出産可能な年齢(一五歳から四九歳まで)において平均何人の子供を生むかを表わす指標である。実際には、ある年の年齢別出生率(ある年齢の出生数を当該女子人口で割った値)を合計して算出する。この場合特に次の世代の女児を何人生むかを総再生産率(gross reproduction rate, GRR)という。また生まれた女児はさらに次の世代を生み終る過程で死亡し分母が小さくなるので、総再生産率に死亡の影響を考慮に入れた指標を純再生産率(net reproduction rate, NRR)という。

戦後一九六〇年代から八〇年代において出生率が最も低かったのはドイツで、一九八四年に当時の西ドイツは合計特殊出生率が一・二七にまで下降した。普通、合計特殊出生率が二を割っても、人口構成の関係から粗出生率(出生率を総人口で割った値)は粗死亡率(死亡数を総人口で割った値)より高いものだが、西ドイツの場合、一九七二年から統一後の現在まで出生率が一貫して死亡率より低くなり、人口自体の減少が起きた。その後一九九〇年代はスペインとイタリアで一・一台となったが、最近一九九七年ではブルガリアの一・〇九、ついでラトビアの一・一一が一番低くなっている。

一方、発展途上国をみると、出生率は欧米諸国や日本と比べてまだ高いが、最近その低下が歴然たるものになってきた。もっともこれは平均の話で、アフリカのように出生率がいぜん非常に高い地域もある。低下はアジア、ラテンアメリカ・カリブ海地域、とくに中国とその周辺のいわゆる「中国文化圏」の国々で著しい。

このように、先進地域、途上地域で近年軌を一にして出生率が低下しているのは興味深い。両者の低下はそれぞれ独自の原因によるものであるが、しかし強いて共通点を探すと、近代的な避妊手段と言われる、簡便でしかも避妊の確実性の高いピル（経口避妊薬）とＩＵＤ（子宮内挿入避妊器具）、とくにピルが一九六〇年代から先進・途上両地域で同時に普及し始めたことであろう。いずれにせよ、世界の人口増加低速化の鍵を握るものは、世界人口の五分の四を占める途上国の出生率の動向であって、それが近年ようやく低下し始めたことは正に画期的である。本章では、なぜ先進国で出生率が低く、途上国で出生率が高いのか、そして途上国で出生率が低下する条件は何かを考えてみたい。次いで、現在の欧米諸国における超低出生率出現の背後にある社会的要因を明らかにしてみたい。

表16は、粗出生率と合計特殊出生率の推移を、世界の先進・途上地域別、主要地域別に一九五〇年から二〇〇〇年まで示したものである。これによれば、先進地域と途上地域の間に大きな格差があることは一目瞭然である。一九五〇－五五年の期間に粗出生率は、先進地域では人口一〇〇〇人に対し二二・〇と低かったが、途上地域では四四・四と先進地域の二倍にあたる高率であった。しかし、人口構成の影響を排除した合計特殊出生率をみると、先進地域二・七七、途上地域六・一六で二・二倍であった。途上国では一五歳未満の子供が相対的に多く、このため子供を生む年齢の人口が相対的に少ないので、粗出生率は本来の格差を過小に示すことになる。

すでに触れたように、興味深いのは近年先進・途上両地域で出生率が大幅に低下していることである。粗出生率でみると（表16）、一九五〇－五五年から一九九五－二〇〇〇年の間に先進地域は四九・一％、途上地域は四三・九％の低

表16　世界の主要地域別出生率の推移：1950-2000

| 地域 | 粗出生率（‰） | | | | | | 合計特殊出生率 | | | | | |
|---|---|---|---|---|---|---|---|---|---|---|---|---|
| | 1950-55 | 1960-65 | 1970-75 | 1980-85 | 1990-95 | 1995-2000 | 1950-55 | 1960-65 | 1970-75 | 1980-85 | 1990-95 | 1995-2000 |
| 世界 | 37.3 | 35.2 | 30.9 | 27.4 | 23.9 | 22.1 | 4.99 | 4.95 | 4.48 | 3.58 | 2.93 | 2.71 |
| 先進地域 | 22.0 | 19.6 | 16.1 | 14.5 | 12.3 | 11.2 | 2.77 | 2.67 | 2.11 | 1.84 | 1.68 | 1.57 |
| 途上地域 | 44.4 | 41.8 | 36.3 | 31.4 | 27.1 | 24.9 | 6.16 | 6.01 | 5.43 | 4.15 | 3.27 | 3.00 |
| アフリカ | 48.2 | 48.5 | 46.6 | 44.8 | 39.9 | 38.0 | 6.58 | 6.78 | 6.60 | 6.37 | 5.47 | 5.06 |
| アジア | 42.8 | 39.5 | 33.9 | 28.4 | 24.1 | 21.9 | 5.90 | 5.62 | 5.09 | 3.70 | 2.85 | 2.60 |
| ヨーロッパ | 20.9 | 19.0 | 15.6 | 14.4 | 11.5 | 10.3 | 2.56 | 2.56 | 2.14 | 1.87 | 1.57 | 1.42 |
| ラテンアメリカ・カリブ | 42.0 | 40.9 | 35.4 | 30.2 | 25.1 | 23.1 | 5.89 | 5.97 | 5.03 | 3.86 | 2.97 | 2.69 |
| 北部アメリカ | 24.6 | 22.2 | 15.7 | 15.6 | 15.3 | 13.8 | 3.47 | 3.34 | 2.01 | 1.80 | 2.02 | 1.94 |
| オセアニア | 27.7 | 26.8 | 23.9 | 19.8 | 19.1 | 17.9 | 3.84 | 3.95 | 3.21 | 2.58 | 2.50 | 2.38 |

注：粗出生率・合計特殊出生率は5カ年の平均年率である.
出所： UN (1999a).

下を示している。しかし、合計特殊出生率をみると、先進地域四三・三%、途上地域五一・二%と途上地域の方が低下率が大きい。一九五〇ー五五年から一九七〇ー七五年にかけての出生率の低下は、先進地域の方が途上地域よりも大きかった。すなわち、合計特殊出生率でみると、先進地域で二三・八%、途上地域で一一・九%の低下をみた。しかし、一九七〇ー七五年から一九九五ー二〇〇〇年の間では、先進地域で二五・六%、途上地域で四四・八%の低下であった。最近でも先進地域の出生率低下は大きいが、途上地域ではそれを上回る低下が起きているのである。

このように、この二〇年間くらいの間に途上地域では出生率の低下がようやく本格的になってきた。特に中国を中心とする東部アジアは出生率低下の先鋒として他の途上国を引っ張ってきた感がある。しかし反面アフリカは、表16には示されていないが、一九六五ー七〇年の合計特殊出生率は六・六〇であり、この期間まで逆に高くなっているのは興味深い。この上昇の理由として、母親の健康が向上し、死・流産が減少したこと、性病の罹患が減少し母親の妊孕力《にんようりょく》が高まったこと、そして一部の乳児の哺育パターンが、母乳から人工乳へ変ったことがあげられよう(Romaniuk, 1980)。母乳哺育をしている間は母親の排卵活動が抑制され次の妊娠が起こりにくいが、人工乳哺育に切りかえると月経が始まり、妊娠が可能となり、全体として出生率が高まる効果

表17の注

「東部アフリカ」の主要な国として，エチオピア，ケニア，モザンビーク，ソマリア，ウガンダ，タンザニアがある．

「中部アフリカ」の主要な国として，アンゴラ，カメルーン，コンゴ民主共和国がある．

「北部アフリカ」はアラブ系の国でアルジェリア，エジプト，リビア，モロッコ，スーダン，チュニジアがある．

「南部アフリカ」は南アフリカとその周辺の国々である．

「西部アフリカ」の主要な国として，ガーナ，リベリア，ナイジェリアがあり，それにサヘル地帯と言われるマリ，モーリタニア，ニジェール，ブルキナ・ファソ，セネガルが入る．

「東部アジア」とは中国，日本，香港，朝鮮，マカオ，モンゴルの国々．

「南部・中央アジア」とはインド亜大陸の国々（インドとその周辺の国々）とイラン，そして旧ソ連のアルメニアとグルジアを含む．

「南東部アジア」とはASEAN諸国，インドシナ半島諸国，ミャンマーを含む．

「西部アジア」とはペルシア湾岸のアラブ石油産出国サウジアラビア，イラク，クウェート，カタール等，それにヨルダン，レバノン，キプロス，イスラエル，トルコ，そして旧ソ連の5つの国すなわちカザフスタン，キルギスタン，タジキスタン，トルクメニスタン，ウズベキスタンを含む．

「東部ヨーロッパ」は旧ソ連圏の国々で，アルバニアと旧ユーゴスラビアを除く．すなわち，ロシア，ベラルーシ，ウクライナ，ブルガリア，チェコとスロバキア，ハンガリー，モルドバ，ポーランド，ルーマニア．

「北部ヨーロッパ」は北欧4カ国にイギリス，アイルランド，アイスランドが加わる．

「南部ヨーロッパ」はアルバニア，ギリシア，イタリア，マルタ，ポルトガル，スペイン，そして旧ユーゴスラビア諸国，すなわちボスニア・ヘルツェゴビナ，クロアチア，スロベニア，マケドニア，ユーゴスラビア等を含む．

「西部ヨーロッパ」はオーストリア，ベルギー，フランス，ドイツ，ルクセンブルグ，オランダ，スイス等を含む．

「中央アメリカ」とはメキシコから，ニカラグア，コスタリカを経てパナマまでの国々を含める．

「南アメリカ」は以上の他の全ラテンアメリカ諸国，ボリビア，ブラジル，コロンビア，エクアドル，パラグアイ，ペルー，ベネズエラ，そしてアルゼンチン，チリ，ウルグアイ等を含む．

「北部アメリカ」とはアメリカ合衆国，カナダ，バーミューダ，グリーンランド，サンピエールおよびミクロン島．

表17　世界の地域別出生率の最近の推移：1970-2000

| 地域 | 粗出生率(‰) | | | | 合計特殊出生率 | | | |
|---|---|---|---|---|---|---|---|---|
| | 1970-75 | 1985-90 | 1995-2000 | 1970-75から1995-2000への変化率(%) | 1970-75 | 1985-90 | 1995-2000 | 1970-75から1995-2000への変化率(%) |
| 世界 | 30.9 | 26.6 | 22.1 | −28.5 | 4.48 | 3.34 | 2.71 | −39.5 |
| 先進地域 | 16.1 | 13.9 | 11.2 | −30.4 | 2.11 | 1.83 | 1.57 | −25.6 |
| 途上地域 | 36.3 | 30.2 | 24.9 | −31.4 | 5.43 | 3.79 | 3.00 | −44.8 |
| アフリカ | 46.6 | 42.6 | 38.0 | −18.5 | 6.60 | 5.97 | 5.06 | −23.3 |
| 東部アフリカ | 49.3 | 46.8 | 42.4 | −14.0 | 6.97 | 6.68 | 5.79 | −16.9 |
| 中部アフリカ | 47.2 | 46.8 | 44.7 | − 5.3 | 6.31 | 6.57 | 6.17 | −2.2 |
| 北部アフリカ | 42.9 | 34.1 | 27.7 | −35.4 | 6.34 | 4.73 | 3.58 | −43.5 |
| 南部アフリカ | 35.9 | 31.7 | 28.3 | −21.2 | 4.96 | 4.04 | 3.43 | −30.8 |
| 西部アフリカ | 49.4 | 45.8 | 40.4 | −18.2 | 6.99 | 6.54 | 5.47 | −21.7 |
| アジア | 33.9 | 27.5 | 21.9 | −35.4 | 5.09 | 3.39 | 2.60 | −48.9 |
| 東部アジア | 27.4 | 20.7 | 15.7 | −42.7 | 4.49 | 2.36 | 1.77 | −60.6 |
| 中国 | 28.3 | 21.9 | 16.2 | −42.8 | 4.86 | 2.46 | 1.80 | −63.0 |
| 日本 | 19.2 | 10.8 | 9.9 | −48.4 | 2.07 | 1.66 | 1.43 | −30.9 |
| 南部・中央アジア | 40.0 | 33.6 | 27.0 | −32.5 | 5.72 | 4.44 | 3.36 | −41.3 |
| インド | 38.2 | 31.4 | 25.5 | −33.2 | 5.43 | 4.07 | 3.13 | −42.4 |
| 南東部アジア | 37.8 | 29.2 | 23.1 | −38.9 | 5.31 | 3.58 | 2.69 | −49.3 |
| 西部アジア | 37.7 | 33.8 | 28.2 | −25.2 | 5.57 | 4.73 | 3.77 | −32.3 |
| ヨーロッパ | 15.6 | 13.7 | 10.3 | −34.0 | 2.14 | 1.83 | 1.42 | −33.6 |
| 東部ヨーロッパ | 16.0 | 15.4 | 9.8 | −38.8 | 2.11 | 2.09 | 1.36 | −35.5 |
| 北部ヨーロッパ | 14.8 | 13.6 | 11.7 | −20.9 | 2.08 | 1.84 | 1.69 | −18.8 |
| 南部ヨーロッパ | 17.9 | 11.7 | 9.9 | −44.7 | 2.53 | 1.56 | 1.31 | −48.2 |
| 西部ヨーロッパ | 13.5 | 12.2 | 10.6 | −21.5 | 1.92 | 1.57 | 1.48 | −22.9 |
| ラテンアメリカ・カリブ | 35.4 | 27.6 | 23.1 | −34.7 | 5.03 | 3.35 | 2.69 | −46.5 |
| カリブ海 | 31.3 | 25.9 | 20.9 | −33.2 | 4.37 | 3.10 | 2.55 | −41.6 |
| 中央アメリカ | 43.1 | 30.9 | 26.5 | −38.5 | 6.43 | 3.88 | 3.05 | −52.6 |
| 南アメリカ | 33.1 | 26.5 | 22.1 | −33.2 | 4.65 | 3.19 | 2.58 | −44.5 |
| 北部アメリカ | 15.7 | 15.8 | 13.8 | −12.1 | 2.01 | 1.90 | 1.94 | −3.5 |
| オセアニア | 23.9 | 19.3 | 17.9 | −25.1 | 3.21 | 2.51 | 2.38 | −25.9 |

出所：UN (1999a).

を持つことになる。アフリカにおいても美容上の理由等で西欧化の波に乗って人工乳哺育が流行したことの結果である。しかしアフリカも、一九八五年をすぎると低下がようやく明らかとなってきた。一九九五―二〇〇〇年に合計特殊出生率は五・〇六に低下している。

このように途上地域で出生率が低下したといっても、それは途上地域全域で一様に起きたわけではなく、その中には大きな地域差がある。そこで、表16に示した主要地域の一段下の小地域(サブ・リージョン)のレベルにまで降りて、どの小地域で出生率低下が著しいかを示したのが表17である。

一九七〇―七五年から一九九五―二〇〇〇年にかけて途上地域全般では粗出生率は三六・三から二四・九へと三一・四%低下し、合計特殊出生率はすでに述べたように五・四三から三・〇〇へと四四・八%低下している。特に注目されるのが東部アジアの低下で、わけても中国のそれは大きく、粗出生率に関しては四二・八%の低下、合計特殊出生率に関しては六三・〇%の低下となっている。一方すでに述べたように、アフリカの出生率低下は比較的小さく、合計特殊出生率に関して、中部アフリカではわずか二・一%しか減少していない。

中国の出生率低下が一九五〇―五五年から一九九五―二〇〇〇年にかけての途上地域全体の粗出生率の低下にどのくらい貢献したかを計算してみると、それは三七%である。次に大きな影響力を持つのは世界第二の人口大国インドで、低下率そのものはそれほど大きくないが、基礎人口が大きいために、二〇%の貢献をした計算になる。次いでASEAN諸国を含んだ南東部アジアの国々で、一二%のシェアを示している。ラテンアメリカは一〇%しか寄与していない。こうしてみると中国の出生率低下の効果は大きい。一九七〇―七五年から八〇―八五年にかけて中国の粗出生率低下は途上国全体の低下の五五%を説明していた。このことは、最初は中国が途上国の出生率低下をリードしていたが、やがて八五年以降ほかの途上国もその流れに参加しはじめたということであろう。

他方、すでに述べたように先進地域における出生率低下も著しい。これについては後に第五節でやや詳しく論ずるが、特に国連の定義でいう西部ヨーロッパ、北部ヨーロッパで一斉に起きた地すべり的出生率低下が、同時に米国・

カナダで起こり、少し時間をおいてオーストラリア・ニュージーランド、そして日本でも起きていることは注目すべきである。これらの国々では合計特殊出生率が軒並みに二・〇どころか一・七を割り、スペイン、イタリアでは一・二から一・一になっている。

図19　女子の年齢別平均受胎確率のモデル

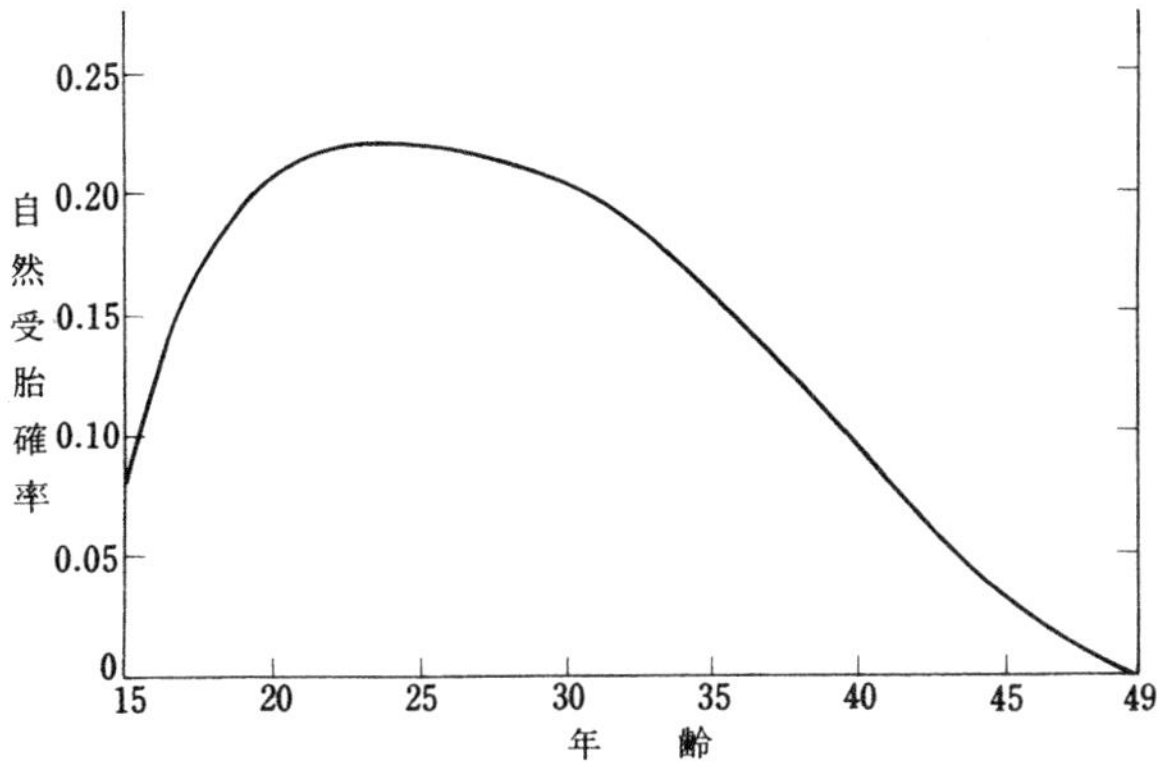


出所：河野他(1984)，p. 35.

## 二　結婚と出生力

元来、結婚は出生力を決める大きな要因である。最近西欧社会では同棲と結婚外出産がよく見られるようになり、出産は必ずしも結婚を前提としなくなったが、しかし日本や東部アジア諸国を始め、多くの国々ではまだ婚外出産は少なく、結婚の影響は非常に大きい。さて結婚の指標としていくつかのものが考えられるが、他の条件が一定ならば、各年齢における人口の中で結婚している人の割合、すなわち年齢別有配偶率と、平均初婚年齢の高低のいかんが出生力と大いに関連することは容易に考えられよう。

生物的能力としてみた場合、女性が子供を生むことができるのは一五歳から五〇歳までと考えられるが、図19の経験的妊孕力モデルの形が示すように、二〇歳を過ぎると妊孕力はほぼ最高に達し、二七歳を過ぎると低下しはじめ、三五歳に至ると最高時の四分の三くらいに落ち、さらに四〇歳を過ぎると半分以下に低下するものと推定される。とすれば、二〇歳から三五歳ぐらいまでが、女性がその大部分の子供

表18　日本の期間合計特殊出生率変化の要素分解

| 対象期間 | TFR の水準 | | | 要素分解 | | | |
|---|---|---|---|---|---|---|---|
| | | | | 年齢別有配偶出生率の差に由来するもの | | 年齢別有配偶率の差に由来するもの | |
| | 期首 | 期末 | TFRの差 | TFRの差の分解 | % | TFRの差の分解 | % |
| 1925-90 | 5.11 | 1.54 | 3.57 | 1.82 | 51 | 1.75 | 49 |
| 1950-70 | 3.65 | 2.13 | 1.52 | 1.30 | 86 | 0.22 | 14 |
| 1970-90 | 2.13 | 1.54 | 0.59 | −0.02 | −3 | 0.61 | 103 |
| 1990-95 | 1.54 | 1.43 | 0.11 | −0.07 | −64 | 0.18 | 164 |
| 1990-97 | 1.54 | 1.39 | 0.15 | −0.03 | −20 | 0.18 | 120 |

出所：1990-95年，1990-97年の要素分解は高橋重郷「形式人口学的視点から」日本人口学会第51回大会共通論題Ｂ：「日本の出生率はどこまで下がるか」1999年6月5日北海道東海大学で報告された数値による．

を生み得る年齢で、実際の統計では特に二五－二九歳が生み盛りと言えよう。

日本の場合を例にとると、平均初婚年齢が高いためにこの年齢階級、特に二五－二九歳のところで未婚の比率が高く、昔と比較して合計特殊出生率が低下しているのは当然と言えよう。一九七〇年には二五－二九歳の女性人口の有配偶率（各年齢人口のうち結婚している比率）は八〇・四％であったが、一九九五年には四九・六％と三〇ポイント以上も減少している。また女性の平均初婚年齢は一九五五年には二四・二歳であったが、一九九五年には二六・三歳と二・一歳上昇している。これはそれだけ妊孕力の強い女性が出産活動から遠ざかっていることを示し、もし他の条件が一定ならば最近の日本は一九七〇年と比較して出生率が低くて当然ということになる。ちなみに、一九七〇年の合計特殊出生率*は二・一三であり、九五年のそれは一・四二であった。

＊　合計特殊出生率（ＴＦＲ）は年齢別有配偶率 $m(a)$ と年齢別有配偶出生率 $g(a)$（各年齢における有配偶者人口を分母とする出生率）との積和である。数式で示せば、次のようになる。

$$TFR = \Sigma\, m(a)\, g(a)$$

さて、わが国の場合、戦前から戦後にかけて、有配偶率と有配偶出生率の変化のどちらが合計特殊出生率を低下させるに貢献したかを示すのが表18である。これは要素分解法という手法によって合計特殊出生率の年次差を分解したものである。一九五〇—七〇年の期間、さらに一九二五年から一九九〇年までの長期にわたって、有配偶出生率の低下がより多く作用しているが、一九七〇—九〇年の期間、一九九〇—九五年の期間、そして最近までの一九九〇—九七年の期間では、有配偶率の変化が圧倒的に大きく作用して合計特殊出生率の低下をすべて説明していることを示している。

この表の結果について一つだけ解説しよう。一九七〇—九〇年の場合合計特殊出生率は二・一三から一・五四に低下した。差は〇・五九である。この表は、この差が両年次の年齢別有配偶出生率の差にどれだけ由来するのか、そして年齢別有配偶率の差にどれだけ由来するかを示している。そこで年齢別有配偶出生率の差に由来するものはマイナス三%、逆に年齢別有配偶率の差に由来するものは一〇三%である。マイナス三%という意味は、有配偶出生率は全体として七〇年から九〇年へむしろ上昇しており、有配偶率が低下していなければ合計特殊出生率をむしろ上昇させたと考えられることを示す。

こうしてみると、近年の日本の出生率低下は、結婚した夫婦が子供を生まなくなったというよりも、適齢期の男女が結婚しなくなったためであると、一応結論づけられる。

また韓国の場合をみると、一九六〇年の合計特殊出生率は六・一三であったが、これが一九七〇年には四・〇五と低下した。有配偶率低下の影響は、避妊の普及による有配偶出生率の低下と同じくらい大きかったと推定されている。またマレーシアでは一九六〇年から六九年までに粗出生率が四二・九から三四・六までに低下したが、その六七%は晩婚化によるものであると推定されている。

表19は、最新のセンサスあるいは標本調査による未婚率データに基づいて、主要国について国連が計算した女性のSMAM(singulate mean age at marriage)、すなわち年齢構造の違いを標準化した平均初婚年齢である。ここでまず特徴的なことは、サハラ以南アフリカ、アジアの中でのインド亜大陸と中近東の国々の平均初婚年齢が低いことであり、一方、東部アジア、南東部アジア(ASEAN諸国を中心とする東南アジア)の初婚年齢が相対的に高いこと、そ

表19　最新の未婚率データに基づく女子平均初婚年齢（SMAM）

| 地域および国 | 調査年次 | 平均初婚年齢(歳) | 地域および国 | 調査年次 | 平均初婚年齢(歳) |
|---|---|---|---|---|---|
| アフリカ | | | デンマーク | 1995 | 25.0 |
| エチオピア | 1994 | 20.5 | フィンランド | 1996 | 29.0 |
| ケニア | 1998 | 21.7 | アイルランド | 1996 | 28.7 |
| モーリシャス | 1990 | 23.8 | ノルウェー | 1997 | 28.4 |
| モザンビーク | 1997 | 18.0 | スウェーデン | 1997 | 31.8 |
| ウガンダ | 1995 | 18.2 | イギリス* | 1991 | 26.4 |
| ザンビア | 1996 | 20.3 | ギリシア | 1991 | 24.5 |
| ジンバブエ | 1994 | 21.0 | イタリア | 1991 | 26.1 |
| チャド | 1996-97 | 18.0 | ポルトガル | 1991 | 23.9 |
| エジプト | 1996 | 22.2 | スペイン | 1991 | 26.1 |
| スーダン | 1993 | 22.7 | オーストリア | 1991 | 26.1 |
| チュニジア | 1994 | 26.6 | ベルギー | 1995 | 26.2 |
| 南アフリカ | 1991 | 27.1 | フランス | 1991 | 27.2 |
| ガーナ | 1993 | 20.5 | ドイツ | 1996 | 29.0 |
| ニジェール | 1998 | 17.6 | オランダ | 1995 | 26.1 |
| ナイジェリア | 1991 | 20.3 | スイス | 1994 | 22.4 |
| アジア | | | ラテンアメリカ・カリブ | | |
| 中国 | 1990 | 22.1 | バルバドス | 1990 | 31.8 |
| 日本 | 1995 | 27.6 | ジャマイカ | 1991 | 33.1 |
| 韓国 | 1995 | 26.1 | トリニダード・トバゴ | 1990 | 26.8 |
| バングラデシュ | 1991 | 18.1 | メキシコ | 1990 | 22.4 |
| インド | 1991 | 19.3 | パナマ | 1990 | 21.9 |
| イラン | 1991 | 21.0 | アルゼンチン | 1991 | 24.8 |
| ネパール | 1990 | 18.8 | ボリビア | 1992 | 22.7 |
| インドネシア | 1990 | 21.6 | ブラジル | 1991 | 22.7 |
| マレーシア | 1991 | 24.6 | チリ | 1992 | 23.4 |
| フィリピン | 1990 | 23.8 | コロンビア | 1993 | 22.4 |
| シンガポール | 1990 | 27.0 | エクアドル | 1990 | 21.8 |
| タイ | 1990 | 23.5 | パラグアイ | 1992 | 21.5 |
| オマーン | 1993 | 20.7 | ペルー | 1996 | 23.1 |
| トルコ | 1990 | 22.7 | ベネズエラ | 1990 | 22.1 |
| イエメン | 1994 | 20.8 | 北部アメリカ | | |
| ヨーロッパ | | | カナダ | 1994 | 26.2 |
| チェコ | 1994 | 23.0 | 米国 | 1995 | 26.0 |
| ハンガリー | 1994 | 23.8 | オセアニア | | |
| ポーランド | 1990 | 23.0 | オーストラリア | 1994 | 27.0 |
| ロシア | 1989 | 21.6 | ニュージーランド | 1991 | 26.8 |
| スロバキア | 1991 | 22.6 | フィジー | 1986 | 22.5 |
| ウクライナ | 1989 | 21.0 | | | |

*　イングランドとウェールズ.

出所：UN (2000).

して中国以外の日本、韓国、シンガポールといった中国文化圏に属する諸国の初婚年齢が非常に高いことである。シンガポールは一九九〇年二七・〇歳と晩婚であり、一九七〇年の二四・三歳に比べて二・七歳も伸びている。

欧米諸国は最近低くなったものや、逆に高くなった国が混在しており、はっきりしたパターンは認められない。ヨーロッパの場合、特に西欧では同棲が多いので、スウェーデンのように三一・八歳と高い年齢を示している国もあり、一般にやはり晩婚である。一方東欧は相対的に早婚であり、いわゆる西欧とはかなり際立った対照を示している。面白い現象はラテンアメリカに見られる。ラテンアメリカでの平均初婚年齢は、サハラ以南アフリカおよびインド亜大陸の国々と比較して高い。しかし、ここで二つの点が指摘される。第一に、ラテンアメリカでは合意婚(consensual marriage)といって、正式に結婚の登録はしていないが実際には同棲し、やがてそのまま結婚するケースが多いことである。第二に、アルゼンチン、チリで平均初婚年齢が比較的高いのは、これら温帯南アメリカと呼ばれる国々はラテンアメリカの中でもむしろヨーロッパ的であり、ヨーロッパからの移民が圧倒的多数を占め、ある時代の晩婚パターンを継承していることである。そして最後に、この表にはあまり載せることはできなかったけれども、小さいカリブ海の国々の初婚年齢が総じてきわめて高いことが非常に特徴的である。カリブ海の島嶼国は概して出生率が低い。

表19の検討から、途上国においては平均初婚年齢と出生率とはかなり密接な関連があることがわかった。タルワによる出生力のシミュレーションによれば、途上国における初期的な出生率の低下の大半の理由は結婚の延期、晩婚化であることが示されている(Talwar, 1975)。一方、先進国の場合には、東欧が平均初婚年齢は低いものの出生率も低いこともあって、この関係は単純ではないが、後述するように、結婚している夫婦の子供数が絶対的に小さいことを主因としている。

さて、もう一度わが国の例に戻ってみよう。わが国では一九七四年以降合計特殊出生率が人口の置換水準を割り、一九八一年には一・七四にまで低下した。ところが、厚生省人口問題研究所(現在の国立社会保障・人口問題研究所)で近年数度実施された出産力調査の結果によれば、結婚している夫婦の出産力の基調に変化は見られず、近い将来何人子供を生みたいかという出産予定子供数にも変化が見られない（『日本人の結婚と出産』）。それではなぜ年次的に観察される合計特殊出生率に大きな低下が見られたかを説明するのが図20のモデルである（河野他、一九八四）。

結婚年齢が過去一〇年間で一歳高くなっているが、これは出生率の年齢分布曲線が右にシフトしたと考えてよい。晩婚化が起きると相対的に若い年齢の部分ではBの曲線の前半の出生率に従って子供を生むパターンに変っているが、三〇歳以上の曲線の後半部分では、シフトする前の曲線Aの後半の率に従って子供を生んでおり、途中経過としては斜線の部分の曲線に従って子供を生んでいると考えてよい。AがBに完全に移行すると、生み遅れを取り戻す形で斜線部分からみて右の曲線のBに沿って出産活動が行われるとみてよい。そうすると、合計特殊出生率は曲線下の面積であるから、やがて合計特殊出生率は晩婚化の停止とともに

図20　平均初婚年齢の変化と年齢別出生率パターン

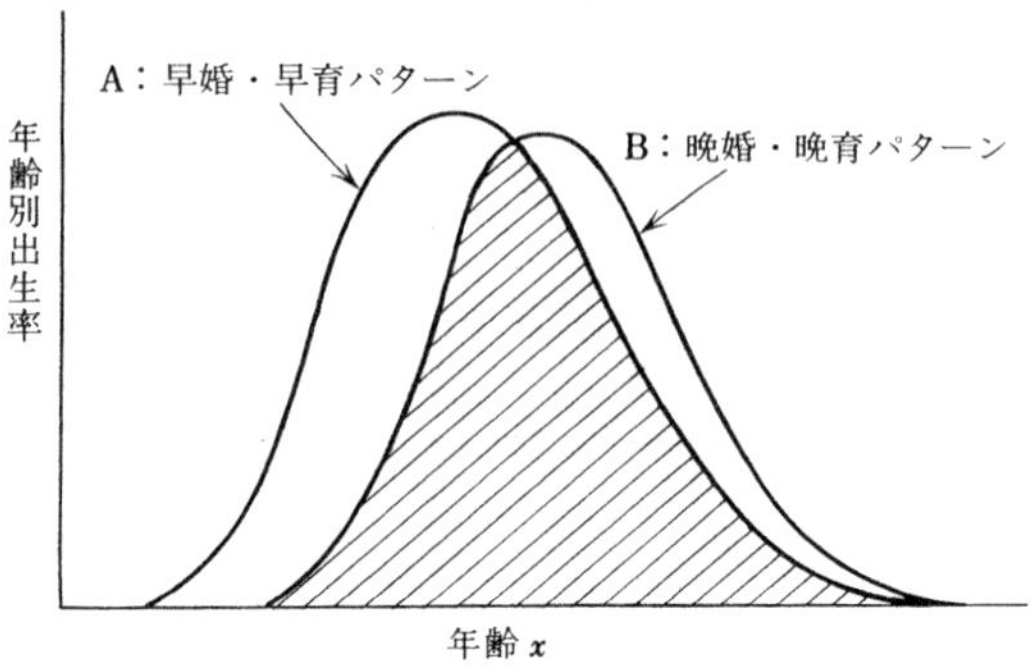


斜線の部分を縁どるカーブは漸移期において期間合計特殊出生率の最低値を表わす．

生み戻しを行い、ついにはそれが反騰に転じ、出発点に近いレベルまで回帰していくと想定されるのである。現にわが国の合計特殊出生率は一九八四年には一・八一に回復した。しかしその後また低下を始め九八年には一・三八まで下がっているのは、平均初婚年齢が予想を超えてさらに上昇を続けていること、それと呼応して二五―三四歳の有配偶率が最近非常に減少していることが最大の原因である。

しかしそのほかに、図20でみられるように、Bの曲線が年齢の高い方にシフトしても、女性の妊孕力もシフトして五〇歳をすぎても子供が産めるわけではないから、生み遅れを取り戻す形の出産活動に限度があることである。図の右側の曲線Aと曲線Bで囲まれた、斜線のない白い部分の面積がますます狭くならざるを得ないのである。そうだと

すると、これまでの出産力調査において見られた完結出生児数平均二・二人前後の安定性は今後崩れる可能性も生じよう。

## 三　途上国の高出生率の要因

途上国の出生率は、先進国に比べて格段に高い。なぜ「南」では出生率が高いのか、そしてそれが低下する条件はなんであろうか。元来、先進国は豊かで途上国は貧しい。そうだとすると、先進国は沢山の子供をもってもよさそうだし、途上国は子供が少なくてもよさそうである。しかし、実情はまったく逆である。

途上国はなぜ出生率が高いのか、先進国はなぜ出生率が低いのか、そしてなぜ産業革命を契機として現在の先進国の出生率は低下したのか、を問題とした研究は非常に多い。またそれに関わる理論、仮説は多彩をきわめている。例えば、デュモンは社会毛細管学説を唱え、毛細管のように細ければ細いほど水がより高く上昇するように、近代の競争社会においては家族が身軽で子供数が少なければ少ないほど、社会の上層に向っての移動がスムーズに行われると考えた(Dumont, 1890)。また、産業革命以後の米国のように、豊かな資源と優れたライフチャンスに恵まれた社会で、才能があり、勤勉でさえあればいくらでも上の社会階級に昇っていけるという可能性が一般的生活スタイルとなれば、人々は時間と得たサラリーを全部子供の養育に使ってしまうというような余裕のない生活は止め、その多くを自己の才能開発のための勉強と教養に向けるようになる。そのことは決して多産に結びつかない、というのが上層志向の社会成層間移動が出生力決定要因と考えるフリードマンの所説である(Freedman, 1961-62)。

第一章で紹介した人口転換学説は、死亡率の低下とともに出生率の低下の原因を扱ったものであり、同時に本格的出生力低下理論の最初のものと言うことができよう。人口転換学説は、何よりも産業革命に基づく農業から工業への転換、都市化、世俗化の進展、そして特に女性への教育の普及、女性の地位と役割の向上によって、人々が個人主義的かつ合理的な生活設計を行うような考え方への転換を達成し、それが出生率の低下をもたらしたと考えている。かつては大家族は人々の生活の中心であり、それはすべての生活機能を営み、成員数の大きさとその統制を誇っていたが、いまやその機能のほとんどは学校、工場、警察、銀行等に取って代られ、大家族自体はより小単位の核家族に変換を遂げている。このような変換は子供の伝統的な経済機能を減少させるとともに、子供を育てるコストを増大させ、多産を難しくさせるのである。さらにまた、死亡率、特に乳児死亡率の低下は、子供のスペアを沢山生んでおこうとする今までの習俗を変化させたし、またより効率の高い避妊技術の普及は出生制限の実行を容易にした。このような社会の近代化への転換過程において、死亡率の低下を追うような形で、必然的に出生力の低下が起きたとするのが人口転換学説である(Notestein, 1953)。

元来、出生力の研究は社会学の領域であって、経済学の領域ではないと考えられていた。というのは、何度も述べたように、各国の現況をみると所得の低い発展途上国で出生率が高く、逆に所得の高い先進国では出生率が低くなっており、また国内をみると所得の高いグループの方が出生率が低いからである。子供を消費財として考えると、所得が高ければそれを多く持つことができるはずであって、現実の各国間あるいは国内の階層間の出生力格差は、経済学の原理からみると全く逆の関係になり、説明に苦しむからである。さらに歴史的流れをみると、一八世紀から二〇世紀の今日まで、先進国は飛躍的に経済発展を遂げ、一人当り平均国民所得の大きな増加をもたらしているにもかかわらず、人口転換の歴史にあるように出生率は大幅に低下し、現在多くの先進国は一対一の人口の再生産もままならぬほどの低い出生率を記録しているからである。

こうしてみると、出生力格差の要因は経済学では説明できず、経済外的要因を扱う社会学、文化人類学によってしかそのメカニズムは解明されないと考えられてきた。しかしながら、一九六〇年頃から経済学者はこの明らかな矛盾に挑戦し始めた。以下、経済学の新しい考え方を参考にしながら、これまでの社会学、人類学の考え方をも取り入れて、なぜ途上国は出生率が高く、逆に先進国はそれが低いのかを整理してみよう。

(1)　子供の質の程度が所得によって変化するという考え方

ベッカーは、経済発展、農業社会から工業社会への転換、所得の上昇によって、子供の持つ質が高まり、子供の質への需要が変ってきたとみる(Becker, 1960)。子供を消費財としてみると、これは耐久消費財のようなものである。例えば、家屋についてみれば、所得の低い時は風呂もトイレも共用の安アパートで満足していたが、所得が上がるにつれて一戸建ての、しかも家族の成員がそれぞれ個室を持ち、車のガレージもあるという家が最低水準になるというように変ってくる。すなわち、より高い質の耐久消費財を要求するようになる。子供も昔は教育もろくに与えずに、一〇歳をすぎれば野良で働かしていたものが、先進国では少なくとも中等教育を受けるのが普通となってきており、子供の質が向上すればそのコストは非常に高くなる。このような所得の上昇以上の子供のコストの上昇が、先進国ほど、あるいはある程度まで所得の高い階級ほど少産になる理由であるとする。逆に子供のもたらす直接的恩恵は限りなく低減する。ライベンスタインによれば、現在先進国では、子供のもたらす効用は、それによって一家団欒を楽しむことができるという精神的なものだけになってしまっているのである(Leibenstein, 1957)。

(2)　女性の機会費用の増大

農業社会から産業社会へと転換し、女性が政治的社会的にほぼ男性と同じ地位を約束され、さらに父親の所得の増加によって男性と同じ教育を受けることができ、産業社会の活動に積極的に参加できるようになれば、女性は家庭外で高い所得を伴う職業につく機会を得る。そこで子供を生み育てるということは、その職業から一時ないし永久に離れ、昇進も遅れ、元来得たであろう高い所得を失うことであり、女性はこれらの点で大きな犠牲を強いられることになる。これを機会費用と言う。現在共働きの女性の就業機会は増加しているが、かりに好景気のもとで共働きが増えると、全体として出生率を押し下げる傾向に働くわけである。このようにして、女性の労働に関する時間というもののコストが非常に上がり、それが上がれば上がるほど子供の出産・教育と矛盾してきて、少なくとも三人以上の子供を持つことは困難になってくるというものである。この根底には、人間は所得が最大になるように行動するという、経済の原理に従って動くものであるという背景がある(Mincer, 1963)。

一九世紀以前は富裕な階層ほど出生率が高かったと見られる。ところが一九世紀になって、都市ではその関係が逆転することになった。一般の階級では所得と出生率は逆の関係になるが、上層階級では正の関係を保ち、出生率の階層分布は全体としてU型あるいは逆J型を示すことになる。たしかに本当の金持ちであれば、いくらでも召使いを雇うことができるし、主婦が外に出て働く必要もないわけである。

(3) 所得の上昇が一般消費を刺激して出生率抑制につながる効果

所得の上昇は、新しい消費財が次々市場に出回っている都市圏の夫婦の購買意欲を促進し、そのために、子供の養育に使う費用を制限させる。腕時計、自転車、テレビ、よりよい医療を受けること、すでに生まれている子供によりよい教育を与えること等のニーズが増大し、これはさらに多くの子供の出生を妨げる効果を持つ。

(4) 所得の上昇と出産抑制手段の入手性の関係

所得が上昇すれば、それだけ市場に出回っているより効果の高い避妊薬品、避妊器具を購入し得ることとなる。また中絶手術をより容易に受けられることとなる。一般に所得の上昇は避妊・中絶の利用度を増し、ひいては出生率の低下をもたらすことが知られている。

(5) 所得の上昇が出生率の上昇を促進する効果

しかしながら、特に短期的にみると、所得の上昇が出生率の上昇をもたらす可能性があることも否定できない。前にも述べたように、所得が上昇すれば夫婦の栄養状態が向上し、死・流産が少なくなる。また子供の栄養状態も向上し、乳幼児死亡率が低下し、生まれた子供がそのまま生き延びる可能性が増し、生存子供数は増加する。さらに所得の上昇によって、母乳哺育を止め、人工乳哺育を始める傾向が強くなる。前にも述べた通り人工乳を与えると排卵が始まるので、他の条件が不変だとすると出生率は上昇することになる。この効果が途上国にあっては馬鹿にならないくらい大きいことが知られている(Bongaarts, 1981)。

さらにまた、インド亜大陸の国では結婚に際して新妻がドーリー（dowry）と呼ぶ高額の持参金を婚家に持参する習慣がある。日本でも、新婦が金銭あるいは新しい電化製品一式を結婚に際し持参するケースが多い。その準備のために結婚が遅れるという状況にあれば、所得の上昇は、結婚・出産を早めて出生率を上昇させる効果を持つ。

⑹　乳児死亡率低下の影響

元来途上国で出生率が高いのは、一つには途上国では乳児死亡率が高く、そのため手塩にかけて育てても一人前になる前に死んでしまうことが多いので、スペアとして子供を多く生んでおくからだという説がある。子供の経済的効用には二つあり、一つは農繁期等の猫の手も借りたい時に子供に手伝いをしてもらうことであり、もう一つは自分が年老いた時子供に養ってもらうことである。ところが昔のように乳幼児死亡率が高ければ、男の子を二人くらい生んでおくのでは心細い。そのため子供の歩留まりを考え、男の子は三人くらい生む、男女合わせて六人くらいは最低限必要だと考えられた。しかし、今日のように途上国で乳幼児死亡率が急減してみれば、その必要はなくなったのである。そもそもほとんど死ななくなった子供を沢山生んでいると、家庭内で人口問題が起こり、困ることになる。乳幼児死亡率の低下が長く続けば、親族あるいは地域共同体の中で人口問題が発生し、子供への需要が徐々に小さくならざるを得ない（Preston, 1978）。

さらに面白いことに、生まれた子供がほとんど死なずに成人式を迎えるとすれば、一人一人に対する可愛さ、愛着心も増し、そのために今までにない教育投資を始めることとなる。アナル学派の歴史学者アリエスによれば、中世の乳幼児死亡率の高かった時代には子供は「小さい大人」であり、その高い死亡率の故に、一人一人に対する愛着も薄く、親と子の関係は冷たかったといわれる（Ariès, 1960）。生まれた子供が死んでも「また生まれてくるさ」といった、半分は物体に対するような感覚しか子供に対して持たなかったのであろう。今日のような一家団欒をエンジョイするに至るのは、産業革命を経て所得が上昇し、乳幼児死亡率が低くなり、家族計画のために少数精鋭主義となり、一人一人の子供の面倒を十分みることができる余裕ができてからあとだという。

(7) 教育の効果

教育が普及し教育程度が上がれば出生率が下降することはよく知られている。教育と出生率との関係は非常に深く、多面的である。今まで教育もろくに与えられていないアフリカのある国の農村地帯に義務教育制度がしかれ、小学校ができたとする。今までは親は学齢に達するころには子供に家事を手伝わせたり、農業の手伝いをさせていた。ところが小学校ができると子供は昼間は学校へ行ってしまい、使おうと思っても使えない状況となる。子供の経済価値は低落し始め、沢山子供を持つ意味がなくなるのである。

また、特に女子に対しての教育効果は大きい。最近の世界出産力調査によっても、あるいは各国の種々の出産力調査によっても、いつも普遍的に必ず観察される現象は、教育程度の高い女性ほど出産力が低いということである。歴史的にみて、最初は教育程度の上昇の結果、母乳哺育を止め、人工乳哺育を増加させるため、出生率はむしろ上昇することもあるが、これは一時期にとどまる。以後は女性の教育程度の上昇は、貧しい家庭においては家族計画が長い目でみて絶対にプラスになるという認識と家族計画の知識が結びつき、出生率を低める方向に働く。一九八〇年代初期のケニアでは九年以上の教育を受けた女性は二一%が家族計画の知識を持つが、五年未満の教育を受けた女性は七%しかその知識がない。またメキシコではこれらの比率が七二%対三一%となっている(Cleland & Hobcraft, 1985)。さらに、教育を受けた女性ほど家庭の外で働く機会が多く、途上国といえども機会費用の原理が働いて出生率は低くなるのである。さらに教育が高くなると、教育を受けている間は結婚する傾向は弱いから、当然結婚年齢が高くなる。一四の途上国の中の一〇の国で、七年以上の教育を受けた女子は学校に全然行かなかった女子よりも少なくとも二・五年は遅く結婚していると報告されている(UN, 1985b)。

途上国においては先進国の状況とは異なって、女子の労働と出生力とはそれほど相反しない。農業であれば生まれた子供を野良へ連れていけるし、また家内工業であれば子供の面倒をみながら働ける。さらに、家族は核家族ではないから、親や近所の人が子供の面倒をみ、世話をしてくれるのである。ただ都市的状況、核家族的状況においては、途上国といえども職住は隣接でなく，親は同居せず，近所との付き合いは薄い。

女性の地位ということが言われ，それが出生率の低下と関連すると言うと，日本人の我々にはよくわからないことが多い。しかしインド，パキスタン，バングラデシュ，そして多くの中近東の国々を例に取ってみると，いかに女性の地位が低いかがわかる。元来平均寿命は女子が男子よりも高いのが普通であるが，前章で述べたように，インド亜大陸の国々ではごく最近までずっと女子の方が男子よりも平均寿命が低かった。これは出産機会が多く，そのため非衛生な環境で生命の危険にさらされる機会が多いということもあるが，概して女性の方が男性よりも十分な生存チャンスを与えられないからである。これらの国では女性の社会的交流は低く，財産を継承したり，それを次に譲っていく権利を持たないことになっている。女性の役割は男の子を沢山生むことであり，この役割を果たしたものは家族の中での地位が高まるが，そうでなければ非常に弱いままである。彼女らにとっても，夫と死に別れたあとは，自分の血を分けた沢山の男の子達に老後を頼るしかないのである(Dyson & Moore, 1983)。こうしてみると，このようなインド亜大陸的状況にあっては，女性の地位の向上と役割の拡大，さらには人権の確立が，将来出生率のレベルに大きな影響を与えるであろうことが理解できるであろう。

(8)　都市化の効果

欧米においては産業革命以後，都市に農業以外の雇用が増えて多くの人々が移り住むようになった。また，途上国でも工業化の進展につれて，貧しい人口過密の農村地帯を離れて都市に住む人々が増加した。都市化の進展は現代社会の大きな特徴となっており，都市に移り住む人々に多大の社会経済的，さらに社会心理的影響を与えている。都市に移り住むと人間の行動は農村の伝統的風俗習慣から，よりコスモポリタンな自由闊達な行動様式，ライフスタイルをとるようになるという。

都市に住んでいることの特色は，農村よりも程度の高い良質な教育を受ける機会があること，より広範囲な種類の仕事を選択できること，より良い医療の恩恵にあずかること(このことは特に貧しい途上国における大きな特徴で，ラテンアメリカ、アジア、アフリカにおいて貧しい農村では農民はほとんどといってよいほど近代的医療の恩恵に浴さないことが報告されている(UN Secretariat, 1984))、より効果的な家族計画知識の学習のチャンスがあること、そして社会成層間の移動が激しいことである。また子供を育てるコストが高いこともあげられよう。これらの状況が概して出生率を低くする働きを持つことは容易に理解されよう。さらに都市では口コミを含め、テレビ新聞等マスコミによる情報の伝達が早く、家族計画の知識がより迅速に伝播しやすいし、大量消費の大衆社会が出現しつつあれば、テレビ、自転車、時計等の製品を店頭に眺める機会が多くなる。そうするとそれらを購入したいという欲求が強まり、そのため次の子供の出産を控えようとする意欲が強くなることになる。

人口転換学説は、人口転換が起こる以前の農業を中心とした伝統的農村社会では「目的合理性」が支配せず、転換期に入り近代化の条件が整ったとき初めてこれが醸成されると説く。しかし、このような合理性の二元論を廃し、伝統的農村社会・都市社会を問わず、また途上国・先進国を問わず、人間の行動にはいつも一本合理主義の芯が通っているものだという考え方のもとに、伝統的社会では子供を多く持つニーズがあり、先進工業社会ではこれがなくなったから多産と少産に分かれるのだと考える学者は少なくない。合理的といっても西欧の近代文明的合理主義とは異なるだけである。実はハイムスが五〇年も前に指摘しているように、まだ旧石器時代の原始的状態にいるとみられるオーストラリアとかニューギニアの原住民であっても、禁欲、原始的膣外射精、性交中断、タンポンの使用、水洗法、オギノ式、中絶あるいは嬰児殺し等の方法によって出生抑制・人口抑制をしているのであり(Himes, 1963)、デュモンは、歴史的にみても原始の狩猟採集時代から受胎調節は必要に応じて行われていたという記録があり、出生抑制が伝統的農村社会に全く行われていなかったと考えるのは間違いであるとしている(Dumont, 1890)。

コールドウェルは、このように合理的なものの考え方は途上国においても存在するという前提のもとに、「富(利益)の世代間の流れ」という概念を導入する。伝統的な社会では、子から親に向って利益の流れが働き、沢山の子供を持つことが経済的な観点からも、親族・部族の間で、あるいは地域社会内部での威信を高めるためにも、また老後の保障を得るためにも、有利であるから多くの子供を持つのである。それとは反対に産業社会・都市社会のもとでは、もはや利益の流れが子から親に流れず、逆に子供を持つことはコストばかりかかり、そこから得られるものはごく一部の精神的なものに限られるために、多くの子供を生むことは不利益となり、出生力は必然的に低下せざるを得ないという。コールドウェルによれば、途上国においてこの世代間の利益の流れを逆転させる力は、核家族的家族形態が、西欧化の影響のもとに電気冷蔵庫、テレビ、ジーンズ、ロック音楽等と一緒に入ってきて、それが模倣されることであり、同時に大規模な初等教育の義務化が行われ、それが普及することであるという(Caldwell, 1982)。

このコールドウェルの仮説は非常に面白いが、これが本当に正しいかどうかは実証されなくてはならない。現在実地調査を通じて実証化の段階にあるといわれるが、このコールドウェルの所説はアフリカとかインド亜大陸の国々に関してはよく通用しても、日本・中国・韓国・シンガポールといった中国文化圏の国々に関しては必ずしも十分適用できないように思われるのが難点である。コールドウェルによれば最初に核家族化が輸入され、次に出生率の低下が起こると考えるが、日本・韓国では核家族化が十分進展していない時期にすでに出生率は大きく低下してしまっており、核家族化起源説には疑問がある。

## 四　途上国における出生率低下の条件

以上述べたところから、途上国における出生率が高くなるのは当然であることが理解されたであろう。ところで、多くの途上国における最近の出生率低下は、実際にはどうして起きたのであろうか。

途上国における出生率低下には、大別して二つの要因群が考えられる。一つは前節において述べたように、社会経済の発展であり、工業化・都市化・近代化が進み、平均所得が上昇し、乳幼児死亡率が低下して平均寿命が伸びることである。生残率の増加が、家族内の人口の均衡を不安定にし、もはや老後の保障のために男子のスペアを沢山必要としないことについてはすでに論じた。もう一つの要因群は、政府の家族計画の分野における努力度であり、その能率的運営である。それは長期的人口政策を策定し、周密な家族計画実行プログラムを企画し、それを実施するための能率の高い組織を作り、より多くの予算を獲得し、家族計画の普及に専心する熱意と効率の程度である。一九六〇年代までは、一国の社会経済条件が成熟しない限り、出生率は低下しないと考えられていた。当時指導的であった人口転換学説はそのように教えていた。しかし、過去三〇年間に、近代化すなわち社会経済条件の成熟は、途上国の出生力低下のための一つの非常に有力な要因ではあっても、絶対的条件ではないことが次第に明らかになったのである。

モールデンとベレルソンは一九七八年に、九四の途上国における一九六五年から七五年までの粗出生率の変化を、一つには各国の社会経済発展の程度によって、他方では政府の家族計画に対する努力度によって説明することを試みた(Mauldin & Berelson, 1978)。社会経済指標として死亡率、教育程度、非農業化、都市化、平均所得、マスコミの普及程度が考慮され、政策指標として政府の指導性、政府機関の能率性、避妊薬の市場開放性、家族計画実地指導の程度、家族計画に関する予算の相対的規模等が考慮され、総合指標が作られた。

この研究の結果を要約すれば、政策変数を一定とすると、社会経済的水準が高いほど出生率低下は大きく、また社会経済的要因を一定とすると、政府の努力度が高いほど出生率低下が大きい。特に両者のレベルが最高であるグループでは出生率低下が最大であり、社会経済的水準が最低で、努力ゼロのグループでは低下率はゼロに等しい。そして、全部の変数が投入された多変量解析では、社会経済的水準も政策変数も出生率低下と密接に関係しているが、政策変数の貢献度は社会経済的変数に負けないくらい大きく、社会経済的発展の効果を増幅することが示されている。この研究は、モールデンとラプハムによって、そしてボンガーツ・モールデン・フィリップスによって、それぞれ一九七二―八二年の一〇年間と一九六〇―六五年から八〇―八五年の二〇年間に対しても繰り返され、政策変数を三〇まで増やして多変量解析が行われたが、結果はほとんど同じ程度の要因の効果を示している(Mauldin & Lapham, 1985; Bongaarts, Mauldin & Phillips, 1990)。表20は一九七二―八二年の出生率の低下を、社会経済指標と政策に関する指標、すなわちそれぞれの国の家族計画に対する努力の程度の二つの次元によってまとめたものである。

途上国の出生率低下にあたって政府の努力度が意外に重要だという以上の検討の結果は、中国の一人っ子政策と最近の出生率の激減を思い浮かべさせる。一九五〇年代前半の中国の合計特殊出生率は六・〇前後であったが、一九八二年には二・三である。途上国の中で社会経済指標では〝中〟クラスの中国がほとんど空前絶後の地すべり的低下を示したことは、中国の人口政策実行の熱意、努力、能率の良さを感じさせる。

以上の二つの要因群、すなわち社会経済的水準と政策変数のほかに、文化、価値観といった、通常計量が最も難しい要因が介在していることは容易に考えられる。もう一つの人口大国インドは、政府による組織的家族計画普及活動を最も古くから実施している国であり、政府組織の能率はそれほど高くないかもしれないが熱意は高い。政治的指導者の識見、問題の理解、それに賭けたエネルギーは世界の中でも当代一流と言えよう。それにもかかわらず、出生率の低下が中国と比較して緩慢であるのは、文化的条件に相違があるのかもしれない。

欧米諸国以外で西暦二〇〇〇年現在合計特殊出生率が二・〇以下に低下しているのは、いわゆる中国文化圏といわれる中国、日本、韓国、台湾、シンガポール、タイの国々とキューバ、マルティニーク、トリニダード・トバゴ、バルバドスといった一部のカリブ海に浮かぶ島国、それと旧ソ連圏の国々でソ連解体後西部アジアに編入されたアルメニア、アゼルバイジャン、グルジアだけである。中国文化圏の国々は、経済体制、経済発展レベルはそれぞれ異なっていても、低下が始まると一気に下がるというパターンには、何らかの文化的共通性があるに違いないと思わせるものがある。中国文化圏の国々において、一九五〇年代から出生率の低下が特に顕著で、出生率低下のサクセス・ストーリーを提供していることは、すでにアイリーン・トイバーによって指摘されたところである(Taeuber, 1966)。筆者の解釈によれば、中国文化圏の国々には、他の地域と比較して次の共通性が考えられる。

第一に、それぞれの国で同質性が高いこと。この場合、もしあるアイディアが伝播する時にはそれが一挙に伝わる可能性を秘める。第二に、教育程度が高く、また教育を高め教養を深めることを国家としても個人としても大目的と

よる発展途上諸国87カ国の粗出生率の低下：1972-1982

| (1972-82) 弱 国 | 低下率% | 微弱あるいは皆無 国 | 低下率% | 合計についての平均 |
|---|---|---|---|---|
| ブラジル | 27 | レバノン | 27 | |
| メキシコ | 22 | パラグアイ | 14 | |
| ベネズエラ | 14 | ペルー | 11 | |
| | | クウェート | 8 | |
| | | ヨルダン | 4 | |
| | | リビア | 0 | |
| 平均 | 21 | 平均 | 11 | 25 |
| トルコ | 34 | モンゴル | 9 | |
| エジプト | 12 | ニカラグア | 7 | |
| グアテマラ | 7 | アルジェリア | 5 | |
| エクアドル | 7 | シリア | 3 | |
| モロッコ | 6 | コンゴ | 0 | |
| ホンジュラス | 6 | ガーナ | 0 | |
| | | ザイール | 0 | |
| | | ザンビア | 0 | |
| | | イラク | 0 | |
| 平均 | 12 | 平均 | 3 | 13 |
| ハイチ | 11 | カンボジア | 14 | |
| パキスタン | 9 | ビルマ | 6 | |
| ケニア | 0 | パプア・ニューギニア | 5 | |
| | | 民主イエメン | 3 | |
| | | ボリビア | 2 | |
| | | コートジボアール | 1 | |
| | | ナイジェリア | 1 | |
| | | セネガル | 0 | |
| | | リベリア | 0 | |
| | | マダガスカル | 0 | |
| | | モザンビーク | 0 | |
| | | ウガンダ | 0 | |
| | | カメルーン連合共和国 | 0 | |
| | | ジンバブエ | −1 | |
| | | レソト | −4 | |
| 平均 | 7 | 平均 | 2 | 5 |
| バングラデシュ | 0 | モーリタニア | 6 | |
| ネパール | −1 | ラオス人民民主共和国 | 5 | |
| | | ブルンジ | 4 | |
| | | アフガニスタン | 3 | |
| | | ギニア | 2 | |
| | | トーゴ | 2 | |
| | | ニジェール | 1 | |
| | | 中央アフリカ共和国 | 0 | |
| | | チャド | 0 | |
| | | エチオピア | 0 | |
| | | マウイ | 0 | |
| | | ルワンダ | 0 | |
| | | シエラレオネ | 0 | |
| | | スーダン | 0 | |
| | | タンザニア連合共和国 | 0 | |
| | | ブルキナ・ファソ | 0 | |
| | | イエメン | 0 | |
| | | ソマリア | 0 | |
| | | マリ | −1 | |
| 平均 | 0 | 平均 | 1 | 1 |
| | 11 | | 3 | 11 |

表20　社会経済スコアと家族計画に対する政府の努力度に

| 社会経済スコア | 家族計画に対する政府の努力度 | | | |
|---|---|---|---|---|
| | 強 | | 中 | |
| | 国 | 低下率% | 国 | 低下率% |
| 高 | シンガポール | 43 | キューバ | 59 |
| | 香港 | 40 | コロンビア | 35 |
| | 韓国 | 30 | チリ | 32 |
| | 台湾 | 30 | ジャマイカ | 30 |
| | モーリシャス | 28 | パナマ | 28 |
| | | | コスタリカ | 24 |
| | | | トリニダード・トバゴ | 23 |
| | | | フィジー | 18 |
| | 平均 | 34 | 平均 | 31 |
| 中の上 | 中国 | 43 | タイ | 37 |
| | | | マレーシア | 30 |
| | | | フィリピン | 23 |
| | | | ドミニカ共和国 | 21 |
| | | | チュニジア | 19 |
| | | | スリランカ | 18 |
| | | | エルサルバドル | 11 |
| | 平均 | 43 | 平均 | 23 |
| 中の下 | | | インドネシア | 28 |
| | | | インド | 17 |
| | | | ベトナム（北ベトナムのみ） | 10 |
| | | | 平均 | 19 |
| 低 | | | | |
| 平均 | | 36 | | 26 |

出所： Mauldin & Lapham (1985).

していること。これには儒教の影響があること大であろう。教育あるいは教養があれば就職・昇進の際の有力な手段であるという考え方も各国に共通している。世界で初めての公募試験制度である科挙制度は一千年の古きから中国に存在した。第三に、大いに働けば働くほどよい報いがあり、怠けていれば悪い報いが来るという考え方が強いこと。これも儒教あるいは中国を通過するとき変質した仏教の因果応報、積善の功徳といった哲学によるところが大きいと考えられる。一所懸命働き、他人に対して恩恵・功徳を施せば、いつか必ずめぐりめぐって良い応報があるとの思想は中国文化圏に共通である。この考え方はマックス・ウェーバーの言う目的合理性の考え方によく似ており、儒教的精神が、ウェーバーの言うプロテスタントの禁欲思想に酷似していることをここで指摘したい。

## 五　先進国における最近の出生率の低下とその要因

一九六〇年代の半ば頃から西欧と北部アメリカで出生率がいっせいに低下し始めた。欧米諸国では戦後のベビーブームが日本とは違って長く続き、米国などでは経済の好況に支えられて郊外の生活を中心とする「新しい家族主義の到来」とも呼ばれた時期があったくらいだが、その後の出生率の凋落は、そのような高出生率志向が全く一時的なものであったことを示した。当時の高出生率をアメリカ合衆国についてみれば、一方で都市の郊外に瀟洒な一戸建ての家を構え、子供達とともに一家団欒をエンジョイしようという風潮が流行して、夫婦出生率が上昇したためであるが、他方で結婚年齢がどんどん低下していったためであると回顧されている。

欧米諸国における出生率の低下は、ベビーブームが終焉し、焼かれて膨れ上がったスフレー(餅といってもよい)が中側にむかって潰れたと表現される現象である。現在四五以上を数える先進地域の国々の中で、合計特殊出生率が二・一を超えるところが一つもないのは壮観である。注目すべきは、出生率の低下が、米国、カナダ、日本、オーストラリア、ニュージーランドといったヨーロッパ以外の先進国でも起きていることである。表21に欧米の主要国の合

表21　先進諸国における合計特殊出生率の推移：1960-1997

| 国名 | 1960 | 1965 | 1970 | 1975 | 1980 | 1985 | 1990 | 1994 | 1995 | 1996 | 1997 |
|---|---|---|---|---|---|---|---|---|---|---|---|
| オーストリア | 2.69 | 2.68 | 2.29 | 1.83 | 1.65 | 1.47 | 1.45 | 1.44 | 1.40 | 1.42 | 1.36 |
| ベルギー | 2.52 | 2.24 | 2.25 | 1.74 | 1.69 | 1.51 | 1.62 | 1.56 | 1.57 | 1.55 | 1.55 |
| デンマーク | 2.54 | 2.61 | 1.95 | 1.92 | 1.55 | 1.45 | 1.67 | 1.81 | 1.81 | 1.74 | 1.75 |
| フィンランド | 2.71 | 2.47 | 1.83 | 1.69 | 1.63 | 1.64 | 1.78 | 1.85 | 1.81 | 1.76 | 1.74 |
| フランス | 2.73 | 2.84 | 2.47 | 1.93 | 1.94 | 1.81 | 1.78 | 1.65 | 1.70 | 1.72 | 1.71 |
| ドイツ | | | 2.03 | 1.48 | 1.56 | 1.37 | 1.45 | 1.24 | 1.25 | 1.32 | 1.36 |
| ギリシア | 2.21 | 2.25 | 2.43 | 2.28 | 2.23 | 1.68 | 1.43 | 1.36 | 1.32 | 1.30 | 1.32 |
| アイルランド | 3.75 | 4.08 | 3.88 | 3.40 | 3.23 | 2.50 | 2.12 | 1.85 | 1.85 | 1.88 | 1.92 |
| イタリア | 2.40 | 2.55 | 2.37 | 2.21 | 1.68 | 1.45 | 1.36 | 1.22 | 1.18 | 1.21 | 1.22 |
| オランダ | 3.12 | 3.04 | 2.57 | 1.66 | 1.60 | 1.51 | 1.62 | 1.57 | 1.53 | 1.53 | 1.54 |
| ノルウェー | 2.83 | 2.93 | 2.50 | 1.98 | 1.72 | 1.68 | 1.93 | 1.87 | 1.87 | 1.89 | 1.86 |
| ポルトガル | 3.01 | 3.12 | 2.76 | 2.52 | 2.19 | 1.73 | 1.57 | 1.44 | 1.41 | 1.44 | 1.46 |
| スペイン | 2.81 | 2.92 | 2.86 | 2.80 | 2.21 | 1.64 | 1.36 | 1.21 | 1.17 | 1.15 | 1.15 |
| スウェーデン | 2.17 | 2.42 | 1.94 | 1.78 | 1.68 | 1.73 | 2.14 | 1.89 | 1.74 | 1.61 | 1.53 |
| スイス | 2.44 | 2.61 | 2.10 | 1.61 | 1.55 | 1.52 | 1.59 | 1.49 | 1.48 | 1.50 | 1.48 |
| イギリス | 2.69 | 2.83 | 2.44 | 1.81 | 1.89 | 1.80 | 1.83 | 1.74 | 1.71 | 1.72 | 1.71 |
| ブルガリア | | | 2.18 | 2.24 | 2.05 | 1.95 | 1.81 | 1.37 | 1.23 | 1.24 | 1.09 |
| ベラルーシ | | | 2.33 | 2.20 | 2.00 | 2.07 | 1.91 | 1.57 | 1.39 | 1.31 | 1.23 |
| クロアチア | | | 1.80 | 1.91 | 1.92 | 1.82 | 1.63 | 1.47 | 1.58 | 1.67 | 1.69 |
| チェコ | | | 1.93 | 2.43 | 2.07 | 1.95 | 1.89 | 1.44 | 1.28 | 1.18 | 1.17 |
| ハンガリー | 2.02 | 1.82 | 1.96 | 2.38 | 1.92 | 1.83 | 1.84 | 1.64 | 1.57 | 1.46 | 1.38 |
| ラトビア | | | 2.01 | 1.96 | 1.90 | 2.09 | 2.02 | 1.39 | 1.25 | 1.16 | 1.11 |
| リトアニア | | | 2.40 | 2.20 | 2.00 | 2.10 | 2.00 | 1.52 | 1.49 | 1.42 | 1.39 |
| ポーランド | 3.01 | 2.52 | 2.20 | 2.26 | 2.28 | 2.33 | 2.04 | 1.80 | 1.61 | 1.58 | 1.51 |
| ルーマニア | | 1.91 | 2.89 | 2.62 | 2.45 | 2.26 | 1.83 | 1.41 | 1.34 | 1.30 | 1.32 |
| ロシア | | | 2.01 | 1.97 | 1.90 | 2.11 | 1.89 | 1.40 | 1.34 | 1.27 | 1.23 |
| スロバキア | | | 2.40 | 2.55 | 2.32 | 2.25 | 2.09 | 1.66 | 1.52 | 1.47 | 1.43 |
| スロベニア | | | 2.10 | 2.16 | 2.11 | 1.72 | 1.46 | 1.32 | 1.29 | 1.28 | 1.25 |
| ウクライナ | | | 2.09 | 2.02 | 1.95 | 2.02 | 1.89 | 1.50 | 1.40 | 1.38 | 1.36 |
| カナダ | 3.81 | 3.11 | 2.34 | 1.87 | 1.67 | 1.61 | 1.71 | 1.66 | 1.64 | | |
| 米国 | 3.65 | 2.93 | 2.48 | 1.77 | 1.84 | 1.84 | 2.08 | 2.04 | 2.01 | 2.04 | 2.06 |
| オーストラリア | 3.45 | 2.97 | 2.85 | 2.14 | 1.89 | 1.89 | 1.91 | 1.85 | 1.82 | 1.80 | 1.77 |
| ニュージーランド | | 3.55 | 3.17 | 2.37 | 2.03 | 1.93 | 2.18 | 2.04 | 2.04 | | |
| 日本 | 1.96 | 2.14 | 2.13 | 1.91 | 1.75 | 1.76 | 1.54 | 1.50 | 1.42 | 1.43 | 1.39 |

出所：Council of Europe (1998)；Monnier (1998).

計特殊出生率の最近の推移をわが国のそれとともに示した。国連の推定によると一九九五―二〇〇〇年の先進国の合計特殊出生率は一・五七であるが、表21をみると、なかには一・二以下の国も数カ国ある。旧西ドイツは一九八四年に一・二七と、世界最低の記録を更新したが、現在は旧ソ連圏のブルガリア、旧ソ連のラトビア、そしてスペイン、イタリアが最低グループを形成している。ヨーロッパはその内部で経済的条件、平均所得に関して相当の格差があるにもかかわらず、いっせいに出生率が低くなっていることは、ヨーロッパ全体が共通の「低出生率症候群」に罹っているためではないかとも思わせる。

それでは、どうして欧米諸国においてこのような低い出生率が出現したのかを考えてみたい。

(1)　結婚の相対的減少と家族の変貌

西欧と北米における最近の出生率の低下は、婚姻率の減少、平均初婚年齢の上昇、離婚率の増加、そして出産活動が盛んな年齢階級における結婚していない者の比率の増加に負うところが大きい。

米国では結婚している女子一〇〇〇人に対して毎年の離婚件数は、一九七〇年には一五であったが一九八〇年代には二〇を超えている。一九九〇年の傾向で分析すれば、初婚の夫婦がその後離婚する確率は実に六〇%に上ったという。イギリスと旧西ドイツでは、結婚しているカップルのうち二〇%から二五%が離婚に終っている。離婚した人の多くは再婚するが、米国の調査によると、再婚者の出生率は初婚の夫婦に比べて相当低いと報告されている。子供があって離婚した場合、最も厄介な問題はこの子供の処遇であり、これに懲りて再婚しても子供は作らない傾向が強いということである(Davis, 1983; 1984)。ちなみに、なぜ欧米諸国、特に米国で離婚が多くなったのであろうか。デイビスは最近の夫婦の共働きの増加が直接の原因と考えている(Davis, 1984)。元来米国では結婚を理想化し美化する傾向が強い。ところが最近における主婦の家庭外での就業の増加は、仕事に関連して異性と接触する機会を拡大し、また家庭内の夫婦の役割をあいまいにした。そのため夫婦間のささいなくい違いで現在の結婚に対する幻滅感と挫折感を味わうことが多くなり、離婚が増加したと考えられる。外で働く主婦の経済的自立性が高くなったこともそれに拍車をかけたであろう。

婚姻率の減少、離婚率の増大に加えて、西欧社会で顕著に見られるのは正式に結婚しない同棲が増えたことである。同棲の目的は子供を生み次の世代を育てるというよりも、結婚によって拘束されない自由恋愛であり、セックスの満足であり、経済的に有利であるということである。同棲の増加、正式結婚の減少は出生率を下げる働きを持つと考えられる。

アリエスは、最近の西欧における出生率低下の背景として、子供が家庭の王様であった時代が去ったからだと言っている(Ariès, 1980)。先にも触れたように、かつて産業革命以前には西欧でも乳幼児死亡率が非常に高く、また多産であったため、子供は「小さい大人」としか考えられず、今日のように子供をいつくしみ、大事にして教育を与え、その成長を見守るという考え方はなかったといわれる。大人と子供との関係は比較的冷たいものであった。しかし、産業革命以後からつい最近まで、親達は子供に自分達の夢を託し、子供の成長を生活の中心において生活設計を行ってきた。しかし最近では、そのような核家族主義は影がうすくなってきたといわれる。現代は大人中心主義、あるいは大人本位の時代に変貌したと指摘され、これが超低出生率時代をもたらした背景だと考えられるのである(Höhn & Mackensen, 1982)。

(2)　避妊革命

一九六四年に北部・西部ヨーロッパにおいて出生率がいっせいに低下したが、これは一九六二年頃からピル(経口避妊薬)が市場に出回り始めたことと照応する。ピルによって避妊がほぼ一〇〇%の確実性で行われるようになり、望まれざる出生が(そして望まれざる結婚も)回避されるようになったことの効果は、すでに長年の避妊の歴史を持つ欧米諸国でも意外に大きかった。ほぼ同時に起きた米国の出生率低下の引き金になったのも、ピルの解禁だったと言われている(Westoff & Ryder, 1977)。しかし避妊革命はあくまで手段であり、それ自体が超低出生率の原動力ではないことに注意したい。

### (3) 社会的背景の変化

一九六〇年代後半から欧米社会では、大きな社会的革命、価値観の変化が目につくようになった。一つは、女性の労働進出が顕著となったことであろう。一九八二年の西ドイツでは、結婚中で一八歳未満の子供が二人いる主婦のうち四〇%は外で働いており、一人の子供しかいない場合は四七%が就業している(Federal Institute for Population Research, 1984)。同じく一九八二年の米国では、結婚している主婦の五一%は職業を持っている。ちなみに、一九七〇年には四一%にすぎなかった(Davis, 1984)。一九九七年現在ドイツでは二五―三四歳の女性の七四%が就業し、米国では同じ年齢の女性の七六%が職業を持っている(U. S. Bureau of the Census, 1998)。

主婦が家庭外で就業することは、西欧社会の核家族的状況においては子供の生育とうまく両立しがたいことは当然で、子供を生み育てることには多くの直接的費用、そして間接的な機会費用がかかる。都市に住む給与所得者にとって、子供を大学に送ることは非常に苦しいものとなっており、直接的費用自体高くなっているが、さらに母親の機会費用が増大すれば、子供のコストは非常に高いものとなってしまっている。

欧米社会において日本の子供観と非常に対照的なのは、特に都市における子供に対する冷淡さ、子供が大人の領域に入ってくるのを妨げようとする哲学であろう。西欧の都市の環境は初めから子供の生存、教育に対して不毛の地域と思えることがある。都会には子供の遊び場が乏しい。聳え立つコンクリートのマンションは子供の存在を峻拒しているように見える。欧米のマンションは日本の兎小屋より広いが、そこでは子供が部屋の中を駆け回ったり騒いで音をたてるのを極端に嫌う。さらに欧米では子供を夜のパーティ、音楽会、レストランに連れていかない。夜は大人だけという行動規範が厳然と存在する。大人は、子供が成長するまではアニマルとして扱い、彼らに大人の生活をできるだけ乱されまいとしている。このような大人中心の世界観がある限り、沢山の子供を生み育てる行動と相反するのは当然のことであろう。

## 六　文化と出生力

すでに「中国文化圏」という概念を用い、文化の違いが出生率に影響を及ぼす効果の一端を示した。文化というのは言語・宗教・価値観といったものを含み、最も計量しにくいものであるが、ここで二つのエピソードを紹介し、文化、特に宗教と言語の要因が経済的要因以外に重要であることを示したい。

(1)　中国文化圏とインド文化圏との対比

中国文化圏において近年出生率の低下が著しいことについてはすでに述べた。アジアの中でこれに対比されるのがインドを中心とするインド文化圏である。そこでは出生率はいぜん高く、低下はようやく見え始めたが、緩慢である。もちろんインド文化圏といってもヒンズー教を基調とするインド・ネパール、ヒンズー教の派生である小乗仏教のスリランカ・ミャンマー・ブータン、そして回教国であるバングラデシュ・パキスタン・アフガニスタンと多岐にわたる。ヒンズー系のインドと回教系のパキスタン・バングラデシュとでは出生率に相当な差があるのは、ヒンズー教徒の間では祭礼の期間禁欲が厳格に守られることと、母乳授与の期間が長いためであることが指摘されている（Nag, 1962; 1983）。しかし他面、生活様式、物の考え方については共通性も多い。インドの女性もパキスタンの女性もサリーを着るし、食事、住居に似通った点も多い。

なぜインド亜大陸では出生率があまり低下しないのか。インドに関しては政府が他に先駆けて家族計画普及運動を大規模に展開しているにもかかわらずである。

まず考えられるのが、インド文化圏においては異質性が大きいことである。インドを例にとると、この国ではそれぞれの州自体が、おおむね一つの言語圏としてあり、さらにヒンズー教の中の派の一つを代表している。インドという国は言語・宗教によって分けられ、さらに各州はカーストによって細分されている。そこで特徴的なのは、中国文化圏の国々の開かれた同質性とは異なり、無数のグループの障壁である。これでは、もし家族計画普及についての新しいアイディアが紹介されても、それが伝播普及するためには多大の時間とコストがかかってしまう。このような閉ざされた異質社会の並存が、近代的家族計画の考え方のボトルネックになっていることは容易に考えられよう。

しかし第二の点として強調されるべきは、積善応報あるいは陰徳応報の思想、地道に一所懸命働けば必ずよい結果を生むという信仰が、どちらかというとこの地域には欠如している点であろう。いささか誇張して言えば、そこにはこつこつと行う努力・勤勉があまり報いられず、貧困を宿命論的にあきらめの形で受けとめる精神的土壌がある。このようなところでは、長期的展望に立って国のため地域のため村のために率先してことを行うとか、自己を犠牲にしても努力するという気風は生まれにくい。このような状況では、家族計画の普及活動を例にとってみても、それが本当に能率よく動き出すためには時間がかかるであろう。

(2) 産業革命以後の西欧における出生力低下の条件

もう一つのエピソードは西欧社会で出生率が低下し始めた産業革命前後の状況である。最近コール、レスタギ、リビ・バチ、ノデール、バン・デ・ウォール等の一連の歴史的研究によって、ヨーロッパにおいて初めて出生率が低下した頃の歴史的状況が明らかにされた(Coale *et al.*, 1979; Lesthaeghe, 1977; Livi-Bacci, 1977; Knodel, 1974; van de Walle, 1974)。そこで結論されることは、社会経済の近代化と出生率の低下があまり明確な関連を持たないことである。ノデールやバン・デ・ウォールの研究によると、家族計画の考え方が伝播し、結果として出生力の低下が起こる場合には、それが経済的にみて類似な地域で同じように起こるというよりも、むしろ蚕が桑の葉を食べるように同一文化・同一宗教・同一言語という複雑な線に沿ってそれが受け入れられていく過程が明瞭に示される(Knodel & van de Walle, 1979)。そこから、ある場合には経済的要因よりもむしろ文化的要因が重要だという仮説が打ち出される。特にこのことは、出生力が低下するにあたって、家族計画のアイディアとノウハウの発生が、それぞれ自然発生的に西欧諸国の各地で起きたものではなく、それが伝播したものだと主張するノデールの考え方を支持することになる(Knodel,

1977)。

図21はフリードマンが構築した出生力決定要因モデルである(Freedman, 1966)。三〇年以上前に作られたものであるが、特に文化的要因の重要性とその役割を適切に指摘した点で今もその価値を失わない。出生力はすぐれて生物学的なもので、生物人口学的要因(結婚、性交、母乳哺育の際の無排卵期、自然的受胎確率等)は直接出生力を規定するが、ここでは中間変数、あるいは近接要因と呼ばれる。しかし出生力の究極的決定要因は社会経済構造である。この社会経済的要因と生物人口学的要因を結びつけるものが文化的要因、規範であり、社会経済的要因は文化的要因のプリズムを経て生物人口学的要因を変化させ、その結果出生力水準の変化となる。

図21 フリードマンの出生力モデル

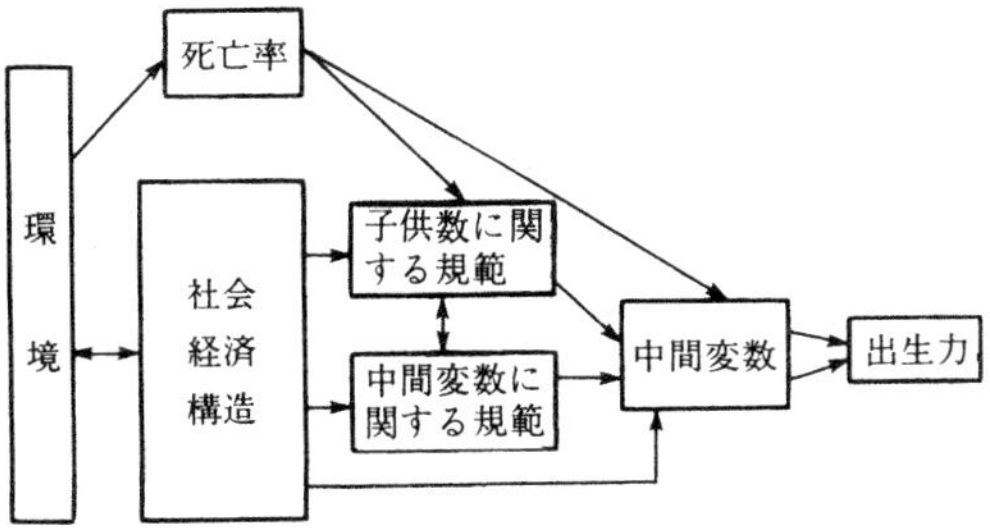


注：中間変数とはK. DavisとJ. Blakeのいう “intermediate variables” である.
出所： Freedman (1966).

## 七 わが国の出生率低下を考える

すでにわが国の出生率が欧米と同じように一対一の人口再生産も難しいくらいに低下していることを述べた。それはなぜであろうか。ベッカーは一九八一年出版された『家族論考』なる問題作において、西欧人の目からはそれは不可解だと述べている(Becker, 1981)。ベッカーによれば、この二〇年間欧米の出生率は極端に低下したが、その際三つの原因が考えられる。①は女性、特に有配偶女性の家庭外での就業の著しい増加、②高い離婚率、③ピルの解禁と普及である。②と③は日本では認められないし、①の条件は欧米諸国と比較すると半分あるいはそれ以下の低い状態にある。それにもかかわらず、日本の合計特殊出生率は一時一・七四まで下がり、一九八四年現在一・八一とかなり低い。これは不可解であるとベッカーは指摘するのである。

ベッカーの疑問に対していろいろな角度から答えることにしよう。

わが国の最近の出生率の低下は、夫婦一組当りの出産意欲や一生かけて生む子供総数が必ずしも減少したことによるものではなく、最近の晩婚化に基づくタイミングの変化、あるいは非婚化によるものである。つまり、女性の大学進学率が高まり、さらに結婚前にOLとして就業するのがあたり前となって非婚化・晩婚化が進み、そのため生み盛りの女性が生めないままに終るか、あるいは第一子・第二子の出産が遅れるからである。その結果、一時的にせよ現象的に合計特殊出生率が低下することはすでに図20によって示した。ちなみに日本では、女性、特に結婚した女性の就業率は欧米諸国と比較して確かに低いが、逆に女性の大学への進学率は欧米一般に比べて高く、また平均初婚年齢も非常に高い。

そして、わが国が欧米諸国、特に米国と決定的に異なる条件は、改めて言うまでもないが土地の狭小なこと、そして天然資源の貧弱なことである。しかも人口は一億二六〇〇万で人口密度は非常に高い。このような劣弱な生活空間と貧弱な自然資源のもとで、広大な国土と豊富な資源を誇る米国の国民の生活と比べて、わが国国民の間でいかに豊かな生活へと跳躍するスプリングボード、つまりライフチャンスが乏しいかがわかるであろう。筆者は一六年間米国に住んだ経験があるが、米国ではある程度の才能と努力があれば、一回チャンスを逃しても次のチャンスがすぐ回ってきて、そこで豊かな、生き甲斐のある生活へとチャレンジすることができる。人生に敗者復活戦はいくらでもあるというのが、実に羨しいと思ったことである。

わが国では、極言すればライフチャンスは一回しか巡ってこない。それは一八歳頃の大学受験の時である。そこで一流校に入学すればあとの進路は順風満帆、人生は薔薇の花で飾られ、失敗して三流校四流校に入ったのでは一生うだつが上がらないという神話がある。たとえば一九八五年二月に総理府が実施した「教育問題(学歴)に関する世論調査」によれば、対象者一万人の九割が現在の日本は学歴社会であることを実感しており、四七%が「もっと高い学歴を持っていればよかった」と答えている。その神話の牢固さのため、一流大学に入るためには一流高校へ入学しなくてはならぬ、一流高校へ入るためには一流中学へ入学しなくてはならぬ……という事態が発生して、今日の受験戦争なるものが起こり、教育改革への要請となっていることは周知の通りである。筆者の考えによれば、これは結局人口に対する資源の稀少性に端を発している。この稀少性のため日本人は先手必勝、先取りの原理によって動かざるを得ないのであり、戦争となれば信長が桶狭間の戦いで採った先制攻撃を良しとするメンタリティにつながっていくのであろう。

ともあれ、先手必勝はこのような幼稚園から始まる受験戦争に勝つための極意であり、乏しいライフチャンスを求めて子供は幼い時から学習塾、さらに予備校へと追い立てられ、家計からの「臨時教育支出」は増大する一方である。一九八六年の東京都の調査によれば、受験を中心にした月額教育費は一世帯平均七万二〇〇〇円に達し、これは家計費全体の二割強を占めるという(東京都生活文化局、一九八六)。受験生のいる家庭では、このような金銭上の支出が嵩むばかりでなく、莫大な精神的負担を強いられることになる。米国ではごく普通の光景である週末を一家で旅行して楽しむなど日本では沙汰の限りであり、一日中家の中を抜き足さし足で歩き、ひたすら息子が大学受験に成功することを祈る生活である。このようなプレッシャーが子供を生むことの報いだとしたならば、誰が三人四人の子を生むであろうか。

デュモンは先に社会毛細管説を唱えたが、現在の日本の八割を占めるいわゆる〝中流〟の家庭では、子供二人を大学に入れるだけで精一杯と言える。その上すでに子供の経済的効用はゼロに近く、子供が成人しても親は子と住むわけではなく、親が頼れるのは国や地方自治体からの年金と自分自身が貯めた預金ともなれば、子供を生むニーズは薄れてくるのである。

日本社会のもう一つの特徴は世界でも稀な同一言語、同一価値観の同質性であり、それに基づく準拠集団の鮮明さであろう。準拠集団的行動とは、同類と思えるお隣りが新車を買うからうちも買う、同僚がパソコンを買ったからうちも買うというようなお互いに社会上の地位・身分を比較し合いながら競争する行動である。野球選手が年収二億円もらっていても意に介さないが、同期に入社した同輩が自分より五万円も余分にボーナスをもらうと聞くと無性に腹が立つ。このように我々は自分が本来同類と考える集団を頭に描き、そこで人々がとる行為・業績に遅れをとらぬよう努力する。元来「適齢期」という考え方も準拠集団的行動である。日本の女性はこれまで適齢期にいっせいに結婚し、大体二年以内に第一子を出産するためか、毎年約半数近い子供は母親が二五－二九歳の年齢で生まれた。最近はこの傾向がいくらか薄れてきたけれども、特定年齢に半数もの出産が集中したのは日本だけである。ちなみに米国では一番多く子供を生む母の年齢は、ごく最近まで二〇－二四歳であり、今でも二五－二九歳の出生数と伯仲しているが、日本ではそれは一九八五年で一七％であり、九八年でわずか一五％にも達しない(US Bureau of the Census, 1998)。

日本人の準拠集団志向性は生む子供の数にも現われる。「子供は二人」という考え方がいつしか定着し、他方テレビ等のマスメディアにのって新しい電化製品、美しいヨーロッパへのパック旅行の広告が洪水のように押し寄せると、それらをエンジョイしないと人生で何か損をしているのではないかと思ってしまう。そうすると、三人も四人も子供を生み、子育てに忙殺されるのは何か馬鹿なことだけをしているのではないかという錯覚にとらわれる。このような草木も靡く「子供二人志向」があれば、出生率が低下するのは当然である。

さて、晩婚化は目に見えないところで影響力を持つ。出産活動はすぐれて生物学的行動であり、女子の妊娠する確率は二〇歳台は非常に高いが、三五歳になると最盛時の七五％くらいに落ちる(図19参照)。最近のわが国女子の晩婚化は著しく、平均初婚年齢は二六・七歳で二七歳に迫ろうとしている。最も妊孕力の高い二〇－二四歳の女子有配偶率は一九九五年に僅か一二％であり、同じころの米国の二七％、英国の三〇％、フランスの三二％に比べて二分の一以下である(UN, 1995 ; US, 1998)。二五歳で結婚しても、二五－二九歳の間に第一子と第二子を生めればよいが、何かの理由で生み遅れが起こると、第二子を三〇－三四歳あるいは三五歳で生もうとしても、妊孕力の低下により今度は生めないままに終ることもある。

いま三五歳の女性の妊孕力を最盛時の七五％とする。ところが三五歳の女性のうち一六％はすでに閉経を経て子供を生めない状態になっているので、女性としての妊娠力は0.75×0.84＝0.63となり、平均すると最盛時の約三分の二しかないことになる。最近のわが国の出生率低下には、以上のような生物学的制限が働いていることも理解しなければならない。

## 八　出生率はどうなるか

### 1　先進国の将来

わが国を含めて先進国の出生率を見通すことは難しいが、はっきり言えることは、人口置換水準、すなわち純再生産率一への回復が容易でないことである。

米国の経済学者イースタリンによれば、米国で一九二〇年代に生まれ、一九四〇年代か五〇年代に就業し始めた労働力は、その消費性向を一九三〇年代の大不況期に辛酸を嘗めた家庭で形成したので、繁栄の時期に育った次の世代の青年人口と比較して質素であり、きちんと結婚をし、最低二人ないし三人の子供は生み育てるという伝統的家族主義に忠実であったと考えられる。他方、この世代は比較的数の少ないコウホートであり、まさにこの少数性の故に、戦後経済の好況下で彼らの労働に対する需要が高かったがために多くの利点を持つことができたのである(Easterlin, 1978; 1980)。このように小さい人口数によって有利な経済的条件を備えたコウホートは、前後のコウホートに比べて早く結婚をすることが可能であり、また早い時期に第一子・第二子を生むことができる。しかも彼らが親の世代から受け継いだ比較的質素な消費パターンと大家族志向の地道な生活観が相乗効果をもたらし、これが戦後の米国のベビーブームを長く継続させた原因となった(Easterlin, 1978)。

しかし最近は、全く逆の、出生率を低くさせるような状況が出現している。それは、戦後のベビーブームの時期に生まれた大型コウホート(団塊の世代)が労働市場に参入する場合である。すなわち、一九六〇年代、一九七〇年代に新しく労働市場に参入した若い人口は、戦後の米国で繁栄を謳歌した家庭で育てられたが、そこで比較的ぜい沢な生活様式、消費性向を身につけてしまっている。ところが、これらの団塊の世代は、その数が相対的に大きいため、彼らの両親の世代、すなわち一九四〇年代、一九五〇年代に労働市場に入ったコウホートと比較して、就学・就職・結婚・昇進について不利である。この矛盾に対する彼らの反応は、結婚を遅らせ、出産を遅らせ、子供の数を少なくしても、生来身についた消費性向は維持することである。一九七〇年代の出生率低下はその辺の事情を物語る(Easterlin, 1978)。

さて、世代はめぐる。以上のように隣接の世代に比べて人口学的不利を経験した世代の家庭に一九七〇年代に生まれた比較的小型のコウホートが一九九〇年代に出産年齢に達するとき、彼らはまた相対的に高い経済チャンスをエンジョイすると予想される。同時に、彼らはその青少年期を、経済的にはあまり楽ではなかった団塊の世代の両親の下で育ったために、消費性向は比較的質素であり、再び早婚と早い時期に比較的沢山の子供を生むパターンを繰り返すものと考えられる。したがってイースタリンは、一九九〇年代に出生率が再び上昇すると示唆する(Easterlin, 1978 ; 1980)。

以上のイースタリンの相対的経済地位と出生率との関係のサイクル理論が正しく、米国のみならず全先進国に適応できるならば、現在の出生率の低下は上下に振動しながら進行するサイクルの一部であり、現在はたまたまサイクルの低いところに位置しているにすぎないということになる。しかし、はたして現在の欧米諸国の出生率の低下は一時的なものであろうか。

ウエストフはこのイースタリンの仮説に対して批判的である。その理由の一つとして、イースタリンの出生率サイクル振動が米国でわずか二回しか経験されていないこと、そして米国以外の先進国にはあまりよく当てはまらないことをあげている(Westoff, 1977)。しかしながら、ウエストフの最も重要な批判点は、イースタリンが、前述の欧米諸国の結婚と家族に関する「地すべり的」変化が不可逆的である点を無視しているという点にある。ウエストフによれば、女性の地位の向上、女性の労働参加と経済的独立性の高揚、未婚率・離婚率・同棲・非嫡出子の増加、そのいずれをとっても、義務教育の普及、乳児死亡率の低下と同じく不可逆であるという(Westoff, 1977 ; 1985)。

それに加えて、同じく決定的に不可逆的なものとして、家族計画が非常に普及したこと、最近はほぼ完全な安全効果を持つピルやIUD、不妊手術による避妊法が開発され、その利用が広範囲に普及したことがあげられる。さらにウエストフは論ずる。かりに小さいコウホートであるため相対的に経済的地位が向上したとしても、それが早婚あるいは高出生率と結びつくであろうか。その場合、夫婦は実際にはもっと広い家を購入するとか、より高級な家具・自動車を買うとか、あるいは就業中の妻はさらに収入の多い職種に転ずるといった事態にならないのかという疑問が生ずる。新しい世代のコウホートが小さく、相対的に恵まれた経済的機会を享受したからといって、再び前々世代の高出生率志向型に回帰するとは限らない。したがって、将来欧米諸国、特に米国の出生率が小さい波動を繰り返しても、それが純再生産率一、すなわち世代間で一対一の人口再生産を行い得るような水準には回復しないであろう(Westoff, 1978 ; 1983)。

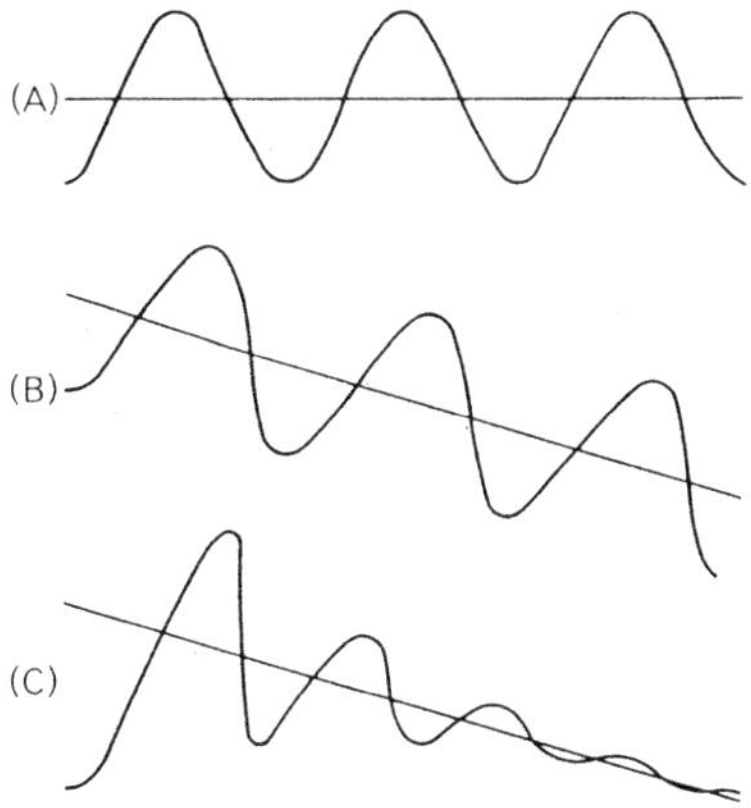


一九八一年一二月、フィリピンのマニラ市において国際人口学会(IUSSP)大会が開催された。大会第一日の冒頭において、当時の会長で世界の人口学の大御所コールは、欧米の出生率の現状に触れ、西欧社会では近い将来出生率が人口置換水準、すなわち純再生産率一までにはとても回復しないのではないかという悲観説を吐露した(Coale, 1983)。また大会中、コールと同じくプリンストン大学の出生力研究の一方の大家であるライダーは、イースタリンが唱える出生率の循環運動は認めるとしても、それは図の(A)のように水平な直線のまわりを波動して進むのではなく、(B)のように全体としては低下する方向に波動するのではないかと述べた(一九八一年筆者との対話)。筆

者も、どちらかというとウエストフ＝コール＝ライダーのプリンストングループの所説に賛成である。図に即して説明すると、経験的に第二の周期の振幅は第一の周期に比べて小さく、さらに第三の周期の振幅は第二のそれと比べて小さくなるのが普通であるので、もしそうならば、全体として将来にむかうほど低下しながら波動は収束するという(C)の形をとるかもしれない。そもそも時系列的にみても、経済と出生率の関係は決してストレートの関係にならない。一九六五年前後西欧でいっせいに出生率が低下したが、一九六〇年代は西欧が未曾有の経済的繁栄を謳歌した時代であった。また、西ドイツは当時世界最低の出生率を示すが、同国はヨーロッパのなかでも最も失業率が低く、経済の繁栄が一番顕著な国であった(Tabah, 1980)。

一九八四年四月、パリにヨーロッパ共同体(EC)加盟一〇カ国の社会・雇用関係大臣が集まり、現在の西欧の超低出生率の継続を憂い、将来各国の積極的人口政策を通じて一〇カ国の人口増加率を回復させるよう努力すべきであるとの決議を行った(Population Council, 1984)。ちなみにこれら一〇カ国の世界人口に占めるシェアは、一九五〇年には八・九％であったが、このままいくと二〇〇〇年には四・五％、二〇二五年にはわずか三・三％にまで低落すると予想されている(UN, 1986)。おそらく、今後、先進諸国の間でも人口委員会が開かれ、結婚と出産を奨励する政策の論議が活発となろう。しかし、その効果がどのようになるのかは不明である。

さて後日談であるが、実は米国の合計特殊出生率は表21に示すように、二・一近くにまで回復している。ただしそのメカニズムは、必ずしも前述のイースタリン仮説だけに沿って作動しているわけではなく、種々の米国独特の要因が介入している。それには、米国の経済好況に伴う、本書でも前に述べたこれまでの晩婚による出産の遅れを取り戻す(make-up)効果(九八ページ)、未婚女性の出生率増加、元来出生率の高いラテンアメリカ系の移民増加といった要因が考えられる(Preston, 1993)。

新しいミレニアムの始まる西暦二〇〇〇年にあたり、一つの結論めいたことを述べれば、現在の先進地域を覆い、やがて途上地域の一部をも呑みこもうとしている超少子化＝超低出生率の動向はこのまま際限なく続くとは考えられず、合計特殊出生率一・〇以上のところで止まるものと予想される。それ以後出生率はいくらか回復するであろうが、二・一の置換水準にまで反騰するのは至難の業であろうというのが大方の欧米人口学者の見解である。

欧米の学者の中にはバン・デ・カーのように、古典的な人口転換理論の少産少死を突き抜けた形での「第二の人口転換」を想定し(van de Kaa, 1987)、現在の超低出生率は現代社会の価値観の変換によるものだから、これはもはや一時的なものでなく、構造的で恒常的であると考える人が多い。筆者が一九九五年ミラノで開催されたヨーロッパ人口会議に出席した時の印象では、ヨーロッパの人口学者は現在の低出生率をすでに既成事実と捉え、あきらめているような状況であった。かつてスウェーデンは一九九〇年に合計特殊出生率が二・一四まで上昇し、これは女性の就業と出産・育児を両立させた手厚い福祉政策の成果であると喧伝された。しかし、その後、スウェーデンの出生率は急落し、現在一・五前後を低迷している(表21)。土地空間が豊かで、伝統的に出生力の高い異民族を迎えるにやぶさかでない米国、カナダ、オーストラリア、ニュージーランド以外の先進国は、日本も含めて、強力な出生増進政策を行わない限り、低出生率の罠からの脱出はむずかしい。しかし、そのような人口政策を行うべきかどうかについてもっと広く議論を行う必要がある。

## 2　発展途上国の出生率の将来

他方、発展途上国の出生率の将来はどうなるのであろうか。これについてはある意味で、先進国の場合よりももっと不確定の要素が多い。

先にも述べたように、発展途上国といっても決して一枚岩ではなく、その中のいわゆる「優等生グループ」といわれるシンガポール・中国・韓国・台湾、そしてタイ、さらにハイチを除いたカリブ海の島国、温帯南アメリカ三国(アルゼンチン・チリ・ウルグアイ)、中米のコスタリカ・パナマ、西欧に近いキプロス・イスラエル、そしてインド洋のモーリシャスとレユニオンはすでに相当の出生率の低下を示しており、その多くは合計特殊出生率がすでに先進国並みに二・〇か、あるいはそれを下回る状況である。すでに二・〇を大分下回ったシンガポール・韓国・台湾、そしていくつかのカリブ海の島嶼を除き、この「優等生」グループの出生率低下はさらに続き、時間差はあるにしてもやがて近い将来にすべて合計特殊出生率二・〇かそれ以下に低下するであろう。

これら「優等生グループ」の次に「準優等生グループ」とも呼ばれる、最近出生率低下の著しい国々がある。* それらは南東部アジアのマレーシア・フィリピン・インドネシア・ベトナム、そしてインドの周辺国では唯一のスリランカ、西部アジアのトルコ、ラテンアメリカのメキシコ・ブラジル・コロンビア・ガイアナ・ベネズエラといった国々である。これらのグループも出生率低下に加速がつきつつあり、二一世紀初頭には合計特殊出生率は二・〇に近づくであろう。

* ここで「優等生グループ」「準優等生グループ」という俗な表現をしたが、出生率が合計特殊出生率二・〇の辺りに低下したからその国の民族・文化的成熟度が秀れているという価値判断を本質的に含んだものではない。ただ多くの途上国は出生率の低下を望んでおり、さらに国連主催の一九七四年のブカレストでの世界人口会議、一九八四年のメキシコ市での国際人口会議での決議がいずれも途上国の高い出生率が低下することは望ましいと謳っている以上、「優等生グループ」の出生率低下の実績はサクセス・ストーリーとして賞められてもよいものだと考えられるからである。

さて、問題は残りの、インド亜大陸、中近東、そしてアフリカの諸国の出生率の動向である。これらの国々の人口は二〇〇〇年推計でざっと二五億で、途上国全体の五〇％を占める。この中で人口大国インド、北アフリカのエジプト・モロッコ・チュニジア等では最近ようやく初婚年齢の上昇と家族計画普及活動の効果が実を結び、出生率の低下にはずみがつき始めた。一九九八年の国連推計によれば、インドの合計特殊出生率は一九六〇－六五年に五・八一であったが、一九八〇－八五年には四・四七に、一九九五－二〇〇〇年には三・一三に低下した。二〇一〇－一五年には二・一〇とほぼ人口置換水準に達する見込みである。インドの中で最も女性の教育程度の高いケララ州は、合計特殊出生率がすでに九五年頃二・〇に低下しているという話である。同様にバングラデシュも、インド以上の速さで出生率が低下している。

このように一つ一つの地域にあたっていくと、最後に残るのはサハラ砂漠以南の国々、中近東のアラブ諸国、そしてインド亜大陸の回教徒国パキスタン、南東部アジアのカンボジアとラオス、内陸国アフガニスタン・ネパール・ブータン、そして中央アメリカのグアテマラ・ホンジュラス・ニカラグア、カリブ海のハイチ、南アメリカのボリビアである。途上地域人口の五分の一以上を占めるこれらの国々のなかには、現在も出生率が非常に高い国が多く、インド・バングラデシュに見られた地滑り的低下の徴候は乏しい。特にサハラ以南のブラック・アフリカの国々でそうである。

米国の人口レファレンス・ビューローの調べによれば、妻の年齢一五－四九歳の夫婦の避妊実行率は、途上地域全体で五五％、アジアで六〇％、ラテンアメリカ・カリブ海地域で六八％に達するが、サハラ以南のアフリカはわずか一八％で桁違いに低い (Population Reference Bureau, 1999)。もちろん、すでに述べたように、アフリカでは乳幼児死亡率が高く、都市化・工業化の程度が低いため、子供の経済的価値が相対的に高く、また社会において家族・部族の力がいぜん強大で、政治的・軍事的観点から沢山の子供が必要なのであろう。さらに女性の教育程度が低いので、家族計画の普及が浸透しないこともある。

国連は二年に一度世界各国に対して自国の人口増加率・出生率等をどう評価しているかの調査を実施している。十数年前までは、サハラ以南のアフリカ諸国は過半数が、自国の高出生率を不適当だとは解釈していなかった。したがって、家族計画を積極的に導入し、出生率を下げようという意欲に乏しかった。しかし一九九八年度のアンケートの回答状況をみると、四五のサハラ以南アフリカ諸国のうち三二カ国は自国の出生率が高すぎると認識し、しかもこれを低下させようとする政策を実施中と答えている。そこで、一九九四年に開催されたカイロ国際人口・開発会議のメイン・テーマである女性に対するリプロダクティブ・ヘルスとライツの考え方が有効に導入され、女性の教育程度が高まり、強固な家父長制家族のもとで本人の意志に反して子供を産まされていた状況が徐々に改善されれば、家族計画はもっと普及し、インド亜大陸でみられたような出生率低下も可能かもしれない。ただし、国連将来推計が予測するように、現在五・四八とまだ高いサハラ以南アフリカの合計特殊出生率が本当に二〇五〇年までに二・一〇に低下するかどうかについては、現在のところ疑問点も多い。

# 第五章　人口構造の変化と高齢化

## 一　人口構造変化と高齢化

前章で述べた出生率の低下の帰結が、人口構造の変化であり、特に人口の高齢化である。

いま、人口の年齢構造を大きく三つの部分に分けて考える。第一は一五歳未満の年少人口と呼ばれる部分、第二は一五歳から六四歳までの生産年齢人口と呼ばれる部分、そして第三に六五歳以上の老年人口あるいは老齢人口と呼ばれる部分である。国によって年齢区分の定義に差があるし、またその年齢区分にあるものが実際にすべてそうだとは限らないが、一般に一国の経済活動を担う人口は一五歳から六四歳までの生産年齢人口であり、一五歳未満と六五歳以上の人口は従属負担人口(dependent population)、つまり、生産年齢人口に扶養される人口と考えられる。人口高齢化とは、この六五歳以上の老年人口の比率が増加することである。

国連の一九五六年の「人口高齢化とその経済社会的含蓄」と題する報告書は、老年人口比率が七%以上になったとき、その人口は高齢化していると規定している(UN, 1956b)。しかし、この七%という数字は今から三〇年前の世界の人口情勢から割り出したものであり、決して絶対的なものではない。現在の各国の高齢化の状況をみると、七%はやや低すぎ、一〇%というのがより妥当であるとも考えられる。さらに高齢化の指標として、生産年齢人口に対する老年人口の比率、あるいは一五歳未満の年少人口に対する老年人口の比率が想定される。前者は老年人口指標であり、後者は老年化指数、すなわち老若《ろうにゃく》の比率である。これらの比率は、多くの場合、六五歳以上人口比率よりもシャープに高齢化の程度を表現することがあるので有用である。

人口学においては、人口の年齢構造の変化は出生率の変化の影響が大きく、死亡率の変化によるところは小さいというのが定説である。一般には、平均寿命の伸長、すなわち死亡率の低下が人口高齢化をもたらすという考え方が流布しているが、これは、一部の例外を除いて誤りである。最近までの平均寿命の伸長は、乳幼児死亡率を中心とする年少人口の死亡率の低下に負うところが大きかった。年少人口の死亡率が低下すると、人口ピラミッドの底辺が膨れ上がってくる。ということは、この場合人口は高齢化するどころかむしろ若年化することになる。もっとも、一般に死亡率が低下するときは全年齢にそって起こる。したがって中高年の部分、すなわち人口ピラミッドの上層のところでも死亡率の低下が起こるのが普通であるから、この人口若年化の傾向はかなりの程度相殺され、結局平均寿命の上昇はあまり年齢構造に影響を及ぼさない結果になる。

ところが、出生率の低下は、それが必ず人口ピラミッドの底辺を縮小させる方向にしか働かないので、これこそが人口高齢化の最大の要因になることが、理論的にも、あるいは実際の計算においても明らかにされている(Coale, 1956)。その証拠に、わが国においても出生率の低下が微少であった戦前においては、死亡率が低下していたにもかかわらず、表22に示されるように、六五歳以上人口の比率は一九三〇年までむしろ減少していた。一九六五年くらいまでは、平均寿命の伸長に対して年少人口における死亡率の低下が二分の一以上は貢献していたのである(第三章表15参照)。

ところが、ここで特記しておくべきことは最近のわが国における年齢別死亡率の変化である。表23は老年人口比率が七%に達し、一〇%になろうとする日本の高齢化のターニング・ポイントの時代に、平均寿命の伸びがどの年齢階級の死亡率低下によってもたらされたかを示すものである。一九六〇年代前半では男女ともまだ年少人口の死亡率低下が大きな寄与率を示していたが、七〇年以後ではむしろ老年人口の死亡率改善がより大きな寄与率を示している。すなわち、一九六〇年から六五年にかけて男子の平均寿命は六五・三二歳から六七・七四歳へと二・四二歳伸びたが、

表22 日本の人口における年齢構造の推移：1884-2000

| 年次 | 人口割合 (%) | | | 平均年齢（歳） |
|---|---|---|---|---|
| | 0-14歳 | 15-64歳 | 65歳以上 | |
| 1884 | 31.63 | 62.65 | 5.72 | 28.9 |
| 88 | 33.73 | 60.77 | 5.49 | 28.2 |
| 98 | 32.83 | 61.67 | 5.49 | 28.0 |
| 1908 | 34.22 | 60.53 | 5.25 | 27.7 |
| 20 | 36.48 | 58.26 | 5.26 | 26.7 |
| 30 | 36.59 | 58.66 | 4.75 | 26.3 |
| 40 | 36.68 | 58.52 | 4.80 | 26.6 |
| 47 | 35.30 | 59.90 | 4.79 | 26.6 |
| 50 | 35.37 | 59.69 | 4.94 | 26.6 |
| 55 | 33.38 | 61.30 | 5.32 | 27.6 |
| 60 | 30.04 | 64.23 | 5.73 | 29.1 |
| 65 | 25.61 | 68.10 | 6.29 | 30.4 |
| 70 | 23.93 | 69.00 | 7.07 | 31.5 |
| 75 | 24.33 | 67.75 | 7.92 | 32.5 |
| 80 | 23.51 | 67.39 | 9.10 | 33.9 |
| 85 | 21.51 | 68.18 | 10.30 | 35.7 |
| 90 | 18.19 | 69.50 | 12.05 | 37.6 |
| 95 | 15.94 | 69.42 | 14.54 | 39.6 |
| 96 | 15.64 | 69.25 | 15.11 | 39.9 |
| 97 | 15.35 | 68.99 | 15.66 | 40.3 |
| 98 | 15.07 | 68.72 | 16.21 | 40.7 |
| 99 | 14.86 | 68.44 | 16.70 | 41.0 |
| 2000 | 14.66 | 68.10 | 17.24 | 41.3 |

出所：総務庁統計局国勢調査．国立社会保障・人口問題研究所の人口推計（1997），および『人口統計資料集』（1999）による．いずれも10月1日現在人口．

それに対する寄与率は一五歳未満が四三・八％で、六五歳以上がわずか一八・九％であった。同じ期間女子の平均寿命は七〇・一九歳から七二・九二歳へと二・七三歳伸びたが、一五歳未満の寄与率は三八・八％、六五歳以上二一・六％であった。しかし一九八〇―八四年では一五歳未満の寄与率は男子一五・四％、女子一一・三％と減少し、逆に六五歳以上で男子五九・〇％、女子六五・二％と非常に上昇している。これは世界の人口史上全く新しい現象である。このように中高年部分の死亡率改善のシェアが半分を超える状況になれば、平均寿命の伸びはそのまま高齢化を促進することになり、すでに第二次大戦後四〇年にわたって進行していた出生率低下の高齢化効果をさらに加速させることとなろう。

人口高齢化は、何も第二次世界大戦後にのみ見られるユニークな人口現象ではない。大戦以前にもこの問題は欧米諸国において注目されていた。例えばすでに一九三九年、英国の経済学者レダウェイは、英国人口の将来は高齢化であることを論じている（Reddaway, 1939）。しかしながら、戦争後はベビーブームの到来、途上国における人口爆発といった状況の下で、この問題は表だってはあまり問題にされなかった。一九六〇年代と

表23　平均寿命の伸びに対する年齢別死亡率低下の寄与率：1960-1984

| 年　齢 | 年次別寄与率（%） | | | | |
|---|---|---|---|---|---|
| | 1960-65 | 1965-70 | 1970-75 | 1975-80 | 1980-84 |
| 男子<br>平均寿命<br>の伸び | 2.42歳<br>=100.0 | 1.57歳<br>=100.0 | 2.42歳<br>=100.0 | 1.62歳<br>=100.0 | 1.19歳<br>=100.0 |
| 1歳未満 | 28.6 | 27.8 | 12.4 | 11.6 | 9.2 |
| 1-4歳 | 10.3 | 5.1 | 3.2 | 3.6 | 4.4 |
| 5-14 | 4.9 | 3.8 | 3.5 | 3.3 | 1.8 |
| 15-34 | 14.3 | 5.4 | 13.9 | 10.0 | 4.6 |
| 35-49 | 7.2 | 8.1 | 9.8 | 12.2 | 10.8 |
| 50-64 | 15.8 | 23.3 | 24.5 | 17.4 | 9.4 |
| 65-74 | 11.7 | 14.1 | 18.6 | 22.8 | 36.5 |
| 75歳以上 | 7.2 | 12.5 | 14.0 | 19.1 | 22.5 |
| 女子<br>平均寿命<br>の伸び | 2.73歳<br>=100.0 | 1.74歳<br>=100.0 | 2.23歳<br>=100.0 | 1.87歳<br>=100.0 | 1.42歳<br>=100.0 |
| 1歳未満 | 24.9 | 19.3 | 10.0 | 7.7 | 8.2 |
| 1-4歳 | 9.1 | 4.4 | 2.5 | 2.8 | 1.6 |
| 5-14 | 4.8 | 2.0 | 2.5 | 2.3 | 1.5 |
| 15-34 | 14.3 | 7.2 | 9.0 | 6.5 | 2.8 |
| 35-49 | 10.0 | 9.9 | 10.3 | 8.1 | 4.4 |
| 50-64 | 15.4 | 18.2 | 21.1 | 17.5 | 16.3 |
| 65-74 | 11.0 | 21.9 | 16.5 | 23.7 | 24.4 |
| 75歳以上 | 10.6 | 17.1 | 28.1 | 31.4 | 40.8 |

出所：計算に用いた生命表は，厚生省統計情報部『完全生命表』および『簡易生命表』の各該当年次である．ちなみに男女の平均寿命は次の通り．

| 年　次 | 1960 | 1965 | 1970 | 1975 | 1980 | 1984 |
|---|---|---|---|---|---|---|
| 男 | 65.32 | 67.74 | 69.31 | 71.73 | 73.35 | 74.54 |
| 女 | 70.19 | 72.92 | 74.66 | 76.89 | 78.76 | 80.18 |

一九七〇年代前半までにおける人口問題は途上国の高出生率と人口増加であり、家族計画の普及が人口活動の主体をなしていたと言ってよい。しかし、一方では欧米諸国の出生率が想像を絶する水準にまで下がり、かつ途上国の中でも中国をはじめ東部アジア、ラテンアメリカで出生率が人口の置換水準以下にまで低下する国が増えると、再び人口高齢化の問題が先進国だけでなく途上国においても多くの論議を呼ぶことになった。一九八二年七月二六日から八月六日まで一二日間ウィーンにおいて開かれた国連最初の世界高齢化会議において、先進国のみならず多くの途上国の代表が出席し活発な議論を展開したことはその明らかな徴候であろう(UN, 1982c)。

以上述べてきたことを背景として、世界と日本の高齢化を展望し、さらには社会経済に与えるインパクト、影響を概観し、そして我々はこの人口高齢化にいかに対処するべきかを以下論じてみたい。

## 二　「南」「北」における年齢構成と高齢化

### 1　生産年齢人口の比率

表24は世界を先進・途上地域に分けて年齢三区分の人口とその総人口に占める構成比率を一九五〇年、一九七五年、二〇〇〇年、二〇二五年、二〇五〇年の時点で示したものである。二〇二五年と二〇五〇年の数字は将来推計値であるが、急激に進行する高齢化の状況を考え、参考までに掲げた。

表24からどのような点が明らかになるであろうか。第一に、年齢構成に関する先進地域と途上地域の大きな違いに注目したい。第二次世界大戦の終了した年から五年目の一九五〇年におけるそれぞれの年齢構成をみると、すべてにおいて先進地域と途上地域は対照的である。先進地域は一五歳未満の年少人口の比率と老年人口の比率が小さく、一五―六四歳の生産年齢人口の比率が大きい。これに反して、途上地域は年少人口の比率が大きく、生産年齢人口の比率と老年人口の比率が小さい。特に注目すべきは、一国の経済活動を担う生産年齢人口が先進地域で相対的に大きいことであり、その構成比率は一九五〇年で途上地域より六・五ポイント多い。このことは、年齢構成上、先進地域が経済成長のための有利な条件を備えていたことを意味する。一方途上地域は、年少人口の割合が大きく、経済の担い手である生産年齢人口の層がうすいため、他の条件が一定ならば、経済成長のためには不利な条件を備えていたことになる。

一九七五年になると、途上地域の一五歳未満の人口比率は上昇し、四〇%を超える。生産年齢人口比率はさらに縮小し、僅かに半数を超えるのみである。この年少人口比率の拡大は、すでに述べたように近代医学の導入、公衆衛生

表 24　世界の先進・途上地域別年齢 3 大区分別人口の推移：1950-2050

| 年次・地域 | 人口（百万人） | | | | 年齢構成比率（%） | | |
|---|---|---|---|---|---|---|---|
| | 総　数 | 0-14 歳 | 15-64 歳 | 65 歳以上 | 0-14 歳 | 15-64 歳 | 65 歳以上 |
| 1950 | | | | | | | |
| 世　　　界 | 2,521 | 867 | 1,524 | 131 | 34.4 | 60.5 | 5.2 |
| 先 進 地 域 | 812 | 222 | 526 | 64 | 27.3 | 64.8 | 7.9 |
| 途 上 地 域 | 1,709 | 645 | 997 | 67 | 37.7 | 58.3 | 3.9 |
| 1975 | | | | | | | |
| 世　　　界 | 4,075 | 1,504 | 2,341 | 230 | 36.9 | 57.4 | 5.6 |
| 先 進 地 域 | 1,048 | 254 | 682 | 113 | 24.2 | 65.1 | 10.8 |
| 途 上 地 域 | 3,026 | 1,250 | 1,659 | 118 | 41.3 | 54.8 | 3.9 |
| 2000 | | | | | | | |
| 世　　　界 | 6,055 | 1,800 | 3,837 | 419 | 29.7 | 63.4 | 6.9 |
| 先 進 地 域 | 1,188 | 217 | 801 | 171 | 18.2 | 67.4 | 14.4 |
| 途 上 地 域 | 4,867 | 1,583 | 3,036 | 248 | 32.5 | 62.4 | 5.1 |
| 2025 | | | | | | | |
| 世　　　界 | 7,824 | 1,836 | 5,171 | 817 | 23.5 | 66.1 | 10.4 |
| 先 進 地 域 | 1,215 | 190 | 770 | 254 | 15.6 | 63.4 | 20.9 |
| 途 上 地 域 | 6,609 | 1,646 | 4,400 | 563 | 24.9 | 66.6 | 8.5 |
| 2050 | | | | | | | |
| 世　　　界 | 8,909 | 1,746 | 5,704 | 1,459 | 19.6 | 64.0 | 16.4 |
| 先 進 地 域 | 1,155 | 177 | 679 | 299 | 15.3 | 58.8 | 25.9 |
| 途 上 地 域 | 7,754 | 1,569 | 5,025 | 1,159 | 20.2 | 64.8 | 14.9 |

出所：UN (1999a).

の普及に伴う乳幼児死亡率の低下によって、人口若年化が起きたことが最大の原因である。二〇〇〇年になると、途上地域でも出生率の低下が年少人口比率の顕著な縮小をもたらすが、先進地域では一九六五年前後に始まった地すべり的出生率低下のため、年少人口の比率が途上地域と平行してさらに大きく縮小している点が興味深い。先進地域では、一方では高齢化がどんどん進行してはいるものの、それを上回る年少人口の減少によって生産年齢人口比率が総人口の三分の二を占めるまでに拡大し、人口学的に有利な条件を備えることとなる。

さて、二〇〇〇年をすぎてからの「南」と「北」の人口構造はどのようになるであろうか。国連の推計によれば、途上地域で出生率低下がようやく加速化すると予想される。先進地域においては人口高齢化によって老年人口が急速に増えるが、出生率低下が下げ止まりになって年少人口の比率はこれ以上大きく減少せず、したがって生産年齢人口の比率が減少するのに対し、途上地域では老年人口比率の増加が比較的緩慢であるため、生産年齢人口の比率は増加し、遂には先進地域の比率を上回るであろう。このようにして二一世紀になると、年少人口の比率は小さく、しかし老年人口の負担がまだ軽い途上地域は、ようやくにして人口学的に有利な年齢構造を持つことになり、経済発展にとっては有利な条件が備わってくるであろうと予測される。

しかし、ここで見逃すことのできないのは、人口の絶対数の重みである。表24によれば、二〇二五年の途上地域の年少人口は一六億四六〇〇万人と一九五〇年の途上地域の全人口にほぼ匹敵し、さらに、一九七五年の五倍、二〇〇〇年の二倍以上の老年人口を抱えることとなる。途上地域はようやく人口学的に有利な構造を持つに至るまで、合計二二億の従属人口負担を支えることができるであろうか。

さらに大きな問題は、中国のような出生率低下の著しい国、そして高齢化の傾向の激しい国に鮮烈にみられるであろう。国連の中位推計によれば、中国の六五歳以上人口は二〇〇〇年に八七〇〇万人であるが、二〇五〇年には三億三四〇〇万人に膨れ上がると予想される。インド亜大陸の国々も、いくらかのタイムラグをおいてこれに比例した膨大な老年人口を抱えることは確実である。いまだ貧しい中国が、あるいはインドが、どうやってこれらの巨大な老年者を経済的に支え、介護していくのか、ここら辺りが二一世紀の途上国の最大の課題の一つになる可能性がある。

## 2　人口ピラミッド

図22は先進国を代表してスウェーデンとイギリス、途上国を代表してブラジルとガーナの二〇〇〇年における人口ピラミッドを示したものである。そして参考までに一九三〇年と二〇〇〇年の日本のピラミッドも示している。いずれも全体を一〇〇とするパーセント分布であり、目盛りは一定であるので、六つのピラミッドの総面積は同じということになる。

一方ではスウェーデンとイギリス、他方ではブラジルとガーナ、特にガーナの年齢構造のプロフィールは非常に対

図22　先進国と途上国の年齢構成の比較および日本の年齢構成の変化

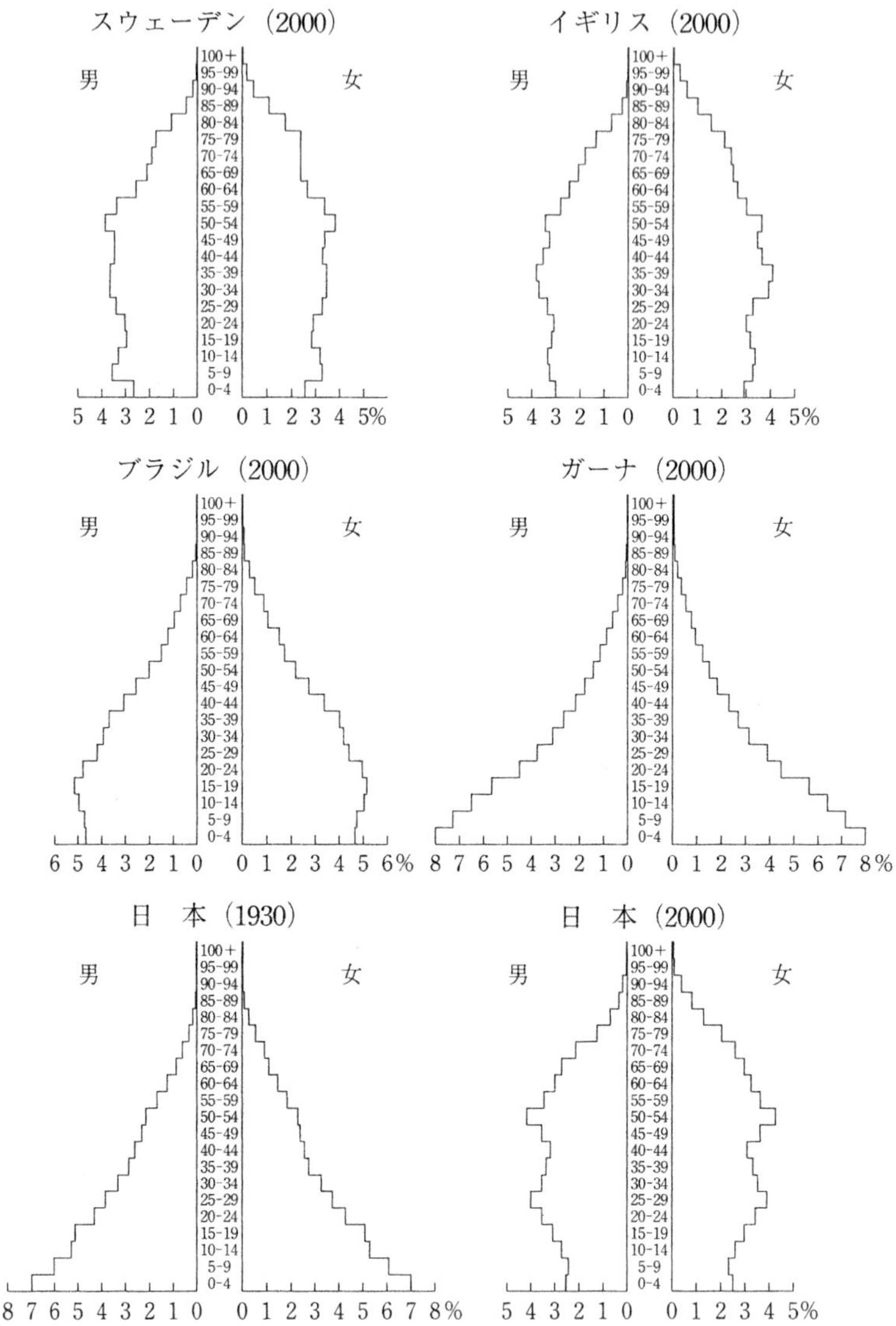


出所：UN（1999a）．日本は国勢調査による．

照的である。ガーナの人口ピラミッドは文字通りピラミッド型であり、幼少年期の底辺が大きく老年期の上層部分が小さいのに対し、スウェーデンとイギリスのそれは釣り鐘型あるいは壺型で、老年期の部分が厚く底辺がすぼんだ形となっている。ブラジルとガーナは人口が若く、スウェーデンとイギリスは高齢化した状況を表わす。ガーナの人口の底辺が大きいことは高い出生率の反映にほかならないが、年齢が高くなるにつれて各年齢の人口が急速に縮小するのは、生残率が低いこと、すなわち各階級の死亡率が高いことを意味する。逆にスウェーデン・イギリスで底辺が小さいのはもちろん出生率が低いためであるが、中高年のところのピラミッドの輪郭は凹型でなく凸型で、往々にして垂直に近い稜線を見せるのは、これら先進国での生残率が一に近い大きさであることを示している。ブラジルの場合はスウェーデン・イギリスとガーナの中間ともいえるもので、一五年前はガーナに近かったが、最近の急速な出生率低下の影響を受けて、底辺部分が狭くなり壷型になりつつあるのが認められる。

わが国の人口ピラミッドをみてみよう。一九三〇年のものはガーナ型と似ており、戦前は多産多死という特徴をもつ発展途上型の人口構成に外ならなかった。ところが二〇〇〇年の年齢構造は、全体の輪郭としてまぎれもなく欧米型である。七〇年の間に、わが国は多産多死から少産少死への人口転換を完全に成し遂げたことをこの二つの図は示している。ちなみに、日本の二〇〇〇年のプロフィールは過去の戦争、そしてベビーブームの影響を明瞭に表現している。五〇－五四歳の大きな人口は一九四七－四九年に起きた第一次ベビーブームの効果であり、二五－二九歳の突出部分は第二次ベビーブームの影響である。

## 3　従属人口指数

従属人口指数とは英語の dependency ratio の訳である。それは別の言葉で人口負担係数とも言えるものであり、一五歳から六四歳までの生産年齢人口をいわば経済活動上現役であるものとみて、これが一五歳未満の年少人口と六五歳以上の老年人口を扶養しなければならないと考え、後者の前者に対する比率を表わす。つまり、

表25　スウェーデン，イギリス，ブラジル，ガーナ
および日本の従属人口指数と老年化指数　(%)

| 年次・地域 | 従属人口指数 | | | 老年化指数 |
|---|---|---|---|---|
| | 総数 | 年少人口 | 老年人口 | |
| 1950 | | | | |
| スウェーデン | 50.8 | 35.3 | 15.5 | 43.7 |
| イギリス | 49.4 | 33.4 | 16.0 | 48.0 |
| ブラジル | 80.3 | 74.9 | 5.4 | 7.2 |
| ガーナ | 90.7 | 86.0 | 4.7 | 5.5 |
| 日本 | 67.5 | 59.3 | 8.3 | 14.0 |
| 1985 | | | | |
| スウェーデン | 54.8 | 27.1 | 27.6 | 101.9 |
| イギリス | 52.3 | 29.3 | 23.0 | 78.5 |
| ブラジル | 68.7 | 61.7 | 7.0 | 11.3 |
| ガーナ | 93.4 | 87.9 | 5.5 | 6.3 |
| 日本 | 46.7 | 31.6 | 15.1 | 47.9 |
| 2000 | | | | |
| スウェーデン | 55.3 | 28.3 | 27.1 | 95.7 |
| イギリス | 53.5 | 28.9 | 24.6 | 85.2 |
| ブラジル | 51.4 | 43.7 | 7.8 | 17.8 |
| ガーナ | 86.2 | 80.4 | 5.9 | 7.3 |
| 日本 | 46.8 | 21.5 | 25.3 | 117.6 |

出所：日本以外はUN (1999a) による．日本については1950年と1985年は国勢調査の結果により，2000年は国立社会保障・人口問題研究所の1997年将来人口推計による．

$$\frac{(15\text{歳未満人口})+(65\text{歳以上人口})}{(15\text{-}64\text{歳人口})}\times 100$$

で計算したものである。これは、生産年齢人口が年少人口と老年人口を扶養するために支えなければならない負担の重みを示す。すでに触れたように、従属人口指数のうち、年少人口の生産年齢人口に対する比率が年少(従属)人口指数、老年人口の生産年齢人口に対する比率が老年(従属)人口指数と呼ばれ、それぞれ生産年齢人口一〇〇人に対する従属負担を表わす。さらにまた、年少人口一〇〇人に対する老年人口の割合を示す老年化指数という指標も使われる。表25は図22に対応させて、スウェーデン、イギリス、ブラジル、ガーナ、そして日本について、これらの指数をまとめたものである。

表25からすぐわかるように、スウェーデン・イギリスと比べてブラジル・ガーナは高い従属人口指数を示している。一九五〇年から八五年にかけてブラジルの従属人口指数は低減しているが、ガーナは上昇し、スウェーデン・イギリスとの格差は開いている。途上国の高い従属人口指数の主因はその高い年少従属人口指数にある。一九五〇年のブラジル・ガーナはスウェーデン・イギリスのほぼ二倍あるいは三倍近い高い年少従属人口指数を示している。二〇〇〇

年にはスウェーデン・イギリスとブラジルの全体の従属人口指数はかなり接近してきたが、中味はかなり異なり、ブラジルの老年従属人口指数は低い。二〇〇〇年になると、ブラジル・ガーナでは年少従属人口比率が相当程度低下するけれども、老年従属人口指数はまだあまり増加しない。もし年少人口の負担が老年人口の負担より軽いと仮定すると、ブラジル・ガーナの従属人口指数全体はスウェーデン・イギリスより大きくても、相対的負担はむしろ軽いという結果になるかもしれない。

表26　世界の先進・途上地域別従属人口指数および老年化指数：1950-2050

| 年次・地域 | 従属人口指数 | | | 老年化指数 |
|---|---|---|---|---|
| | 総数 | 年少人口 | 老年人口 | |
| 1950 | | | | |
| 世界 | 65.5 | 56.9 | 8.6 | 15.1 |
| 先進地域 | 54.4 | 42.2 | 12.2 | 28.8 |
| 途上地域 | 71.3 | 64.7 | 6.7 | 10.4 |
| 1975 | | | | |
| 世界 | 74.1 | 64.3 | 9.8 | 15.3 |
| 先進地域 | 53.8 | 37.2 | 16.5 | 44.5 |
| 途上地域 | 82.4 | 75.4 | 7.1 | 9.4 |
| 2000 | | | | |
| 世界 | 57.8 | 46.9 | 10.9 | 23.3 |
| 先進地域 | 48.3 | 27.0 | 21.3 | 78.8 |
| 途上地域 | 60.3 | 52.1 | 8.2 | 15.7 |
| 2025 | | | | |
| 世界 | 51.3 | 35.5 | 15.8 | 44.5 |
| 先進地域 | 57.7 | 24.7 | 33.0 | 133.7 |
| 途上地域 | 50.2 | 37.4 | 12.8 | 34.2 |
| 2050 | | | | |
| 世界 | 56.2 | 30.6 | 25.6 | 83.5 |
| 先進地域 | 70.2 | 26.1 | 44.1 | 168.8 |
| 途上地域 | 54.3 | 31.2 | 23.1 | 73.9 |

出所：UN (1999a).

それとは逆にスウェーデンの老年従属人口指数は一九八五年にすでに年少従属人口指数以上に達し、したがって老年化指数は一〇二と、一〇〇を超える。老年化指数が一〇〇を超えるということは、子供より老人が多い社会を意味するが、これは世界人口史上空前のことである。ちなみに一九九七年の国立社会保障・人口問題研究所の推計によれば、わが国の老年化指数は一九九七年にすでに一〇〇を超え、最大二四七(二〇五〇年)となることが予想される。スウェーデンでは一九五〇年には現役六・五人で一人の老人を養うという状況であったが、一九八五年にはこれが三・六人に一人の比率に上昇している。わが国では、一九五〇年には一二・〇人の現役で一人の老人を支えればよかったが、一九八五年には六・六人に一人、二〇〇〇年には四・〇人に一人と、負担率上昇が顕著である。

表26は、この指標を先進・途上地域別にまとめたものである。この表によれば途上地域は先進地域に比べて非常に高い従属人口指数を過去・現在示したが、やがて先進地域の高齢化が将来大いに進むと、両者は逆転する。表26によると、二〇二五年および二〇五〇年には途上地域全体の従属人口指数は先進地域全体のそれを下回ると予想される。しかも、老年従属人口指数は先進地域の半分くらいかそれ以下である。もし年少人口一人当りの負担が老年人口のそれよりも軽ければ、途上地域の生産年齢人口の支える被扶養者の重みが先進地域のそれよりもかなり低い状況が出現し、それからしばらくの間は、途上国は経済社会開発のために有利な人口学的条件を備えることが予想されるかもしれない。

## 三　人口高齢化の社会経済的意味

人口高齢化とその社会経済的意味についてはすでに多くの論文・書籍が刊行され、広範囲な主張が行われている。今までの論点の最大のものは、高齢化がすでに相当程度進行している欧米諸国、そして近未来の日本においても、老年人口の比率が増大し、それにつれて老年従属人口指数も急上昇して、老人のための社会保障費(年金と老人医療費)が爆発的に増加し、このままだと国の財政がパンクするであろうという論点である。その次によく聞かれるのは、人口高齢化に伴って老人単独世帯が増えたり、あるいは老人のいる世帯が増えるが、わが国の家族は高齢化を支えられるのかという議論である。

しかし人口構成の変化と経済社会の変容あるいは対応を社会人口学的観点から眺めたものは意外に少ない。ここでは人口高齢化の社会的意味について、いくつかの角度から考えてみたい。

表27 先進主要国の社会保障給付費および租税・社会保障負担の対国民所得費：1993

| 国名 | 社会保障給付費の対国民所得比 | 老年人口比率(65歳以上人口比率) | 租税・社会保障負担の対国民所得比 | | |
|---|---|---|---|---|---|
| | | | 租税負担 | 社会保障負担 | 計 |
| 日本 | 15.2 | 13.6 | 24.4 | 12.1 | 36.5 |
| 1996年度 | 17.2 | 15.1 | 23.0 | 13.2 | 36.2 |
| 米国 | 18.7* | 12.7 | 25.2 | 10.2 | 35.4 |
| イギリス | 27.2 | 15.8 | 35.8 | 10.2 | 46.0 |
| ドイツ | 33.3 | 15.1 | 31.3 | 24.9 | 56.2 |
| フランス | 37.7 | 14.5 | 33.5 | 29.1 | 62.6 |
| スウェーデン | 53.4 | 17.6 | 50.5 | 19.9 | 70.4 |

注：*米国の社会保障給付費は1992年のもの.
出所：厚生省（1999), p. 305.

## 1 社会保障費の増加

欧米諸国や日本においては、人口高齢化の進行に伴い、増大する老年人口を支える社会保障費の負担が増大することは、すでに常識とさえなっている。この意味で、先進国においては人口高齢化の問題が共通して最大の人口問題になりつつある。

すでに述べたように、欧米諸国や日本においては長年の出生率低下と最近の老年期における死亡率改善の結果、老年従属人口指数が大幅に上昇した。これが、各国の国家財政に占める社会保障費の比重を大幅に押し上げることになったのである。表27によって一九九三年の先進主要国の社会保障給付費(年金・医療・その他)の対国民所得比をみると、スウェーデンのように多い国では実に五三%にも達している(一九七一年の比率は二六・三%であった)。西ドイツでは一九七一年には二〇・九%であったが、統一後の一九九三年には三三%に達している(『厚生統計要覧』一九九八年版)。もちろん社会保障給付費のすべてが老人に対するものではないが、その大半が老年人口に対する社会保障であることは疑いのないところである。スウェーデンの国民所得に対する社会保障費の比率約五三%のうち四分の三は老年人口に対するものと考えてよい。ともあれ、このような社会保障費の大きさは国民、特に租税を支払う人々に対して大きな負担をもたらすことは明らかである。

わが国については、いろいろな機関による社会保障費の国民所得に対する比率の将来推計が行われている。その多くが二〇二五年には三一%前後にも及ぶものとしている(山崎、一九九六)。社会保障費は、二〇二五年には、現在のドイツに近くなるわけで、その四分の三が老人に対するものと仮定すると、国民所得の約二三%が老人の社会保障にあてられなければならない計算となる。また、租税と社会保障負担(医療・年金)の合計額が国民所得に占める比率を国民負担率というが、日本の場合、現在の三七%はこのままだと五〇%を超えることも考えられる。はたして、日本はそのような国民負担率の増加を支えることができるであろうか。これについては、後の項においてさらに検討してみたい。

## 2 家族構造の変化

人口高齢化とほぼ並行して進行しているのが家族と世帯構成の変化である。欧米先進国においては、日本・韓国や他の東アジアの国々と違って、親が成人して結婚している息子夫婦や娘夫婦と一緒に住む習慣がないから、老年期の死亡率の低下とそれに伴う人口高齢化によって、老人夫婦だけの世帯か、一人暮らしの老人の世帯の増加が大きく見込まれることとなる。

表28は一九六五年、七五年、八一年における米国の五五歳以上の男女がどのような住み方をしていたのかを示したものであるが、一九六五年から八一年にかけて一人だけで住んでいる人達が比率の上で増加していることが読み取れる。また、特に顕著なのは女子の一人暮らしの増加で、七五歳以上をとると、一九六五年には二九・九%しかいなかったのが八一年には四五・一%へと激増している。一九六五年の七五歳以上の女子人口は三九〇万人で、八一年のそれは六六〇万人と総数も増加しているので、この間の一人暮らしの女子の実数は二・六倍に膨れ上がった勘定になる。夫婦だけの世帯(「配偶者と同居」)の比率は全般的に増加の傾向にはあるが、際立ったものではない。これに反して、「配偶者以外との同居」つまり三世代同居やその他の比率は、一般に男女とも五五歳以上のそれぞれの年齢階級にお

表28 米国における55歳以上人口の男女・年齢別居住の形態 (%)

| 居住の形態と年次 | 男子 | | | | 女子 | | | |
|---|---|---|---|---|---|---|---|---|
| | 55-64歳 | 65-74歳 | 75歳以上 | 65歳以上 | 55-64歳 | 65-74歳 | 75歳以上 | 65歳以上 |
| 1981年全人口 | 100.0 | 100.0 | 100.0 | 100.0 | 100.0 | 100.0 | 100.0 | 100.0 |
| 世帯に住んでいるもの | 98.5 | 97.9 | 92.9 | 96.2 | 99.1 | 97.8 | 88.3 | 93.8 |
| 1人で住んでいるもの | 9.0 | 11.1 | 19.0 | 13.8 | 17.6 | 34.2 | 45.1 | 38.8 |
| 配偶者と同居 | 80.7 | 79.0 | 64.8 | 74.1 | 66.5 | 47.3 | 19.3 | 35.5 |
| 配偶者以外と同居 | 8.8 | 7.8 | 9.1 | 8.3 | 15.0 | 16.2 | 23.8 | 19.4 |
| 世帯に住んでいないもの | 1.5 | 2.1 | 7.1 | 3.8 | 0.9 | 2.2 | 11.7 | 6.3 |
| 1975年全人口 | 100.0 | 100.0 | 100.0 | 100.0 | 100.0 | 100.0 | 100.0 | 100.0 |
| 世帯に住んでいるもの | 98.1 | 97.1 | 92.7 | 95.6 | 98.8 | 97.5 | 90.0 | 94.4 |
| 1人で住んでいるもの | 7.6 | 12.1 | 18.2 | 14.2 | 17.4 | 32.9 | 40.6 | 36.0 |
| 配偶者と同居 | 80.7 | 79.6 | 63.3 | 74.0 | 66.1 | 46.2 | 20.1 | 35.6 |
| 配偶者以外と同居 | 9.7 | 5.4 | 11.2 | 7.4 | 15.3 | 18.4 | 29.3 | 22.8 |
| 世帯に住んでいないもの | 1.9 | 2.9 | 7.3 | 4.4 | 1.2 | 2.5 | 10.0 | 5.6 |
| 1965年全人口 | 100.0 | 100.0 | 100.0 | 100.0 | 100.0 | 100.0 | 100.0 | 100.0 |
| 世帯に住んでいるもの | 97.5 | 97.5 | 93.6 | 96.2 | 98.4 | 97.4 | 92.0 | 95.3 |
| 1人で住んでいるもの | 7.0 | 11.7 | 15.7 | 13.1 | 15.5 | 27.9 | 29.9 | 28.6 |
| 配偶者と同居 | 80.3 | 75.3 | 54.0 | 67.9 | 63.8 | 43.3 | 19.0 | 34.1 |
| 配偶者以外と同居 | 10.2 | 10.5 | 23.9 | 15.2 | 19.1 | 26.1 | 43.1 | 32.6 |
| 世帯に住んでいないもの | 2.5 | 2.5 | 6.4 | 3.8 | 1.6 | 2.6 | 8.0 | 4.7 |

出所：Siegel & Davidson (1984).

いて非常に低下しており、特に女子の高齢層においてそれが著しい。例えば六五歳以上のところでは一九六五年から八一年にかけ三二・六%から一九・四%へと激減しているし、七五歳以上のところで四三・一%から二三・八%へと急降下している。

「一人暮らし」の増加と「三世代同居」の減少の理由としては、一つには人々の個人主義的傾向がますます強くなっていること、所得水準が上昇してより多くのプライバシー（その最大のものは住居を別にすることである）を確保することができるようになったことにより、三世代同居を選ばなくなったことが考えられるが、同時に、男女の平均寿命の格差が一九六〇－六五年の六・七歳から一九七五－八〇年の七・八歳へと一歳以上拡大し、高齢になっても女子が生き残る確率が増して、多くの死別高齢女子人口が増えたことが考えられる。そして、これらの死別高齢女子は、個人主義化の風潮、すでに享受していた高い所得水準、亡夫の残した十分な遺産等によって独立の生活を送ることができる場合が多く、そのため息子夫婦や娘夫婦等と同居するのを避ける

表29　家族ライフサイクルによる世帯主率の日米比較

| 年齢・配偶関係（同居児数） | | 米国 | | 日本 | |
|---|---|---|---|---|---|
| | | 1960 | 1975 | 1965 | 1980 |
| 20-24歳 | | | | | |
| 未婚男子 | (0) | 0.0802 | 0.1889 | 0.0868 | 0.2281 |
| 未婚女子 | (0) | 0.0894 | 0.1866 | 0.0548 | 0.1360 |
| 夫　婦 | (0) | 0.9247 | 0.9691 | 0.6732 | 0.7681 |
| 25-29歳 | | | | | |
| 未婚男子 | (0) | 0.1869 | 0.4181 | 0.1714 | 0.2583 |
| 未婚女子 | (0) | 0.1828 | 0.4117 | 0.1250 | 0.2010 |
| 夫　婦 | (0) | 0.9451 | 0.9775 | 0.7276 | 0.7635 |
| 30-34歳 | | | | | |
| 離婚女子 | (0) | 0.4339 | 0.6419 | | |
| 離婚女子 | (1) | 0.6303 | 0.9060 | | |
| 離婚女子 | (2か3) | 0.7556 | 0.9400 | 0.5458 | 0.6647 |
| 離婚女子 | (4以上) | 0.8743 | 0.9589 | | |
| 夫　婦 | (2か3) | 0.9888 | 0.9957 | 0.7755 | 0.8111 |
| 35-39歳 | | | | | |
| 離婚女子 | (0) | 0.5518 | 0.7312 | | |
| 離婚女子 | (1) | 0.7818 | 0.9169 | | |
| 離婚女子 | (2か3) | 0.8638 | 0.9838 | 0.5840 | 0.7657 |
| 離婚女子 | (4以上) | 0.9363 | 0.9769 | | |
| 夫　婦 | (2か3) | 0.9917 | 0.9937 | 0.8312 | 0.8896 |
| 60-64歳 | | | | | |
| 死別女子 | (0) | 0.7041 | 0.8736 | 0.3042 | 0.4884 |
| 70-74歳 | | | | | |
| 死別女子 | (0) | 0.6499 | 0.8280 | 0.1720 | 0.2805 |
| 80-84歳 | | | | | |
| 死別女子 | (0) | 0.5064 | 0.7527 | 0.0779 | 0.1345 |

注：(　)内は15歳未満の同居児数.
出所：米国はMasnick & Bane (1980), p. 44. 日本は国勢調査報告.

ようになったと考えられる。

表29は家族ライフサイクルの各段階（つまり未婚、結婚、子供が二人の場合、女子が離婚した場合、夫と死別した場合等）における代表的な配偶関係別世帯主率を米国と日本について示したものである。「世帯主率」というのは、人口を男女・年齢・配偶関係別に区分して、それぞれ区分された人口のどれだけが世帯主であるかを示す指標である。この比率が高いほど、核家族化、あるいは単独世帯化の程度が高く、三世代同居の程度が低いことになる。

さて、表29で世帯主率の家族ライフサイクルによる推移を眺めると、日米の間で非常に異なる様相を示している。日本と米国で世帯主率が比較的似ているのは二〇代の未婚者の場合だけである。特に注目すべきは六〇歳以上の死別女性に関するもので、わが国の場合世帯主率は低いが、米国のそれは高く、顕著な格差を示している。例えば七〇－七四歳の死別女性をみると、米国では一九七五年に八三％が独立した世帯を構えている。つまり子供夫婦や孫達と同居していない。それに反してわが国の場合は、一九八〇年に僅か二八％だけが独立の世帯を営んでおり、残りの七二

％は当然誰かと同居していることになる。息子夫婦・娘夫婦あるいは夫と死・離別した娘達と同居しているケースが非常に多いのである。

筆者は国連勤務中、四年間だけニューヨーク市郊外のハーツデールというコンドミーディアム（買取りマンション）に住んだ経験がある。全部で五棟、約五〇〇のアパートには中流の家族が住んでいたが、その六割はユダヤ人であった。元来ユダヤ人は特に大家族志向で、親子兄弟の肉親の関係を非常に大切にし、同族間の一致団結、事業での協力の濃密なことで有名であるが、親と同居している世帯を見たことがなかった。この五〇〇の全世帯のうち三世代同居は一軒もなかったのである。このように欧米社会においては（と言ってもどちらかというと米国、イギリス、ドイツ、北欧といった生活水準の高い西欧社会であり、ギリシア、南イタリア、スペイン、ポルトガルといった、相対的に貧しく伝統的家族主義の強い国の社会ではない）、結婚した後は、夫婦とも健在で夫婦関係円満な時代はもちろんのこと、離婚したあとでも、また夫に先立たれ未亡人として生き残っている場合でも、自己の世界の独立性を貫き、たとえ近くの「スープの冷めない場所に」住み、頻繁に訪問し合ったにしても、成人した子供、結婚した子供と一緒に住むことは稀である。このように親の側から、あるいは成人した子供の側から、同じように同居を拒否するのは、日本と欧米との間で文化の違いを考える場合、これ以上異なる点を見つけるのが難しいくらいの際立った相違である。この西欧社会の三世代同居に対する忌避感は根が深く、西洋文化の根底をなすユダヤ・キリスト教の宗教的基本理念に由来しているようである。

わが国では西欧社会と異なり、三世代同居が多い。前述の米国の事例と比較するために、少し古いが一九八五年の六〇歳以上の老人の年齢階級別同・別居の比率を示したのが表30である。わが国では、すでにみた米国との対比における世帯主率からもわかるように三世代同居が多いが、七〇歳以上になると六〇％以上は子と同居し、しかも有配偶の子供と同居している比率が高い。このような事実をもとにして、いま高齢化社会における世代間の負担の関係をライフサイクル・モデルからみてみたい。

表 30　年齢階級別同居・別居割合：1985　（%）

| 年齢階級 | 総数（千人） | 単独世帯 | 夫婦のみの世帯 | 子と同居 | 有配偶の子と同居 | 無配偶の子と同居 | その他の親族と同居 | 非親族と同居 |
|---|---|---|---|---|---|---|---|---|
| 総数 | 17,429 | 8.7 | 25.8 | 61.8 | 42.2 | 19.7 | 3.5 | 0.2 |
| 60-64 歳 | 5,318 | 7.3 | 31.9 | 55.7 | 29.1 | 26.5 | 4.9 | 0.2 |
| 65-69 | 4,111 | 9.1 | 29.9 | 57.4 | 38.0 | 19.4 | 3.4 | 0.2 |
| 70-74 | 3,601 | 10.0 | 25.3 | 61.9 | 46.2 | 15.7 | 2.6 | 0.2 |
| 75-79 | 2,370 | 9.7 | 19.4 | 68.2 | 55.0 | 13.3 | 2.5 | 0.2 |
| 80-84 | 1,329 | 8.6 | 11.1 | 77.7 | 62.2 | 15.5 | 2.4 | 0.2 |
| 85-89 | 536 | 8.0 | 6.8 | 82.4 | 64.4 | 18.1 | 2.5 | 0.2 |
| 90 歳以上 | 164 | 6.7 | 5.9 | 84.6 | 60.4 | 24.2 | 2.8 | — |

出所：厚生省統計情報部「厚生行政基礎調査」．この表は厚生省人口問題研究所清水浩昭氏が作成したもの．

いま、男子の平均初婚年齢を二八歳、女子は二五歳であると仮定する。厚生省人口問題研究所の『第八次出産力調査』（一九八二年）によって夫は三〇歳、妻は二七歳で第一子を生むものとする。さらに夫三三歳、妻三〇歳で第二子を生むものとし、子供は二人しか生まないとする。そして子供は二人とも順調に育ち、大学へ進む、その場合浪人はしないと仮定する。第一子が大学を卒業するのは夫が五二歳、妻四九歳の時であり、第二子の卒業は夫五五歳、妻五二歳の時である。こうしてみると、この一組の夫婦は夫の年齢で言って三〇歳から五五歳までの二五年間のいわゆる中年の全期間、子供の養育に金と時間を費すことになる。

次に、三世代同居が行われ、年老いた親とこの夫婦は同居し、夫婦は親を直接扶養し、老後の面倒をみるものとする。年金と社会医療保険等の社会保障を親は国や地方自治体から受け、なにがしかの貯金もあるが、老親の日常生活のいろいろな面での援助・扶助を子供夫婦が行うものとする。夫の父親が六五歳に達するのは夫が三五歳の時であり、父親は六五歳まで働けるが、それ以後は息子夫婦が面倒をみるものとする。一九八四年四月から一九八五年三月にかけての厚生省人口問題研究所作成の生命表によれば、男子六五歳時の平均余命は一五・六歳であり、父親は八一歳まで生存するものとする。そうすると父親が死亡する時の夫の年齢は五一歳である。同様に母親は八四歳で死亡するとすると、それは夫が五七歳の時である。

こうして、親の老後の世話が父親の六五歳の時から始まると仮定すると、息子夫婦は夫の年齢でみて三五歳から五七歳まで二二年間、親の扶養と世話をしなくてはならない。と同時に、前に述べたように、三〇歳から五五歳までの二五年間子供の養育もしなければならない。そうすると、男(夫)の場合、三五歳から五五歳までの二〇年間は、一方では子供を養育しつつ他方老夫婦の面倒もみなくてはならないという二重の負担がかかってくることになる。このような考え方によると、夫が養育・扶養から解放され、自由である期間は、初婚当時の二八歳から三〇歳までの二年間と、母親が死んでから自分自身が六五歳になって逆に扶養され始めるまでの八年間、計一〇年間だけということになる。六五歳になり子供に扶養され始めると、負担はなくても完全な自由はないと言うべきであろう。もちろん、これは一つの大都会型三世代同居モデルであり、すべてが順調に行っている理想型家族サイクル・モデルである。第二子が遅く生まれたり、浪人したり、あるいは母親がもっと長生きをすれば、夫の自由時間はもっと短くなる。

## 3　社会的流動性の硬直化

人口高齢化が進むと、図22で示したように、底辺が狭く上層部分の厚い人口ピラミッドになる。いま出生率が一定となり、死亡率改善が全年齢で万遍なく起こると、人口ピラミッドは楯のような形になるであろう。そうなると、出生率と死亡率がともに高く人口が正にピラミッド状の三角形の形をしていた状況と比べると、垂直的社会流動性、すなわち社会的昇進の速度に大きな影響を与えるであろうことは容易に想像されるのである。多産多死を反映して底辺が広く、上層部が狭い富士山型の人口ピラミッドは、古い表現だがいわゆる兵隊が多く、将校の少ない人口構造で、上に行くにつれてポストに比較して候補者が少ないから、昇進は比較的容易であった。また、技術革新のゆるやかな時代では知識・経験の蓄積がものを言うから、富士山型の人口ピラミッドの時代に昇進の基準が年功序列によって行われても何ら不思議ではなかった。当時の苛酷な高死亡率の状況で、生残者は強者であり、賢者であった。生残者は稀少であり、しかも生活全般、特に経済的活動、軍事的行動において長年の蓄積による知識とノウハウが有効、有用であれば、彼らは社会成層の頂点の位置を占め、手厚く遇されていたのである。

しかし、多産多死が少産少死へと移行し、人口高齢化が出現してくると、この辺りの事情は一変した。現在の先進国は兵隊と同じくらいの数の将校がいる社会であり、ポストに比べて候補者の多い状況であって、当然競争は激烈をきわめ、また全体として風通しの悪い社会になったと考えられる。

米国の数理人口学者キーフィツは、一つは人口増加率が年二%の、第二次大戦後の人口増加が比較的大きかった時代と、人口が静止人口になり高齢化が顕著となった最近の状況の二つを考え、中間管理職の垂直的流動性を計算した(Keyfitz, 1973)。それによると、前者の状況に比べ、後者の場合、中間管理職、すなわち課長になるには四年半よけいにかかるという。現代的な意味での静止人口社会、それはとりも直さず高齢化社会であるが、それは社会的昇進の機会の少ない社会であり、社会流動性に関して硬直的な社会であるといえる。一九八九年のデータを用いた筆者の日本についての計算においても、昔と比べ課長になるのに四・六年よけいにかかる結果となった(河野、一九九二)。

## 4　高齢化社会における年少人口と老年人口の関係

出生率が低下し中高年の死亡率が改善されれば、やがて老年人口の絶対数が構成比率とともに増加するのは当然として、年少人口についても、その比率だけでなく実数の減少が見られるようになってくる。年少人口が減少すれば、その数の少なさの故に、老年人口よりもいろいろな点で有利であろうことは容易に考えられる。人数が少なければ入学、就職、そして職場での昇進といった面で楽であろうし、また政府の支出も容易であり、年少人口はより大きな恩恵を受けるものと一見考えられる。他方、老年人口はその数の多さのために、一人当りの福利厚生のパイが小さくなり、社会経済的に不利な条件だけを経験するものと考えられる。

しかし、年少人口は数が小さいためにいいことずくめであり、老年人口は数が大きいために不利なことばかりであろうか。これについてプレストンは、一九八四年の米国人口学会の会長演説において、事実は全く逆ではないかという、今までの常識を破る見解を述べるのである。プレストンの分析によれば、米国において一九六〇年と一九八〇年を比較すると、年少人口と老年人口が受ける社会的恩恵、つまり老人にとっては社会保障の手厚さと、子供にとっては教育の質、子供のいる家庭の福利厚生等が逆転しているという。一九六〇年から八〇年にかけて米国では年少人口が七％減少したのに対し、老年人口は五四％も増加した。しかし、年少人口はこのような絶対数の減少という有利性にもかかわらず、その享受する教育の質、住む家庭の生活環境が一九六〇年から八〇年にかけて非常に悪化しているのである。逆に老人の受ける社会福祉の内容は改善され、老人は以前と比べ手厚く扱われ、より多くの恩恵を政府や民間団体、企業から受けるようになったという。こうしてみると、年少人口はその数が小さく、また数が減少していることと自体が、教育、福利厚生面で劣悪な条件をもたらしたことになるし、老年人口はその数が大きく、最近大きく増加したこと自体が、逆説的だが社会保障の質を向上させたことになりそうである(Preston, 1984)。

プレストンによれば、青少年に対する教育という活動が、教育対象人口が縮小しているためにいわば衰退産業になっており、逆に老人のための医療という領域が、いわばブーム産業、成長産業になるのである。教育という衰退産業には優秀な大学卒業生は誰も行かなくなるし、彼らはむしろ成長産業である医療、特に老人医療関係の分野に就職し、進出したいと考えるだろう(Preston, 1984)。そうすると、優秀な人達は初等教育・中等教育の教師を養成する大学の教養学部(米国の場合)に行かなくなるし、その結果、教養学部の教授のポストは減り、教授になる希望者も減少して、全体の一般教養の水準は落ちる。教育という活動が全般に衰退し、青少年の教育レベルは低下する結果になる(Coale, 1985)。こうなると、次々と新しい計画を立てて中央政府や地方自治体から資金を得て教育活動を振興する意欲もなくなり、流入資金は減少し、遂には小中学校の教師の待遇も悪化する結果となる。

逆に医療に関連する分野は多くのブームを呼び、優秀な人材が集まり、政府や民間からの資金も潤沢となる。老人に関連するシルバー産業も隆盛となり、それによる国民所得も増加し、またそのような成長産業は七〇歳未満のまだ働ける老人の雇用も行うであろう。また、老人は選挙権を持つために老人パワーを結集し、老人のために政府予算のパイを大きくするよう政府に積極的に働きかけることができる。逆に年少人口には選挙権はない。年少人口の利益のため政府に陳情するということもない。以上のようなメカニズムが米国では働くと想定し、プレストンは高齢化が必ずしも老人にとって悪いことではないと考える。むしろ高齢化で割を喰うのは青少年人口であり、彼らの教育、福利厚生の向上が急務だと説くのである。

以上のプレストンの論点は、常識論の盲点を衝いた意味で面白い。特に青少年の教育は衰退産業であるが、老人医療やもろもろのシルバー産業は成長産業で、優秀な若い人達は前者を避け後者に集まり、それに関連するGNPが増え、政府予算の老人社会保障へのパイの大きさが増大する（必要以上にさえ大きくなる）という趣旨は説得力がある。たしかにプレストンの分析は他の西欧諸国にも当てはまるであろう。ただ難を言えば、彼の考えるように老人医療が成長産業になり、この方面の政府予算が増大し、老人の生活が充実したとしても、それは政府がパイを切るにあたって老人のためにより厚く切るようになっただけの話で、老人の数が増加すると、その扶養負担の重みが次世代の肩により重くかかってくるといった問題が解決したわけではない。そして、日本のような状況で、シルバー産業といったものが例えばGNPの一割とか二割を占める一大成長産業として興隆するかどうかについては大きな疑問がある。しかし、人口高齢化をただ否定的にとらえ、老人にとって不利なことばかりであるという常識論を離れ、もう一度複眼的に高齢化問題を考える意味において、このプレストンの新しい見解は有用であろう。

## 四　高齢化社会への対応

着実にしのびよる人口高齢化に我々はいかに対応すべきであろうか。我々は人口高齢化を支えることができるのであろうか。実はこのような問いに答えて議論を展開することは本書の目的からみていささか逸脱する感もあるが、本章の結論として、日本を念頭に置きながら一応簡単にそれについて述べてみたい。もちろん、筆者が高齢化に対応する効果的シナリオを用意しているわけでもない。ただ現在巷間に行われている人口高齢化論は、いたずらに暗く否定的なものが多いこと、そしてまた、寝たきり老人が増えるとか、将来の国家予算のうち老人医療と年金の予算が増大して困るといった「問題の提起」や「将来の予測」だけに止まっているものばかりで、その傾向にいささか飽き足らないからである。

## 1　生産年齢人口の再定義

すでに述べたように、このままいくと老人医療と年金のコストが突出してわが国の財政はやがてパンクするだろうという悲観論が、いわば常識となっている。それに対して誰もが納得のいくシナリオが書かれているとは言い難い。一つの方策として、現在生産の担い手にかかる一人当りの税金を将来相当程度増やすしかないという考えがある。しかし、どうしてもそれは困るということであれば、結局六五歳以上の老年者のうち、働ける人はせめて七〇歳まで原則として働いてもらい、働ける人には年金の支給を遅らせることしかないであろう。

しかし、ここで一つ注意しておくべきことは、人口高齢化といっても、明日から従属人口指数がみるみるうちに膨れ上がるというものではないことである。日本においては一九九〇年頃一五−六四歳の生産年齢人口の比率は六九％と、世界で史上空前の大きな値となったが、国立社会保障・人口問題研究所の推計によれば、この比率は今後ゆるやかに減少はするものの、二〇〇七年までは大体六五％の高い水準で推移すると予想されている。このことは、今後数年間以上老年従属人口指数は増えても、年少従属人口指数が減少するため全体の従属人口指数は五五％以下に止まる状況にあることを示している(表31)。こうしてみると、今から五−一〇年間は人口高齢化のモラトリアム(猶予期間)は続いているのである。このモラトリアムの期間にこそ、日本国民は富を蓄え英知を結集して、来るべき長い高負担の時代に向け対応策を準備しなくてはならない。

本格的な高齢化時代の到来に備えての一つの対応策は、一五−六四歳という旧来の生産年齢人口の定義をもう少し

表31　人口を 0-19 歳, 20-69 歳, 70 歳以上に 3 区分した場合の総人口に対する構成比率：1920-2100

| 年次 | 総人口 100 に対する比率(%) | | |
|---|---|---|---|
| | 0-19 歳 | 20-69 歳 | 70 歳以上 |
| 1920 | 46.2 | 50.9 | 2.9 |
| 30 | 46.7 | 50.5 | 2.8 |
| 40 | 46.2 | 51.2 | 2.6 |
| 50 | 45.7 | 51.5 | 2.8 |
| 55 | 43.1 | 53.8 | 3.1 |
| 60 | 40.1 | 56.5 | 3.4 |
| 65 | 36.8 | 59.5 | 3.7 |
| 70 | 32.8 | 63.0 | 4.2 |
| 75 | 31.4 | 63.8 | 4.8 |
| 80 | 30.6 | 63.7 | 5.7 |
| 85 | 29.0 | 64.2 | 6.8 |
| 90 | 26.4 | 65.7 | 7.9 |
| 95 | 22.8 | 67.7 | 9.5 |
| 2000 | 20.6 | 67.8 | 11.6 |
| 05 | 19.4 | 66.7 | 13.9 |
| 10 | 19.0 | 65.2 | 15.8 |
| 15 | 19.0 | 63.2 | 17.8 |
| 20 | 18.7 | 60.8 | 20.5 |
| 25 | 18.1 | 60.2 | 21.7 |
| 50 | 17.8 | 56.5 | 25.7 |
| 2100 | 19.7 | 57.7 | 22.6 |

出所：1920-95 年については国勢調査報告. 2000-2100 年については, 国立社会保障・人口問題研究所(1997).

日本の現実と将来の変化を考えて改正していくことであろう。旧来の定義は国連が途上国を含めた上で各国別人口推計で用いているので、多くの先進国には必ずしも適合しない。文部省の一九九八年の調べによれば、高校進学率は九五・九%、大学・短大への進学率は四八・二%となっているので、下限を二〇歳にし、わが国男子の六五－六九歳の労働力率は一九八五年に五九%なので、上限を七〇歳にしてもよいと考えられる。もう少し厳密にすれば下限は一八歳、上限を六八歳にした方がよいと思うが、計算の簡略化のため生産年齢を二〇歳から六九歳までとしてみる。表31はこうして得た二〇歳未満、二〇－六九歳、七〇歳以上の三区分の構成比率を示している。ここで計算された「新」生産年齢人口二〇－六九歳の比率を概観すると、戦前においては大体五〇%であった。同時に二〇歳未満の人口比率も四六－四七%と総人口の約半分に近かった。二〇－六九歳の人口比率は二〇〇〇年前後に最大となり以後低下するが、大体において二〇二五年くらいまでは六〇%以上の水準を保つと予想される。

表32は国立社会保障・人口問題研究所中位推計に基づく従属人口指数、老年従属人口指数を三つの違った区分法によって計算したものである。新たに二〇－六九歳を生産年齢人口とした従属人口指数は、旧来の一五－六四歳を分母としたものより現在大きめである。しかし高齢化が本格的に起こる二一世紀の初め頃から逆転し、一五－六四歳を分母とする指標より小さくなる期間が以後二一世紀を通じて見られると予想される。老年従属人口指数を二〇－六九歳

表32　生産年齢人口を15-64歳，20-64歳，および20-69歳としたときの従属人口指数および老年(従属)人口指数：1920-2100

| 年次 | 従属人口指数 | | | 老年(従属)人口指数 | | |
|---|---|---|---|---|---|---|
| | (−14)+(65+) / (15-64) | (−19)+(65+) / (20-64) | (−19)+(70+) / (20-69) | (65+) / (15-64) | (65+) / (20-64) | (70+) / (20-69) |
| 1920 | 71.6 | 105.8 | 96.4 | 9.0 | 10.8 | 5.7 |
| 30 | 70.5 | 106.1 | 98.2 | 8.1 | 9.8 | 5.6 |
| 40 | 68.8 | 103.7 | 95.3 | 7.9 | 9.6 | 5.1 |
| 50 | 67.5 | 102.5 | 94.1 | 8.3 | 10.0 | 5.5 |
| 55 | 63.1 | 93.6 | 85.7 | 8.7 | 10.3 | 5.8 |
| 60 | 55.7 | 84.3 | 76.8 | 8.9 | 10.6 | 6.0 |
| 65 | 46.8 | 75.3 | 67.6 | 9.2 | 11.0 | 6.2 |
| 70 | 44.9 | 65.9 | 58.4 | 10.2 | 11.7 | 6.6 |
| 75 | 47.6 | 64.9 | 56.9 | 11.7 | 13.1 | 7.6 |
| 80 | 48.4 | 65.8 | 57.0 | 13.5 | 15.1 | 9.0 |
| 85 | 46.7 | 64.6 | 55.7 | 15.0 | 16.9 | 10.6 |
| 90 | 43.5 | 62.4 | 55.3 | 17.3 | 19.6 | 12.8 |
| 95 | 43.9 | 59.6 | 47.6 | 20.9 | 23.2 | 14.0 |
| 2000 | 46.8 | 60.7 | 47.5 | 25.3 | 27.7 | 17.2 |
| 05 | 51.2 | 63.9 | 49.9 | 29.6 | 32.1 | 20.8 |
| 10 | 57.2 | 69.7 | 53.3 | 34.6 | 37.4 | 24.2 |
| 15 | 65.0 | 79.2 | 58.1 | 41.6 | 45.2 | 28.1 |
| 20 | 68.2 | 83.6 | 64.3 | 45.2 | 49.3 | 33.6 |
| 25 | 68.0 | 83.4 | 66.1 | 46.0 | 50.2 | 36.1 |
| 50 | 83.0 | 100.2 | 77.0 | 59.1 | 64.6 | 45.6 |
| 2100 | 76.9 | 94.1 | 73.3 | 51.0 | 55.9 | 39.2 |

出所：前表と同じ.

を分母として計算したものは、一五－六四歳を分母としたものよりかなり小さい。二〇－六九歳を生産年齢人口とする場合、二〇〇五年までは五人あるいはそれ以上の生産年齢人口で一人の高齢者を扶養すればよいが、二〇五〇年頃になると比率は二・二人対一人となる。扶養負担の重みは増すが、しかし一五－六四歳を分母とする場合よりは軽くなる。

問題は、六五歳以上で元気に働く意志を持つ老人が就業の機会を持てるだろうかという危惧である。現在はほとんどの企業では老人を雇うことに尻込みしている。この尻込みの根底に日本の伝統的年功序列制がある。この制度がある限り、企業は老人に沢山の給料を払わねばならない。将来年功序列制を止め、属人給と呼ばれるところの能力とか業績とは無関係に賃金が決まる制度を廃止しなくては、人口高齢化時代の老人の就業、定年を超えての延長は難しいといえる。これがない限り、元気で働く意志のある老人の就業は絵に描いた餅であろう。

## 2　三世代同居で人口高齢化を乗り切れるか

一九九八年の厚生省「国民生活基礎調査」によれば、日本の六五歳以上の老人が住む世帯構造は一人暮らし一八％、夫婦のみあるいは未婚の子供のみと住む核家族四〇％、孫達とともに住む三世代同居三〇％となっている。一九七五年の調査における、一人暮らし九％、核家族二三％、三世代同居五四％と比べて、一人暮らしと核家族が増え、三世代同居が減っている。少し古いが一九八五年に厚生省人口問題研究所が七七〇〇世帯に対して全国無作為抽出によって行った意識調査によれば、意識の面では三世代同居志向が核家族志向を上回っていたことがわかっている。表33は核家族・三世代同居に関する意識について、六つの設問に回答した人の答えを肯定的志向、否定的志向、「何ともいえない」の三つに分け、それぞれの比率を示したものである。この調査によれば、「核家族が自然である」と考えている人より「三世代同居が自然なありかたである」と考えている人が多かったことがわかる。現実には核家族化が進んでいるのに、意識ははっきり三世代同居志向で、現実の動きと理想あるいは意識面での志向との間にかなりのギャップが認められることが判明した。一九九一年に総務庁の行っている『老人の生活と意識調査』によれば、日本人の老人の優に半数以上が「子供や孫とは、いつも一緒に生活できるのがよい」と答えている（総務庁、一九九二）。

表33　核家族・三世代同居に関する意識

| 設問＼回答の選択肢 | 肯定的志向 | 否定的志向 | 何ともいえない |
|---|---|---|---|
| 1. できれば核家族で住みたい | 32.0 | 26.1 | 32.0 |
| 2. 核家族が自然である | 23.1 | 32.5 | 32.9 |
| 3. 可能な限り核家族で生活すべきである | 25.2 | 33.4 | 30.0 |
| 4. できれば三世代同居で暮らすべきである | 38.6 | 17.3 | 33.1 |
| 5. 三世代同居で住めればそれにこしたことはない | 52.5 | 11.1 | 26.8 |
| 6. 三世代同居が自然なありかたである | 38.4 | 15.2 | 35.9 |

問：「親子の同居について色々なことがいわれていますが，あなたはどのようにお考えですか」.

出所：厚生省人口問題研究所（1986b）.

世界の大勢を眺めると、三世代同居は徐々に減少していくのが趨勢である。わが国の実態をみると、先にみた世帯主率(表29)は徐々に上がっているし、過去一五年間に三世代同居は減り、その分だけ核家族は増えている。しかし、このように三世代同居が多いのは先進国の中では稀なことだし、「三世代同居が自然」とする答えは欧米社会ではまずゼロに近いであろう。わが国でこのような答えが出てくるのは、儒教の「親孝行」、年老いた側での甘えの構造、「家」、血縁を中心とした集団主義といった要素が人々の価値体系を支配しているからであろう。

しかし三世代同居が本当に現代社会において「自然」なものかどうかについては多くの疑問が残る。そもそもこの調査においても「何ともいえない」という答えがあまりにも多い。次に若い世代と老人世代との間で生活のニーズ、テンポ、特に毎日の食物の好みが異なる。このような世代間の嗜好・ニーズの差をありのままに認めずに情緒論だけで事を運んでも、必ずしもうまくいかない。三世代同居による嫁と姑の確執はテレビのドラマに格好の題材で、放映されない週はない。例えば、高齢者の自殺率を同・別居別にみてみよう。わが国では高齢者の自殺率が高いという特色があるが、三世代同居の老人の自殺率が最も高いという事実は、同居が必ずしも老人の幸福につながらないことを示している(上野他、一九八二)。

三世代同居はある意味では非常に心が暖まる光景である。しかも、ある局面ではお互いに便利な生活の方式であるが、もはや昔の「家」制度への復帰は難しいし、また三世代同居は必ずしも自然ではないとの認識に立って、今こそ新しい親子関係のあり方を考えるべき時ではないだろうか。年金と老人医療の負担の重みが将来あまりにも大きくなるので、国が現在行っているかなりの部分の社会保障を三世代同居によって肩代りすべきだとの意見も聞かれる。しかし、筆者は三世代同居によって人口高齢化を乗り切れるかという点に関して大きな疑問を持つ。将来はむしろ老人が老年期の大部分を自立して暮らせるように、体制作り、環境作りを行わねばならないと考える。同時に、長い老後を経済的危機と認め、その危機に対処するための準備を若い時からしておくことが大切であろう。

## 3 明暗の人口高齢化

人口高齢化時代の到来といえば、何か宇宙の巨大なブラックホールに日本が接近し、日本全体がその中に吞みこまれてしまうといった印象を与える。しかし、人口高齢化といっても、必ずしも暗い話ばかりではない。

いま一〇〇人の男子出生児が大きくなり、二〇歳の成人式を迎えるとする。それまでに何人が生き残ることができたであろうか。一九三五―三六年には七六人しか生存しなかったが、一九五五年には九三人、一九九八年には九九人が生存する。六五歳という高齢化についての節目の年齢をとると、一九三五―三六年の時代には三六人しか生存しなかったが、今では男八四人、女九二人が生存する。このように、生存率が一九三五―三六年の時代から今日まで格段の改善を遂げたことは、大きな意味を持つ。せっかく生まれた一〇〇人のうち七六人しか二〇歳まで生存しなかったということは、二四人が死んだということであり、成人になるまでに多大の費用と時間と手間がかかっているだけに、人間投資という点で社会は莫大な損失をこうむっていたことになる。それが現在九九人が生存し得るということは、人間資源という観点からみて非常に効率が良く、無駄がない社会になったということである。おそらく、わが国が戦後今日のような経済発展を遂げたことの隠れた理由の一つは、人間資源を無駄なく有効に使い得たということであろう。これによって戦後わが国は何十兆円にも等しい利益を得てきたのである。

もう一つの人口高齢化の効能として、年功序列制度の社会が実力主義の社会に変らざるを得ないということをあげたい。日本では非常に長い間、人口ピラミッドは富士山型であり、青少年は多く老人は少なかった。すでに述べたように、死亡率は高く、強健で賢い老人だけがきびしい自然に耐えて生き延びることができた。強壮で豊富な知識・体験を備えた数少ない老人は尊敬され、カリスマ的指導力を発揮し得た。年功序列制度はこのような高い死亡率に特徴づけられた社会の産物である。しかし今日のように老人の稀少性が失われれば、年が若いから、女だからという理由だけで、秀れた資質がありながらもそれを発揮できる機会を与えなかった制度はやがて消滅せざるを得ないであろう。実力主義の社会成層に組み替えられていくことは、日本の社会にとって良いことではなかろうか。

# 第六章　人口都市化

## 一　人口都市化の歴史

人類の祖先がこの地球上に出現して以来数百万年になると言われるが、人口の都市化、すなわち人間が今日の町とか市と比較できる規模で集落を形成し、居住するようになったのは、その長い歴史の中では比較的新しいことである。考古学者や人類学者の発掘によって、有史以前に五〇〇人とか一〇〇〇人の規模の人口が集落をなして生活していた遺跡が発見されているが、それらは大体一万年くらい前の新石器時代のものであり、それ以前の旧石器時代のものは見あたらない。人間がこのように集落をなして住むためには、生産技術の発達、特に農耕技術の発達と、社会制度のある程度の成熟が前提となる(Hauser, 1979)。現代の「町」とか「市」に比肩できる集落を形成し、直接食糧生産に関係しない手工業やサービス関係の仕事に従事する人達と家族の生活を支えるためには、農業・漁業・牧畜からの余剰生産が前提となり、また多くの人達が狭い空間内に秩序正しく住み、共同生活を行うためには、社会規範やある程度の法律体系が整わなくてはならないのである。

今日的な意味で「都市」と呼ばれ得る規模の人口集落が形成されるようになったのは、紀元前五〇〇〇年から前三五〇〇年にかけての、人類の歴史からみると比較的新しい時代になってからである。さらに、人口一〇万以上の都市が形成され始めるのは、古代ギリシア・ローマの時代まで待たねばならなかった。そして、人口一〇〇万以上の大都

表 34　先進・途上地域別都市・農村人口の推移：1800-2025　（百万人）

| 年次 | 世界 | | | | 先進地域 | | | | 途上地域 | | | |
|---|---|---|---|---|---|---|---|---|---|---|---|---|
| | 総人口 | 都市人口 | 農村人口 | 都市人口比率(%) | 総人口 | 都市人口 | 農村人口 | 都市人口比率(%) | 総人口 | 都市人口 | 農村人口 | 都市人口比率(%) |
| 1800 | 978 | 50 | 928 | 5.1 | 273 | 20 | 253 | 7.3 | 705 | 30 | 675 | 4.3 |
| 25 | 1,110 | 60 | 1,050 | 5.4 | 305 | 25 | 280 | 8.2 | 805 | 35 | 770 | 4.3 |
| 50 | 1,262 | 80 | 1,182 | 6.3 | 352 | 40 | 312 | 11.4 | 910 | 40 | 870 | 4.4 |
| 75 | 1,420 | 125 | 1,295 | 8.8 | 435 | 75 | 360 | 17.2 | 985 | 50 | 935 | 5.0 |
| 1900 | 1,650 | 220 | 1,430 | 13.3 | 575 | 150 | 425 | 26.1 | 1,075 | 70 | 1,005 | 6.5 |
| 25 | 1,950 | 400 | 1,550 | 20.5 | 715 | 285 | 430 | 39.9 | 1,235 | 115 | 1,120 | 9.3 |
| 50 | 2,524 | 750 | 1,774 | 29.7 | 813 | 446 | 367 | 54.9 | 1,711 | 304 | 1,407 | 17.8 |
| 70 | 3,702 | 1,357 | 2,345 | 36.7 | 1,008 | 682 | 326 | 67.6 | 2,694 | 675 | 2,019 | 25.1 |
| 75 | 4,081 | 1,543 | 2,538 | 37.8 | 1,048 | 733 | 315 | 69.9 | 3,033 | 809 | 2,223 | 26.7 |
| 80 | 4,447 | 1,754 | 2,693 | 39.4 | 1,083 | 773 | 310 | 71.4 | 3,365 | 981 | 2,383 | 29.2 |
| 85 | 4,847 | 1,997 | 2,850 | 41.2 | 1,114 | 808 | 306 | 72.5 | 3,733 | 1,189 | 2,544 | 31.9 |
| 2000 | 6,091 | 2,890 | 3,201 | 47.4 | 1,187 | 903 | 284 | 76.1 | 4,904 | 1,986 | 2,918 | 40.5 |
| 25 | 8,039 | 4,736 | 3,303 | 58.9 | 1,220 | 1,008 | 213 | 82.6 | 6,819 | 3,729 | 3,090 | 54.7 |

出所：UN (1998a).

市が形成されるのは、ごく最近、一九世紀に入ってからのことである。

表34は、国連人口部がまとめた先進地域・途上地域別推計都市人口と農村人口と比率を、一八〇〇年から二〇二五年までの期間について示したものである。ここで一つことわっておくが、これまでの章に掲げた国連人口推計は一九九八年の数値であるが、九八年の人口推計に基づく都市・農村人口推計は未発表なので、本章では九六年の推計を用いている。したがって本章に限り、表34および以下の表で示される世界各地域の総人口は既出の数値と異なる場合があることに留意されたい。さらに表34の検討に入る前に、二つの点を明らかにしておきたい。一つは「人口都市化」という概念についてであり、もう一つは「都市」「農村」に関する定義の問題である。

「人口都市化」とは urbanization の訳である。都市化という場合、二つの観点からこれを眺めることができよう。一つは人口学の観点から行うものであって、そこで都市化とは、ある国、あるいは地域で「都市」(urban)と行政的に規定される地域の人口が実数の上でも比率の上でも増加することである。他の一つは、ルイス・ワースが言ったように「生活様式としての都市主義」(urbanism as a way of life)、すなわち人々のものの考え方、人間関係のあり方が都会風に洗練され、多面的かつ豊富な人間関係が定着すること、また形式主義的あるいは匿名的な大衆社会に立脚した生活様式・生活態度が支配的になることである(Wirth, 1938)。しかし、本節ではこのルイス・ワース風の社会学、あるいは社会心理学的観点からの都市化は扱わないことにする。

次に「都市」「農村」の定義であるが、これも英語の urban, rural の訳である。urban は「都市」あるいは「市部」でいいとしても、rural というのは必ずしも「農村」ではなく、むしろ「非都市」「郡部」といった意味合いがあり、そこで必ずしも農業が営まれている必要はない。しかし他に適当な日本語もないところから、この言葉を便宜上用いている。ところで、国連は「都市」をどのように定義しているだろうか。実は国連の定義は各国の「都市」「農村」の定義をそれぞれそのまま採用しているにすぎない。一九六〇年代の半ば頃までは、国連人口部は「都市」地域とは行政単位地区に最低二万人以上が居住する場合に限っていたけれども、その後この方式を各国の定義そのものに切り換えている。変更の理由は、第一に、確かに各国の国勢調査の定義は千差万別で標準性に乏しいけれども、しかし最低二万人の行政単位地区に限ってみても、その行政単位の境界の定義に各国独自の任意性をいぜん残しており、結局未だに本当の標準的な都市地域を設定できないことである。第二に、「都市的」地域というものは畢竟各国の状況において異なり、人口二万以上といった外的基準によって規定できないことである。例えばわが国では人口二万といった程度の集落は全く都市的とは言えず、都会から遠く離れた田舎の町という印象を与えるが、デンマークのような人口の少ない国、あるいはアフリカのモーリタニアのような人口密度が稀薄な国では人口二万といえばちょっとした都市である。このように、人口二万という定義を無差別に適用するわけにはいかないのである。

さて、前置きが長くなったが、表34の世界の都市化の動向から、どのような趨勢と特徴が明らかにされるだろうか。

(1)　一八〇〇年には世界における都市人口の比率は五%程度のものであった。しかし二〇世紀の半ばになると三〇%となり、一九八五年では四一%になった。国連の推計によれば、二〇〇〇年には四七%と世界人口のほぼ半分が都市に住み、さらに二〇二五年には五九%が都市に住むと予想される。これは言いかえると、一九八五年当時の世界人口に近い規模の人口が都市部に住むということである。二一世紀は都市化の時代である。

(2) 元来都市は工業化と密接な関連を持つので、一九世紀に起きた産業革命やそれ以後の目覚ましい工業化の歴史を持つ先進地域が最近まで急速な勢いで都市化を遂げたことは初めから十分予想されるところである。先進地域は一九五〇年にすでに都市人口が農村人口を上回り、また一九七〇年までは先進地域の都市人口は世界の都市人口の過半数を制していた。すなわち、一九〇〇年には六八％、一九二五年七一％、一九五〇年五九％、一九七〇年五一％である。しかし一九七五年以後は、途上地域の都市人口が先進地域のそれを上回るに至るのである。

(3) 長い間「途上地域」は「農村地域」と同意語であった。もちろん途上地域においても、古代エジプトのテーベ、インドのアショカ王朝の首都パトナ、中国の北京・南京と、古代都市はその栄華を誇り、また現在もエジプトのカイロ、メキシコのメキシコシティ、ブラジルのサンパウロ、中国の上海、インドのボンベイというように大都市の成長は目覚ましい。しかしながら、第二次世界大戦以前はこれらの都市はむしろ限られた「点」であり、圧倒的多数の人口は農村地域で生産性の低い原始的農作技術と零細規模の農業を営み、非常に貧しく、かつほかの地域から孤立した生活を送っていたと言ってよい。

しかし戦後は、都市経済の繁栄、通信・運輸の発達、教育の普及、農村自体における農業技術の革新、政府による都市あるいは工業偏重の産業政策等々によって、農村から都市への人口移動が盛んとなり、途上地域における都市人口は実数及び総人口に対するシェアの両方で非常に増加した。例えば一九二五年から五〇年にかけて、途上地域の都市人口は二・六倍、一九五〇年から七〇年の間に二・二倍の増加を示している。先にも述べたように、一九七〇年までは先進地域の都市人口が途上地域のそれを上回っていたが、一九七五年以降途上地域の都市人口が先進地域のそれを超えるに至った。国連の推計によれば、二〇〇〇年には途上地域における都市人口の総人口に占める比率は四〇％を超え、その実数は二〇億で、先進地域の九億三〇〇〇万の二倍以上となり、世界の都市人口の三分の二を占める。さらに二〇二五年には、途上地域の都市人口は三七億を超え、先進地域のそれの三・七倍となり、世界の都市人口四七億のうち七九％を占めると予測されている。

(4)　都市人口の増加と相互補足的関係にあるのが農村人口の消長である。表34によれば、世界における農村人口の増加は、後で述べるように増加率は低下しながらも、実数は相当程度伸びるであろうと予測されている。しかし、ここで注目されるべきは、先進地域における農村人口の減少である。減少は一九二五年以後始まり、一九八五年までに一億二四〇〇万人の減少が見られた。これに反して途上地域では、農村人口の増加数は巨大であり、一九五〇年から八五年までの三五年間に一一億以上の増加が見られた。この事実は、第一に農村人口の出生率と自然増加率が非常に高いことを示すが、同時に農村から都市に向けての人口移動は大きいけれども、しかしかつて先進諸国で見られた状況に比べると規模が小さいことを示している。このことは、裏を返せば、途上国の都市人口の増加が、都市の自然増加率、すなわち高い出生率と低下しつつある死亡率の差によるところが大きいことを示唆する。この点については、後の節でさらに検討してみたい。

## 二　都市人口の急速な増加

前節において世界人口の都市化が一つの大きな潮流となっていることを述べたが、本節ではその増加の速度についてもう少し考察を進めたい。表35は表34の都市・農村人口の数字に基づき、年平均人口増加率を計算したものである。この表35からどのような傾向が明らかになるだろうか。

(1)　世界の都市人口増加率は一九世紀の初期から上がり始め、一九五〇―七〇年で最高となり、以後ゆるやかに低下しながらも総人口の増加率を相当程度上回っている。注目すべきは、二一世紀になって総人口の増加率が急速に低下しても、都市人口はいぜん二％を超える高い増加率で推移することである。しかし面白いことには、総人口の増加率が最大となる時代とほぼ同じ頃に、都市人口増加率が最大となり、また農村人口の増加率もピークを迎え、総人口

表35　都市・農村人口年平均増加率：1800-2025　(%)

| 期間 | 世界 | | | 先進地域 | | | 途上地域 | | |
|---|---|---|---|---|---|---|---|---|---|
| | 総人口 | 都市人口 | 農村人口 | 総人口 | 都市人口 | 農村人口 | 総人口 | 都市人口 | 農村人口 |
| 1800-1825 | 0.5 | 0.7 | 0.5 | 0.4 | 0.9 | 0.4 | 0.5 | 0.6 | 0.5 |
| 25- 50 | 0.5 | 1.2 | 0.5 | 0.6 | 1.9 | 0.4 | 0.5 | 0.5 | 0.5 |
| 50- 75 | 0.5 | 1.8 | 0.4 | 0.9 | 2.1 | 0.6 | 0.3 | 0.9 | 0.3 |
| 75-1900 | 0.6 | 2.3 | 0.4 | 1.1 | 2.8 | 0.7 | 0.3 | 1.3 | 0.3 |
| 1900- 25 | 0.7 | 2.4 | 0.3 | 0.9 | 2.6 | 0.0 | 0.6 | 2.0 | 0.4 |
| 25- 50 | 1.0 | 2.4 | 0.6 | 0.6 | 1.8 | 0.4 | 1.2 | 3.7 | 0.9 |
| 50- 70 | 1.9 | 3.0 | 1.4 | 1.1 | 2.1 | −0.6 | 2.3 | 4.0 | 1.8 |
| 70- 75 | 2.0 | 2.6 | 1.6 | 0.8 | 1.5 | −0.7 | 2.4 | 3.6 | 1.9 |
| 75- 80 | 1.7 | 2.6 | 1.2 | 0.7 | 1.1 | −0.3 | 2.1 | 3.9 | 1.4 |
| 80- 85 | 1.7 | 2.6 | 1.1 | 0.6 | 0.9 | −0.3 | 2.1 | 3.8 | 1.3 |
| 85-2000 | 1.6 | 2.5 | 0.7 | 0.4 | 0.7 | −0.5 | 1.8 | 3.4 | 0.9 |
| 2000-2025 | 1.1 | 2.0 | 0.1 | 0.1 | 0.4 | −1.2 | 1.3 | 2.5 | 0.2 |

出所：UN (1998a).

の増加率が衰えると都市人口増加率、農村人口増加率もともに退潮を示す。もちろん細かくみれば、都市人口の増加率は総人口増加率がまだ低い時代にすでに高くなっており、また、二一世紀になっても高率を維持している。この総人口・都市人口・農村人口の同時平行運動は、総人口の自然増加が大きい時には都市でも農村でも自然増加が大きかったことを示唆する。

(2)　この同時平行運動は先進地域・途上地域双方に認められる。ただ先進地域の場合、都市人口増加率のピークはむしろ一九世紀の最後の四分の一の時期にあり、総人口増加率との波長の一致は途上地域ほどではない。このことは、産業革命の進行によって農村から都市へ相当規模の流入があったことを示唆する。また、一九五〇年以後最近まで先進地域の中の農村地域は恒久的に人口減少を経験し、少なくともその相当な部分が(かりに農村地域で自然増がマイナスとしても)都市に流入したことは明らかであるが、それにもかかわらず都市人口増加率自体が減少の一途を辿るのは、都市の出生率低下が著しいことにほかならない。

(3)　途上地域の都市人口増加率は第二次大戦後において非常に高い。こうしてみると、途上国の「人口爆発」はそのまま途上国における「都市爆発」にほかならないようにみえる。しかし、表34の途上地域の都市人口の実数をみると、先述の通り一九七〇年までは先進地域のそれ

表36　世界主要地域における都市人口の年平均増加率：1950-2025　(%)

| 主要地域 | 1950-55 | 1960-65 | 1970-75 | 1980-85 | 1990-95 | 2000-2005 | 2020-25 |
|---|---|---|---|---|---|---|---|
| 世界 | 3.0 | 3.1 | 2.6 | 2.6 | 2.4 | 2.2 | 1.7 |
| 先進地域 | 2.3 | 2.1 | 1.5 | 0.9 | 0.7 | 0.5 | 0.3 |
| 途上地域 | 4.0 | 4.2 | 3.6 | 3.8 | 3.4 | 2.9 | 2.1 |
| アフリカ | 4.6 | 4.9 | 4.4 | 4.4 | 4.4 | 4.0 | 3.0 |
| アジア | 3.7 | 3.7 | 3.3 | 3.6 | 3.2 | 2.8 | 2.0 |
| ヨーロッパ | 2.0 | 2.1 | 1.4 | 0.8 | 0.6 | 0.3 | 0.1 |
| ラテンアメリカ・カリブ | 4.5 | 4.4 | 3.7 | 3.0 | 2.3 | 1.9 | 1.2 |
| 北部アメリカ | 2.7 | 2.0 | 1.0 | 1.2 | 1.2 | 1.0 | 0.9 |
| オセアニア | 3.0 | 2.8 | 2.4 | 1.4 | 1.3 | 1.3 | 1.3 |

出所：UN (1998a).

よりも少ないので、都市人口の爆発的増加が総人口の爆発的増加をもたらしたとは言い切れないのである。反面、途上地域の農村人口増加率が一九五〇年から八五年まではかなり高く、先進地域と違って決してマイナスにならないのは、前節で指摘したように、第一には農村人口の自然増加率が高いことを意味するが、第二として、すでに問題を提起したように、農村から都市への移動が相対的にみて先進国ほどの規模で起きていなかったことを示唆するのである。

都市人口の増加率を六大主要地域別に示したのが表36である。すでに述べたように、途上地域の都市人口増加率は先進地域のそれを大きく上回る。一九六五年まではアフリカと並んでラテンアメリカ・カリブ海地域の増加率が大きかったが、最近ではアフリカの増加率が一頭地を抜いており、しかも二一世紀初頭まで四％以上の高い水準で推移すると予想されている。これは一つには、アフリカの都市人口比率が二〇〇〇年でも三八％と低く、将来伸びる可能性があることに起因するが、現在都市にこれといってみるべき工業もなく、しかも多くの国で慢性的飢餓に見舞われているアフリカ大陸で、このように激しい都市人口増加率を将来経験するとすれば、どのような問題が起きるであろうか。次節で考えてみよう。

## 三　途上地域における「過度の」都市化

都市は食糧の生産に直接関係しないので、都市に多くの人々が住むためには、農村での食糧生産が農民とその家族の消費をかなり上回ることが前提となるし、また市民がそこで働き十分な所得を得ることができる産業、特に工業の活発な活動が必要である。しかし、戦後の途上国における都市人口の激しい増加は、都市の経済が要求し収容できる規模以上の、いわば実力以上の人口流入があるのではないかという疑問を生じさせる。都市への人口流入が起こるためには、都市における産業の雇用機会と高い生活水準による「プル」（吸引力）と、高い自然増加率に由来して慢性的人口過剰と低い生活水準によって特徴づけられる農村からの「プッシュ」（押し出す力）がお互いに釣り合うことが必要であるが、どうも途上国の多くでは都市からのプルの力というよりも農村からのプッシュの力によって都市の要求する以上の流入が起きているのではないかという疑問である。このような、いわば望まれざる人口が都市に流入しているがために、途上国の都市にはスラムが広がり、環境破壊・汚染が起こり、犯罪の原因になっているのではないかとの議論が行われ、「過度の都市化」（over-urbanization）という言葉が生まれた（Hoselitz, 1957; UNESCO, 1961）。

しかし本当に途上国の都市は貧しい農民の流入で満ちあふれているのだろうか。プレストンによれば、農村から都市への移動率が途上国で一様に高いとみなすのは大きな誤りである。彼の研究によれば、近年の農村から都市への流入超過率は途上国より先進国の方が高い。一九六〇年代から七〇年代にかけて二〇を数える先進国では、農村から都市への流入超過率は人口一〇〇〇人につき一八・五であったが、二九の途上国では一三・七にすぎなかった（Preston, 1979）。これら二九の途上国は比較的正確な統計が得られる国である。ということは、かなりの経済発展を遂げている国であり、そこでは都市への流入率も高いので、この一三・七という数字は途上国全体に当てはめるには高すぎると言えよう。二九の途上国の中では、プエルトリコ、アルゼンチン、チリ、ベネズエラといった、比較的経済発展が順調に進行している国では流入超過率が人口一〇〇〇人につき二五以上であるが、経済発展で遅れをとっている国々、すなわちパラグアイ、ガーナ、グアテマラ、バングラデシュ、インド、インドネシアでは八以下であった。これら二九の国の都市への人口移動率と一人当り国民総生産ＧＮＰとの相関は〇・六一であり、一国の経済発展が活性化を帯びているほど農村からの流出が大きい。さらにプレストンの研究によれば、以上の二九の途上国のうち二四は農村から都市への流入超過率よりも高い自然増加率を示していたし、また都市人口の増加率のうち自然増加による貢献度は六一％であった(Preston, 1979)。

途上国における農村から都市への人口移動の規模が、一般に考えられているほど大きくなかったということは、さらに次の二つの考察によっても明らかである。

一つはわが国の状況との比較である。表37はわが国の市部・郡部別にみた人口とその比率の推移を、一九二〇年以降一九九五年まで示したものである。表34の途上地域の数字と比較して注目されることは、市部人口が実数・比率ともに増加しているのに対し、郡部人口が一九五〇年くらいまでは比較的安定している点である。この安定性は、一九五〇年くらいまでの農家戸数の安定性をほぼ意味するが、同時にそれ以外の、たとえば二・三男の人口・世帯が市部へ移動したことをも意味する。それは発展期にあった都市の産業社会が、これらのいわば農村過剰労働力を十分吸収し得たことを意味する。一九四五年から五〇年にかけて郡部人口がいくらか増加したのは、戦争による惨禍と荒廃から復興にかけての過渡的現象である。問題はしかし、表34に示されたように途上地域の農村人口にはこのような現象が起きていないことである。都市の吸引力の弱さもさることながら、農村から一方的に都市へと押し出す実際の力が予想されるほどには強くなかったと言えようか。前述のプレスト

表37　日本の市部・郡部別人口

| 年次 | 人口（千人） | | 割合（%） | |
|---|---|---|---|---|
| | 市部 | 郡部 | 市部 | 郡部 |
| 1920 | 10,097 | 45,866 | 18.0 | 82.0 |
| 25 | 12,897 | 46,840 | 21.6 | 78.4 |
| 30 | 15,444 | 49,006 | 24.0 | 76.0 |
| 35 | 22,666 | 46,588 | 32.7 | 67.3 |
| 40 | 27,578 | 45,537 | 37.7 | 62.3 |
| 45 | 20,022 | 51,976 | 27.8 | 72.2 |
| 47 | 25,858 | 52,244 | 33.1 | 66.9 |
| 50 | 31,366 | 52,749 | 37.3 | 62.7 |
| 55 | 50,532 | 39,544 | 56.1 | 43.9 |
| 60 | 59,678 | 34,622 | 63.3 | 36.7 |
| 65 | 67,356 | 31,853 | 67.9 | 32.1 |
| 70 | 75,429 | 29,237 | 72.1 | 27.9 |
| 75 | 84,967 | 26,972 | 75.9 | 24.1 |
| 80 | 89,187 | 27,873 | 76.2 | 23.8 |
| 85 | 92,889 | 28,160 | 76.7 | 23.3 |
| 90 | 95,644 | 27,968 | 77.4 | 32.6 |
| 95 | 98,009 | 27,561 | 78.1 | 21.9 |

注：各年10月1日現在の数値.
出所：総務庁統計局『国勢調査報告』.

ンの分析をみると、国が貧困であるということは、農村も貧困、都市も貧困であることを意味し、貧困が農村からの流出をとどめる原因になっているように考えられる。

もう一つの考察は、筆者自身もその企画に参加した一九六一年の大ボンベイ市の国勢調査を特別集計したチェンブール人口研修・研究センターによるボンベイ市への人口移動調査である。この研究によれば、当時人口四〇〇万の大ボンベイ市への流入超過は、一九四一－五一年には九五万人であったが、一九五一－六一年には六〇万人以下になってしまった。一九五一－六一年は経済的にみて、その前の一〇年間と比べて決して好況だったとは言えないが、必ずしも不況のために雇用情勢が著しく悪化したわけでもなかった(Zachariah, 1966)。ともあれ、このようにボンベイ市以外からの流入が減ったということは、一つの事例にすぎないが、途上国においては農村に圧倒的な過剰労働力があって、都市の受入れ能力体制のいかんにかかわらず、そこへ流れ込んでくるというイメージとはかなり異なるようである。

途上地域の過剰都市化論は、一国の工業化よりも都市化が先行するものと考えることであろう。一九八〇年の国連人口部による研究は、二一の世界の小地域について、都市人口比率に対する工業労働力比率の割合が一九五〇年から七〇年にかけてどう変化したかを分析しているが、この割合が一九七〇年にかけて低下したのはラテンアメリカの地域だけで、ほかの地域では比率が低下することはなかったのである。むしろ東部アジアと南部・中央アジアの中の小地域では総じてこの割合は増加しており、したがって、工業化よりも都市化が先行しているとは言えないのである(UN, 1980)。ここで言えることは、途上国の都市化は農村からの流入によるよりも、むしろ都市の自然増加によるところが大きいということである。そして、農村からの過剰人口が押し出されて都市へ行き、都市にその経済的吸収能力以上の過剰な人口が流入するという過剰都市化論は、すべての途上国に必ずしもよく当てはまらないことが明らかになったと考えられる。

表38　世界の10大都市の人口：1950，2000，2015　（百万人）

| 人口順位 | 1950 都市 | 1950 人口 | 2000 都市 | 2000 人口 | 2015 都市 | 2015 人口 |
|---|---|---|---|---|---|---|
| 1 | ニューヨーク（アメリカ） | 12.3 | 東京（日本） | 28.0 | 東京（日本） | 28.9 |
| 2 | ロンドン（イギリス） | 8.7 | メキシコシティ（メキシコ） | 18.1 | ボンベイ（インド） | 26.2 |
| 3 | 東京（日本） | 6.9 | ボンベイ（インド） | 18.0 | ラゴス（ナイジェリア） | 24.6 |
| 4 | パリ（フランス） | 5.4 | サンパウロ（ブラジル） | 17.7 | サンパウロ（ブラジル） | 20.3 |
| 5 | モスクワ（ソ連） | 5.4 | ニューヨーク（アメリカ） | 16.6 | ダッカ（バングラデシュ） | 19.5 |
| 6 | 上海（中国） | 5.3 | 上海（中国） | 14.2 | カラチ（パキスタン） | 19.4 |
| 7 | エッセン（ドイツ） | 5.3 | ラゴス（ナイジェリア） | 13.5 | メキシコシティ（メキシコ） | 19.2 |
| 8 | ブエノスアイレス（アルゼンチン） | 5.0 | ロスアンジェルス（アメリカ） | 13.1 | 上海（中国） | 18.0 |
| 9 | シカゴ（アメリカ） | 4.9 | カルカッタ（インド） | 12.9 | ニューヨーク（アメリカ） | 17.6 |
| 10 | カルカッタ（インド） | 4.4 | ブエノスアイレス（アルゼンチン） | 12.4 | カルカッタ（インド） | 17.3 |

出所：UN (1998).

注：ここに掲げている“大都市”の境域は，国連が各国のセンサス・データをもとに独自に設定したものである．それは，中核都市，およびそれに隣接し機能的に密接な関係のある周辺の市町村の範囲を可能な限り広くとっており，行政的な都市の境界を越えた“大都市圏”あるいは“metropolitan area”の概念に近い．東京に関するこの国連の数字は，したがって東京23区の領域だけに留まらず，たとえば総務庁統計局が設定した都庁を中心とする東京50キロ圏の人口とほぼ対応する．

## 四　巨大都市化

都市人口の中でも、人口五〇〇万以上の巨大都市に住む人口が急激に増加しつつある。一九五〇年には世界の全都市人口の七・二%にすぎなかったが、一九八五年には一三・七%に増加し、二〇〇〇年には一五・四%、二〇一五年には一七・三%に達するものとみられる。また、人口五〇〇万人以上の大都市は一九五〇年には世界でわずか八つしかなかったが、一九八五年に三〇、二〇一五年には六六になる見とおしである。そこに住む人口は一九五〇年には五四〇〇万しかなかったが、二〇〇〇年に四億四〇〇〇万に増加し、二〇一五年には六億八〇〇〇万となるであろう(UN, 1998a)。

表38は世界の巨大都市のうち上位一〇位までを一九五〇年、二〇〇〇年、二〇一五年について示したものである。国連のまとめたところによれば、一九五〇年には世界一〇大都市のうち六つは先進地域に属したが、二〇〇〇年には七つが、二〇一五年には八つが途上地域に属することになる(UN, 1998a)。二一世紀は都市の時代であるが、その都市のほとんどは途上地域にあり、また都市に住む人口の圧倒的多数は途上地域にあることになる。これまで大都市といえばニューヨーク、パリ、ロンドンを思い浮べるのが普通であったが、

今後はラゴス、ダッカ、カラチというようなことになる。大都市というのは単に人口の巨大集積だけによるものではないという議論も行われるようになってくるであろう。

# 第七章　国際人口移動

## 一　国際人口移動の歴史

国際的な人口移動の歴史は古い。人類学の教えるところによれば、人類の発祥地はアフリカの沼沢地にあり、そこで生まれた人類の祖先アウストラロピテクスは、やがて進化の過程を辿りながら全世界にひろがったという。また、二万年も前、世界をおおった第四氷河期(ヴュルム)が終ろうとしていた時、現在のアメリカインディアンの祖先たちが、シベリアからベーリング海峡を経由して、次々に北アメリカ、そして南アメリカ大陸に渡来して行ったという。さらに、ヨーロッパでは、今から七、八百年前に、ローマ帝国の興亡の歴史の蔭にゲルマン民族の大移動が記録されている。

### 1　フロンティア型人口移動

しかしながら、人口学の観点からみた本来の意味の国際人口移動が成立するのは、ヨーロッパで「国家」という概念が固まり、その体制が整ったせいぜい二、三百年前からのことである。国際人口移動は、国家の成立に伴う領土と国境の設定を前提とする。国際人口移動は、国境を越えて人々が移動する場合に起こるのであって、近代的国家が成立せず、国境も明確に定まらない状況にあっては、厳密な意味での国際人口移動はなかったと言ってよい(Böhning.

1984)。現在も、サハラ砂漠以南の国々、サヘル地域とか、ナミビアと南アフリカ共和国の間等では国境があっても実際はないのと同じで、現実には多くの国際的人口移動があるとされながらも、それは登録されていない。

近代的な意味での国際人口移動は、統計データが整備され始めた一七世紀以降の移動を指すと思われる。特に、当時世界を制覇したヨーロッパ人が卓越した西洋文明の力をもって、南北アメリカ、オーストラリア・ニュージーランド、あるいは南アフリカに植民地を経営し、大量の人口移住を行ったのが最初であろう。もちろん、それまでヨーロッパの諸国の間で、戦争と並行して小規模な国際人口移動はくり返されているが、スケールの点では問題とならない。

南北アメリカをはじめとするこれらコロニーへの移住は、新大陸、新世界、新しい土地と資源を求めての大陸間移動であった。特に北アメリカのアメリカ合衆国は、温和な気候、広大な土地、豊富な天然資源に恵まれ、そこでの自由闊達な気風、努力と才能さえあればいくらでも富と栄光を手にすることができるという社会環境は、階級社会と伝統にがんじがらめにされていたヨーロッパの人たちにとって大きな魅力の中心であった。ドボルジァークの有名な交響曲「新世界」は新しい未知の世界への不安に半分は戦慄しながらも、やがて大きく開ける新世界の素晴しさに目を見張る感激と陶酔をうまくうたい上げている。第二次世界大戦までにヨーロッパから南北アメリカ大陸やオーストラリア・ニュジーランドへ移住した人口は、国連の定義によれば少なくとも六〇〇〇万以上と推定されている(UN. 1979)。

しかし、このようなフロンティア型移動は、ほぼ二〇世紀の半ば、第二次世界大戦とともに終焉した。フロンティア型移動は、数百万年と言われる人類の歴史におけるほぼ唯一の移動パターンであったが、フロンティアの消滅とともに終局を迎えたのである。現在地上に残されたフロンティアは南米のアマゾンの奥地と南極大陸であるが、前者は人跡未踏のジャングルと瘴癘《しょうれい》の僻地であり、後者は厳寒の極地であって、とても大量の人口を惹きつける人類最後の桃源郷とは言いがたい。かくして、ほとんど真空とみられた未開の、しかも豊かな資源を抱く土地に先進国の高い文化を移植し、王道楽土を建設するといった時代は去ったのである。

## 2　新しい国際人口移動のパターン

第二次世界大戦の終結を契機として、二〇世紀後半に起きた国際人口移動は、フロンティア型移動とは全く性格を異にする。それは結論から先に言えば、発展途上国から先進国へ、あるいは先進国の中でも貧しい国から富める国へ、さらに途上国の中でも貧しいインド亜大陸、東南アジア諸国等からアラブのペルシア湾岸石油産出国のような富める国、資源の豊かな国への人口の流れである。

現在世界で事実上最も富める国であり、世界最大の移民受入国であるアメリカ合衆国への移民は年間約八〇万人、一九九五－九六年の二年間で年間平均八一万四〇〇〇人に上るが、それは主としてラテンアメリカとアジア地域からである(Zlotnik, 1998)。かつてのようなイギリス、ドイツ、フランス、アイルランド、ポーランド、オランダ、スウェーデン、イタリアなどからの、米国に新天地と宗教・思想の自由を求めての移住ではなく、出身国より格段に高い所得、すぐれた就業機会を求めてのものにほかならない。もっとも、二〇世紀前半の東欧・南欧からの移住は一八世紀・一九世紀のフロンティア型とは異なり、ラテンアメリカ・アジアからの移動パターンに性格上近づいていることに注目されたい。

米国への移民における主要な送り出し国の変遷をみるのは興味深い。一九世紀までは移民はほとんど比較的所得の高い西部ヨーロッパあるいは北部ヨーロッパ出身者で占められていた。彼らの多くは、決して故郷で食いつめた貧しい労働者ではなく、思想的・宗教的理由から、あるいは自由とよりよい就業機会と新世界を求めてのれっきとした中産階級・ブルジョアジーであった。しかし二〇世紀の初頭になると、移住者の中で、比較的貧しい東欧・南欧からの人々の占める割合が多数を占めるようになる。

ところが、移民法が改正された一九六〇年代に入ると状況は一変した。まずラテンアメリカ・カリブ海地域出身者が、次いで一九七〇年頃からはアジア地域からの出身者が急増した。この二〇－二五年間で特に増加したのは、ベトナム、フィリピン、韓国、台湾、インド、パキスタンなどのアジア諸国、そしてメキシコをはじめとする中央アメリカおよびカリブ海の西インド諸島の出身者である。それとは正反対に、ヨーロッパ諸国からの流入は一部の例外を除いて激減した。その結果、最近では、全体の約八割をラテンアメリカ(三五%)、アジア(四二%)およびアフリカ(三%)の途上地域からの移民で占めるようになった(Martin & Midgley, 1999)。

カナダへの移民は一九九〇―九四年の五年間で年間平均二三万六〇〇〇人であったが、アジアからの割合は五四・六%、ヨーロッパから一九・七%、ラテンアメリカから一四・八%、アフリカから七・五%と、途上国からの比率が、米国への移住と同様約八〇%となっている(UN, 1996)。

もう一つの伝統的な入移民の国はオーストラリアとニュージーランドである。一九九五―九六年の二年間、オーストラリアへの純入移民数は年間平均で一〇万人、ニュージーランドへは一万人であった。この両国に対しては、伝統的にヨーロッパからの移民が大部分を占めていたが、最近ではアジアからの移民が増加する傾向にある。

表39は国連の調べによる一九六〇年から一九九六年までの五年間隔の、米国、カナダ、オーストラリア、ベルギー、ドイツ、オランダ、スウェーデン、イギリスへの年平均の恒久移住者数の趨勢を示す。これによって、以上述べた南から北へ、あるいは東から西への国際人口移動の傾向は具体的に示されると思うが、この表をもとに少し説明すれば次のとおりである。

(1) 米国への移民は時代を経るに従って増加している。そしてその主軸は途上国からの移民である。マーティンとウィドグレンの調べたところによれば、年間八〇万人の移民のうち五八%は家族の招き寄せ、つまり家族のつながりを意味するネットワーキングによるもので、わずか一五%だけが純粋に新しい職を求めてきたのにすぎない。そして一五%は、難民あるいは政治的亡命のカテゴリーに入る人々である(Martin & Widgren, 1996)。さらに、近年ヨーロッパからの移民がふたたび増加し、カナダからの移民も最近増えているが、東欧からの移民が大きく増えているのが特徴的である。

表39　主要欧米諸国への年平均恒久移住者数：1960-1996　（千人）

| | 1960-64 | 1965-69 | 1970-74 | 1975-79 | 1980-84 | 1985-89 | 1990-94 | 1995-96 |
|---|---|---|---|---|---|---|---|---|
| 米国への移民 | 283.8 | 358.9 | 384.7 | 459.5 | 565.0 | 605.7 | 769.8 | 813.7 |
| 途上国から | 118.9 | 200.5 | 271.7 | 371.6 | 481.1 | 523.0 | 608.1 | 653.5 |
| 先進国から | 165.0 | 158.4 | 113.0 | 87.9 | 83.9 | 82.6 | 161.7 | 160.2 |
| うち東欧から | 20.9 | 21.2 | 18.0 | 16.1 | 22.2 | 22.6 | 84.7 | 97.6 |
| カナダへの移民 | 88.0 | 182.0 | 158.9 | 130.1 | 114.1 | 137.9 | 235.5 | ‥ |
| 途上国から | 10.9 | 38.0 | 67.4 | 72.3 | 70.9 | 97.7 | 184.5 | ‥ |
| 先進国から | 77.2 | 144.0 | 91.4 | 57.8 | 43.2 | 40.2 | 51.0 | ‥ |
| うち東欧から | 7.2 | 13.3 | 8.3 | 6.1 | 9.7 | 13.9 | 25.8 | ‥ |
| オーストラリアへの移民 | 103.1 | 134.2 | 94.5 | 54.5 | 79.4 | 101.6 | 64.0 | 102.0 |
| 途上国から | 7.3 | 17.0 | 26.1 | 29.2 | 37.7 | 63.6 | 52.1 | 74.2 |
| 先進国から | 95.8 | 117.2 | 68.4 | 25.2 | 41.7 | 38.0 | 11.9 | 27.8 |
| うち東欧から | 7.2 | 14.7 | 10.9 | 3.0 | 6.1 | 6.0 | 7.7 | 7.0 |
| ベルギーへの移民 | 33.8 | 24.1 | 17.1 | 5.3 | −10.8 | −1.7 | 27.0 | 25.9 |
| 外国人 | 33.9 | 27.6 | 20.7 | 9.5 | −0.1 | 7.6 | 29.3 | 30.7 |
| 途上国から | 12.1 | 7.8 | 8.9 | 8.9 | 4.4 | 4.4 | 13.5 | 12.2 |
| 先進国から | 21.8 | 19.8 | 11.9 | 0.5 | −4.5 | 3.1 | 15.8 | 18.5 |
| うち東欧から | 2.0 | 2.1 | 1.6 | 0.5 | 0.3 | 0.8 | 3.1 | 4.0 |
| ベルギー国籍者 | −0.1 | −3.5 | −3.7 | −4.2 | −10.7 | −9.3 | −2.3 | −4.8 |
| ドイツへの移民 | ‥ | 197.4 | 306.2 | 6.4 | 3.0 | 373.6 | 646.1 | 397.9 |
| 外国人 | ‥ | 200.2 | 297.0 | −32.4 | −29.2 | 184.5 | 364.3 | 225.3 |
| 途上国から | ‥ | 49.8 | 135.2 | 33.9 | −10.4 | 68.4 | 100.4 | 70.1 |
| 先進国から | ‥ | 150.4 | 161.8 | −66.3 | −18.8 | 116.1 | 263.8 | 155.2 |
| うち東欧から | ‥ | 69.5 | 63.3 | −13.8 | 13.2 | 94.9 | 231.9 | 118.0 |
| ドイツ国籍者 | ‥ | −2.7 | 9.1 | 38.7 | 32.2 | 189.1 | 281.8 | 172.7 |
| オランダへの移民 | 6.5 | 10.7 | 28.0 | 32.2 | 17.5 | 35.1 | 55.6 | 38.1 |
| 外国人 | 11.8 | 16.8 | 24.0 | 0.1 | 22.6 | 34.4 | 59.0 | 50.0 |
| 途上国から | 5.4 | 10.7 | 13.5 | 11.0 | 18.8 | 26.0 | 40.2 | 39.3 |
| 先進国から | 6.4 | 6.2 | 10.5 | −6.7 | 3.9 | 8.4 | 18.8 | 10.8 |
| うち東欧から | 0 | 0.7 | 2.0 | 0.3 | 0.5 | 2.1 | 9.7 | 6.2 |
| オランダ国籍者 | −5.2 | −6.1 | 4.0 | 32.0 | −5.2 | 0.7 | −3.4 | −11.9 |
| スウェーデンへの移民 | 14.0 | 25.6 | 7.6 | 17.5 | 4.8 | 24.4 | 32.5 | 9.0 |
| 途上国から | 0.3 | 0.9 | 1.6 | 6.9 | 7.1 | 18.0 | 17.3 | 6.8 |
| 先進国から | 13.7 | 24.7 | 6.1 | 10.6 | −2.3 | 6.4 | 15.1 | 2.1 |
| うち東欧から | 0.4 | 4.6 | 3.6 | 1.7 | 2.2 | 2.9 | 15.9 | 5.4 |
| スウェーデン非国籍者 | 15.3 | 27.8 | 11.9 | 18.9 | 8.1 | 27.3 | 38.3 | 17.8 |
| スウェーデン国籍者 | −1.3 | −2.3 | −4.2 | −1.5 | −3.3 | −2.9 | −5.8 | −8.8 |
| イギリスへの移民 | ‥ | −77.5 | −50.4 | −21.1 | −27.6 | 24.2 | 22.4 | 53.9 |
| 途上国から | ‥ | 28.9 | 15.0 | 21.9 | 11.6 | 37.8 | 28.1 | 37.1 |
| 先進国から | ‥ | −106.5 | −65.5 | −43.1 | −39.2 | −13.7 | −5.7 | 16.5 |
| うち東欧から | ‥ | 8.7 | −5.1 | −10.9 | 2.2 | 6.9 | 10.1 | 21.4 |

出所：UN Population Division (1996) 人口データベース；Zlotnik (1998).

(2) オーストラリアへの移民は一時減ったが、最近また盛り返している。ここでも途上国からの流入が優勢である。一方東欧からの移民は米国・カナダのように顕著ではない。

(3) 一方、ヨーロッパの代表的国々、ベルギー、ドイツ、オランダ、スウェーデン、イギリスは、上り下りのある激動の国際人口移動の時代を一九六〇年代、七〇年代、八〇年代に経験している。一九七〇年代、八〇年代前半にかけては、流入が止まり、外国人の流出がみられた時期もあったが、八〇年代後半からふたたび彼らの流入が著しくなり、九〇―九四年には最高潮に達した感がある。

(4) 国際人口移動にはある種のパターンがある。ただし、それは出生率・死亡率よりももっと直截に経済・政治の変化に敏感で影響を受けやすく、そのパターンを見つけ出すのは必ずしも容易でない。以下、節を改めてその点について模索したい。

## 二　新しい型の国際人口移動

### 1　ヨーロッパへの出稼ぎ移動

いささか後先になるが、米国、カナダ、オーストラリア、ニュージーランドといったこれまでの伝統的な移住受入国への移動のほかに、近年大いに注目される移動の潮流が二つ出現した。一つは一九六〇年代に入って顕著となった地中海沿岸の諸国から西部ヨーロッパあるいは北部ヨーロッパへ向う流れと、もう一つはアラブ諸国や南部・中央アジアや南東部アジアの国々からペルシア湾の石油産出国へと向う人口・労働力の流れである。この二つの潮流は、いずれも比較的貧しい国からの出稼ぎ移動で、多くは恒久的移民ではなく、また出身国の家族に全体として巨額の送金を行っている点に共通性が認められる。

西部ヨーロッパ、あるいは北部ヨーロッパへ向う貧しい国々からの出稼ぎ移民、すなわちガスト・アルバイターの

表40　西ヨーロッパ主要国における出身国別外国人労働者　（千人）

| 受入国／出身国 | ベルギー 1974 | ベルギー 1980 | フランス 1974 | フランス 1980 | 西ドイツ 1974 | 西ドイツ 1980 | オランダ 1974 | オランダ 1980 | スウェーデン 1974 | スウェーデン 1980 | スイス 1974 | スイス 1980 |
|---|---|---|---|---|---|---|---|---|---|---|---|---|
| アルジェリア | 3.0 | 3.2 | 420.0 | 382.1 | 2.0 | 2.7 | 0.1 | 0.4 | 0.2 | — | — | — |
| オーストリア | — | — | — | — | 100.0 | 87.2 | — | — | — | — | 15.0 | 19.5 |
| フィンランド | — | — | — | — | — | 3.6 | 0.1 | — | 102.0 | 108.0 | — | — |
| ギリシア | 8.0 | 10.7 | 5.0 | — | 225.0 | 138.4 | 2.0 | 1.3 | 8.0 | 7.5 | 6.0 | 4.8 |
| イタリア | 85.0 | 90.5 | 210.0 | 157.6 | 370.0 | 324.3 | 10.0 | 10.0 | 3.0 | — | 335.0 | 233.8 |
| モロッコ | 60.0 | 37.3 | 165.0 | 171.9 | 18.0 | 16.6 | 24.5 | 34.2 | 0.5 | — | — | — |
| ポルトガル | 3.0 | 6.2 | 430.0 | 434.6 | 85.0 | 59.9 | 4.5 | 4.3 | 1.0 | — | 4.0 | 7.5 |
| スペイン | 30.0 | 32.0 | 250.0 | 128.9 | 165.0 | 89.3 | 19.5 | 10.6 | 2.0 | — | 80.0 | 62.1 |
| チュニジア | — | 4.7 | 90.0 | 73.2 | 15.0 | — | 1.0 | 1.1 | 0.2 | — | — | — |
| トルコ | 10.0 | 23.0 | 35.0 | — | 590.0 | 623.9 | 34.0 | 53.8 | 3.0 | — | 16.0 | 20.7 |
| ユーゴスラビア | 3.0 | 3.1 | 60.0 | — | 470.0 | 367.0 | 9.5 | 6.8 | 23.0 | 24.0 | 26.0 | 30.7 |
| その他 | 76.0 | 121.5 | 235.0 | 243.6 | 320.0 | 455.9 | 88.2 | 88.9 | 57.0 | 94.5 | 111.0 | 122.1 |
| 合計 | 278.0 | 332.2 | 1900.0 | 1591.9 | 2360.0 | 2168.8 | 193.4 | 211.0 | 199.9 | 234.1 | 593.0 | 501.2 |

出所：UN (1985b).

潮流は、大別して三つあり、それぞれ関連のある三つの言語圏に沿って移動が行われている点が興味深い。

一つはドイツ、オーストリア、スイスのドイツ語圏へのものである。これはイタリア、トルコ、ユーゴスラビア、ギリシア、スペインからの流れである。この流れにおいては、一九六〇年代の前半はイタリア、スペイン、ギリシアからの入移民が多かったが、一九六〇年代後半から一九七〇年代になってその流れは減少し、逆に昔からドイツと関係が深いユーゴスラビアとトルコ、特にトルコからの移住労働者の増加が顕著となった。しかし、一九七〇年代に大量入移民を抑制する政策がヨーロッパで採られたこともあって、流入は減少し、これら入移民国におけるガスト・アルバイターの数は安定化あるいは減少へと向っていた(表40)。

第二の流れはフランス、ベルギーのフランス語圏へのものである。これについては北アフリカ、特にアルジェリア、モロッコの旧フランス植民地、そしてポルトガル、スペイン、イタリアのラテン系からの流れが注目される。しかしこの場合も、近年移動は減少し、これら流出国からの外国人労働者の数は総じて安定化、あるいは減少の傾向にあった(表40)。

最後の流れはイギリスへと英語圏に沿って起こるものである。これは実際は地中海沿岸の国からというよりも、むしろ大英帝国の旧植民地のインド、パキスタン等からのもので、移動の流れは最近も継続し、イギリスにおける外国人は増加している。

以上の人口流入の安定化あるいは減少の傾向が、しかしながら最近ふたたび増加に転じていることは、前節で論じたところである。

## 2 アラブ石油産出国への出稼ぎ移動

一九七〇年代になって、今までなかったような新しい型の移動が見られるに至った。すなわち、他のアラブ諸国、インド亜大陸、そして南東部アジアなどからペルシア湾岸地域のアラブ石油産出国に向う出稼ぎ人口移動である。すなわち、サウジアラビア、クウェート、オマーン、カタール、アラブ首長国へ向っての、エジプトをはじめとする他のアラブ地域や、インド、パキスタン、バングラデシュ、フィリピン、韓国、タイ等からの移動である。これは同じ発展途上地域の中で、比較的貧しい国々から資源の豊かな富める国々への人口移動であって、世界の人口移動上新しい型の移動である。しかも、これら石油を産出しないアラブ諸国や南部・中央アジア、南東部アジアの国々は、比較的教育程度が高く、インド亜大陸の国々やフィリピンのように国民が英語を話すことのできる国であることが特徴的である。しかし反面、アジアで最も貧しく教育程度が低いネパール、アフガニスタン、ミャンマーからの移動が少ないことは興味深い。

アラブ石油産出国への労働力移動は西部・北部ヨーロッパへの移動ほどではないが、近年増加の速度が大いに注目されるに至った。表41はピークになった頃のアラブ石油産出国における出身国別出稼ぎ労働者数の一九七五年と一九八〇年の分布および増加率を示す。これによると、アラブ地域からの労働者数は一九七五年には約一三〇万人であったが、一九八〇年には約一七六万人に増加している。しかし、ここで最も特徴的なことは、他の非アラブ・アジア地域からの労働者の急増である。そこではパキスタン、インド、イランからの流入が大きいが、一九七五年から八〇年にかけて、他のアジア地域、すなわちフィリピン、韓国等からの労働者が一〇倍以上に増加したのが注目される。アラブ地域以外のアジア地域からの外国人労働者のシェアは、一九七五年の二六％から一九八〇年の三四％へと拡大している。

元来労働力の少ないアラブ石油産出国での経済発展は、いまやこれらの出稼ぎ労働者なくしては考えられない状態になっている。一九八〇年初期に、アラブ首長国とカタールでは全労働力の八〇％、クウェートでは七〇％、サウジアラビア、バーレーン、リビアでは四〇％を外国人労働力に仰ぐ状態であった。一方、外国人労働者のために、これら受入国は特別地区を設定し、彼らに対する公共・福祉・教育設備の拡充などで大きな負担を受け持っている。

貧しい国からの大量の出稼ぎ移動は種々の影響を出身国にも与える。その一つ

表41 出身国別にみたアラブ石油産出国(西南アジアとリビア)における外国人労働者数

| 出身国 | アラブ石油産出国における外国人労働者数 | | | | 増加率 |
|---|---|---|---|---|---|
| | (千人) | | % | | (%) |
| | 1975 | 1980 | 1975 | 1980 | 1975-80 |
| **アラブ諸国** | | | | | |
| エジプト | 447.5 | 695.7 | 24.5 | 24.5 | 55.5 |
| イエメン | 290.1 | 336.1 | 15.9 | 12.3 | 15.9 |
| ヨルダン | 214.7 | 250.4 | 11.8 | 9.1 | 16.6 |
| 民主イエメン | 70.6 | 83.8 | 3.9 | 3.1 | 18.7 |
| シリア | 70.4 | 83.2 | 3.9 | 2.9 | 18.2 |
| レバノン | 49.7 | 61.1 | 2.7 | 2.2 | 22.9 |
| スーダン | 45.9 | 89.2 | 2.5 | 3.2 | 94.3 |
| オマーン | 38.4 | 33.5 | 2.1 | 1.2 | −12.8 |
| イラク | 20.6 | 44.8 | 1.2 | 1.1 | 117.5 |
| ソマリア | 6.5 | 19.7 | 0.4 | 0.6 | 203.1 |
| アルジェリア<br>モロッコ<br>チュニジア | 41.2 | 66.5 | 2.3 | 2.4 | 61.4 |
| (小計) | 1,295.8 | 1,763.7 | 71.2 | 62.6 | 36.1 |
| **他のアジア(非アラブ諸国)** | | | | | |
| パキスタン | 190.7 | 371.6 | 10.5 | 13.0 | 94.9 |
| インド | 154.4 | 280.5 | 8.5 | 9.7 | 81.7 |
| イラン | 106.3 | 117.1 | 5.8 | 4.3 | 10.1 |
| トルコ | 9.5 | 30.8 | 0.5 | 1.2 | 224.2 |
| 他のアジア諸国 | 14.8 | 168.5 | 0.8 | 6.0 | 1,038.5 |
| (小計) | 475.7 | 968.5 | 26.1 | 34.2 | 103.6 |
| 他の諸国 | 48.5 | 89.5 | 2.7 | 3.2 | 84.5 |
| 合計 | 1,820.0 | 2,821.7 | 100.0 | 100.0 | 55.0 |

出所：UN (1985b).

として出稼ぎ労働者による本国への送金は相当の額に上り、本国でのインフレを助長する結果となっている。また、これらの移動労働者の多くは技術者・熟練労働者なので一種の頭脳流出をひき起こし、本国での技術者・熟練労働者の不足をもたらし、工業生産性の低下を生じている場合もある。また、産業の鍵を握る技術者・熟練労働者の大量の不在のため、未熟練労働者の能力が十分活用されず、彼らの失業をひき起こしている国さえある(Serageldin *et al.*, 1981 ; Birks & Sinclair, 1981)。

さて、最近のペルシア湾岸石油産出国への労働力移動はどうなったであろうか。一九八〇年代石油価格の反落もあって、この地域への労働力流入は減少していたが、一九九〇年代に入って九一年に湾岸戦争が終了すると、ふたたび流入が再開された。すでにサウジアラビアに対しては往時をしのぐ年間五〇万人の純流入が見られるが、この流入の増加傾向がさらにほかの産油国でも起きているかどうかは、もう少し見守らないとわからない(Zlotnik, 1998)。

## 三　非合法移住者

一九八四年八月にメキシコ市で国連主催の国際人口会議が開かれたが、そこでクローズアップされた国際人口移動の問題の一つは、最近非常に増加した非合法(密入国)移住者の存在である(厚生省、一九八四)。非合法移住が最も顕著に見られるのは米国で、ウェットバック(濡れた背中)と言われるメキシコからの密入国者が最も多い。米国における密入国者の規模の正確な把握はむつかしく、極端な数字として一時一一〇〇万人にも達するという推定があるが、より穏当なものとして米国移民・難民政策委員会の推計があり、一九八〇年代初期に三三〇万から六〇〇万人の範囲と見積っている(UN, 1985b)。一九八〇年のセンサスを再集計したものによると、もっと低く推定されており、二〇〇万人の密入国者が米国に居住し、そのうち九〇万人はメキシコから来住した人達となっている(UN, 1985b)。

非合法移住者に対する送り出し国の態度は複雑である。一方ではもちろんそのような非合法移住を惹起させないように、送り出し国の社会経済条件を改善しなくてはならないが、同時に、密入国者が入る先進国が出身国との生活水準の格差をあまり際立たせるような印象を与えないでほしいという、なかなかむつかしい注文も、一九八四年のメキシコ国際人口会議で非合法移住者の出身国側から提案されていた。また、密入国者は最も搾取と虐待を受けやすいので、まず第一に彼らの基本的人権が守られるように、入国側はくれぐれも注意すべきだという勧告がなされている(厚生省、一九八四)。メキシコ会議でホストのメキシコ大統領が開会式の演説で、彼らの人権擁護を強調した言葉がいまも筆者の耳朶に残っている。非合法移民は、米国以外では規模の程度が落ちるが、ベネズエラ、ナイジェリア、およびイタリアをはじめほとんどの先進国で多く見られる問題となっている(UN, 1985b)。

表42　地域別難民の分布　(%)

| 避難先の地域 | 1981 | 1990 | 1998 |
|---|---|---|---|
| アフリカ | 44.6 | 30.9 | 28.5 |
| アジア | 27.7 | 45.6 | 41.2 |
| ヨーロッパ | 7.2 | 5.4 | 23.2 |
| ラテンアメリカ | 2.4 | 8.1 | 0.6 |
| 北部アメリカ | 14.5 | 9.4 | 5.7 |
| オセアニア | 3.6 | 0.7 | 0.6 |
| 合　計(百万人) | 8.2 | 14.9 | 12.5 |

出所：United Nations High Commissioner for Refugees. 1999. *Refugees and Others of Concern to UNHCR: 1998 Statistical Overview* および以前の報告書.

## 四　難　民

もう一つの国際人口移動のタイプは難民であり、これの最近の急増も世界の大きな人口問題である。国連難民高等弁務官の報告によれば、一九八一年、一九九〇年および九八年の難民数の地域別分布は表42に示すとおりである(UNHCR, 1999)。

アフリカは元来難民の多い地域である。そこでは局部的な部族間の衝突や内乱が絶えず、また旱魃や飢饉によって家や故郷を離れざるを得ないケースが多いことによる。一九七〇年代のサヘル地域の旱魃、一九八五年のエチオピアやモザンビーク周辺の飢饉、そして一九九〇年代に入ってルワンダ、ソマリア、スーダン、コンゴの内戦は記憶に新しいところである。しかし最近ではアジアとヨーロッパで難民が増加しているのが特徴的である。

アジアではまず一九七三年以後インドシナ半島で難民が大量に発生し、その数が急増した。ベトナム、カンボジア、ラオスからの難民の存在は、いまだ完全には解決されない由々しい人口問題である。さらにアフガニスタンの内戦、クウェート・イラクの湾岸戦争、カシミールの紛争、アゼルバイジャン、アルメニアにおける紛争は、この地域において大量の難民を発生させており、近年はアフリカに代ってアジアが難民の最大の発生源となっているゆえんである。一方、ヨーロッパでは旧ユーゴスラビアのボスニア・ヘルツェゴビナ、コソボにおいて新たな難民が生じている。

## 五　国際人口移動は途上国の人口問題を解決できるか

以上のように、現在の国際人口移動の潮流は、第二次世界大戦以前に支配的であったフロンティア型移動とは明らかに異なり、所得の低いところから高いところへ、また資源のない国からある国へという国内人口移動の原理に近い型をとるようになったのが特徴である。

それでは、国際人口移動、特に低所得国から高所得国への移動が、低所得国の高い人口増加率と人口密度(一般に途上国の方が先進国と比較して二倍以上も人口密度が高い)を緩和させる有力な手段であるのか、そしてひいては「南」の人口問題を解決し得る方法かというと、答えは「ノー」である。

米国の社会人口学者キングスレイ・デイビスによれば、もし当時の国連定義による三八の最貧国の人口増加率を、一九七五―八〇年の世界の平均年間人口増加率一・八%と同じにするために移民を奨励するとするならば、毎年二三〇〇万人の移動が行われなければならない(Davis, 1981)。また最貧国の人口をゼロ成長にまで引き下げるためには何人の人たちが移住しなくてはならぬかを同様に計算してみると、もし三分の一のUターンがあると仮定すれば、毎年四一三〇万人が最貧国から脱出し、例えば先進工業国に行かなくてはならない。

しかしながら、最近の一年間をとっても、アジア、アフリカ、ラテンアメリカからの総出移民数は、データの制約もあるが二〇〇万人にも満たない数字であり、前述の数字と比較して桁はずれに小さな規模である。しかも最近は先進国の景気の後退、文化的軋轢、人種問題、先進国の労働組合の反対等によって、先進国への途上国移民がむしろ減少しているところもみられる。また、アラブ石油産出国も外国人の恒久的移住は歓迎していない。さらに送る方の途上国からみても、無理をして少数の移民を行っても焼石に水で、その努力が必ずしも引き合わないことを考えると、将来「南」から「北」への大量移動が活発化し、「南」の人口問題が解決されるよすがになるとはとても思えないのである(河野、一九八三)。

結局のところ、家族計画等のアイディアと手段の浸透によって、出生率の抑制をもっと積極的に行い、人口増加率を下げることが、貧困の追放と生活水準の向上の目的のためにもっとも効果があり、かつ確実なアプローチであることを、「南」の指導者たちは自覚し始めているように思える。一九八四年メキシコ市で開催された国際人口会議では、一〇年前の一九七四年ブカレストで開かれた世界人口会議とは異なって、経済社会開発が成功すれば人口問題はおのずから解決するとは途上国の指導者の誰も考えなくなり、開発も重要ではあるが、途上国において出生力を抑制することを通じて人口問題を解決しない限り、経済社会開発自体もおぼつかないとの考え方に大勢は変ってきた(厚生省、一九八四)。開発のためには実は家族計画が必須条件であるとの考え方が、すでに明白な結論として、ほとんどの途上国に定着していたことは、この会議に日本政府代表の一員として参加した筆者の驚きであった(河野、一九八四)。一九九四年カイロで開催された国際人口・開発会議においても、途上国のこの基本的スタンスは変っていない。家族計画によるアプローチ自体が道徳的価値からみて良いことか悪いことかの判断は別として、「南」、特に最貧国の人口にとって、選択の自由度はあまり残っていないように思われるのである。

# 第八章　人口と資源・環境

## 一　人口と食糧

元来「人口論」といえば人口と資源、特に人口と食糧との問題であった。人口と食糧の問題といえばまず一八世紀から一九世紀にかけての人口学者マルサスの所説から説き起こさなければならない。

周知のごとくマルサスは、かの有名な『人口論』(実際の本のタイトルは「人口原理に関するエッセイ」)において、二つの命題を提示した。第一は人間の生存のためには食糧が必要であること、第二は男女の性愛は本能であり、必然的であることである。その場合、性愛本能に基づく出産活動によって人口は増加するが、人口増加は限られた土地が生産する食糧の増加を常に超える傾向にある。この結果、もし人口増加が強力な抑制作用によって妨げられない限り、人口は幾何級数(指数曲線)的に増加するが、食糧生産は算術級数(直線)的にしか増加しない。人口増加の幾何級数的増加は、それが続けば将来大きい数字となるが、それ以前に必ずや限界に達せざるを得ない。もし人口増加が続き食糧供給能力以上の人口数に達すれば、早晩自然の積極的抑止作用が働き、飢餓、伝染病の蔓延、戦争が起こり、死亡率が上昇し、人口は食糧生産に見合う水準にまで減少するというのである(Malthus, 1798)。マルサスはのちに『人口論』の改訂版で「積極的抑止作用」のほかに、「予防的抑止」、つまり道徳的抑制、特に晩婚による出生抑制によっても、食糧の生産能力に適応し得るものとした。

ここで、マルサスの議論において見落とせない前提は、土地は有限かつ一定であり、一定の土地への労働力・資本の投入が増加しても、やがてその収穫は相対的に逓減するという収穫逓減の法則である。これはマルサスが、農業生産における技術進歩の効果は一時的であり長期的ではないと考えていることを示す。

さて、マルサスが『人口論』を世に問うた時代から二〇〇年以上経過した現在、このマルサスの予言は的中したであろうか。世界全体、あるいは少なくとも先進国をみる限り、それが的中したとは決して言い難い。一方では世界の人口はマルサスが生きた当時の八億人をはるかに超え、六〇億人に達しているが、他方では世界の食糧生産はこの二〇〇年の間に人口増加率を上回って増加し続けている。例えば世界人口によって消費されるカロリーの約七〇％は米とか小麦という穀物によって賄われているが、穀物生産増加率は、毎年一％の消費増加を考えに入れても、人口増加率を上回っているのである。世界全体としてみると、人類の栄養状態は悪化しているどころか、逆に毎年着実に改善されていると言っても間違いではない(Mönckeberg, 1979)。

しかし、それではマルサスの予言はすべて間違いかというと、個々の国についてみると決してそのようには断言できないのである。例えば一九八五年のエチオピアを中心とするアフリカの飢餓である。「飽食の時代」を謳歌する日本や西欧の状況とは裏腹に、やせ細った子供達の写真が新聞紙面を賑わした記憶が生々しい。食糧生産の不振からくる飢饉は、一九五〇年代以後でもその大規模なものを二回経験している。一回は一九五八年から六一年にかけての中国における大飢饉、もう一回は一九七二年を中心とするアフリカのサヘル地域(チャド、モーリタニア、マリ、ニジェール等のサハラ砂漠の南縁に位置する国々)における旱魃と飢饉がそれである。中国における大飢饉の発生は当時あまり報道されなかったが、アシュトンらの推定によれば、一九五七－五八年に一九・一であった粗死亡率(対総人口)は一九五八－五九年に二四・四に上昇し、一九五九－六〇年には三二・八と最高に達し、一九六〇－六一年でも二九・五と高い水準を示した。そして一九五八－六〇年の間に、直接あるいは間接に中国の大飢饉に由来する死亡数は三〇〇〇万人にも上ったと推定されている(Ashton *et al.*, 1984)。

世界全体としてはマルサスの予言は的中しなかったけれども、人口がその地域の食糧生産によって収容可能な最大限の水準すれすれまでに増加しており、気候の不順による農業不振が起こればたちまち住民が飢餓線上を彷徨するという状況、しかも反面外国から不足分の食糧を買うために十分な外貨の準備も産品もないという、この正にマルサス的とも言える状況は、アフリカや南アジアのどこにも見られるのである。確かに先進諸国、特にアメリカは世界の穀倉と言われ、その農業生産をひとたびフル回転すれば現在の世界の食糧不足を解決できる実力を持っている。またほかの先進諸国は、かりに食糧の自給自足はできなくても、その輸出する工業産品、科学技術、サービスの代償として人間生存のために必要な標準以上のカロリー、良質の動物性蛋白質を摂取している。しかし他方、国連の報告によれば、途上地域では現在八億四〇〇〇万に及ぶ住民が、人間として必要な最低の栄養水準以下の貧しい食事しか摂っていないのが現状である(Bender & Smith, 1997)。

特にサハラ以南アフリカの食糧事情は非常に悪く、一九七〇年以降しばしば人口増加率が食糧生産の増加率を上回っており、全体としてアフリカの人口は慢性的飢餓と劣悪な栄養状態にあると言ってよい。マルサスの亡霊はアフリカ大陸に彷徨しているのである。こうしてみると、現在の世界は総論としてみると食糧不足ということはないが、しかし、土地・資源、食糧が人口のそれに対して不均等に分布しているため(逆に言うと人口が土地・資源に対し不均等に分布しているため)に、各論としてみると問題があり、なかにはバングラデシュやエチオピア、サヘルの国々のように恒常的に飢餓の危険にさらされている国があるのである。

## 二　食糧生産と世界の人口収容力

第一節で、世界全体としてみた場合には現在食糧不足という状況は存在せず、むしろ現在以上の人口増加を十分支えるに足る潜在力を持っていると述べた。そして食糧問題は結局のところ局地的なものであると指摘した。それでは、これから地球はさらにどのくらいの規模の人口を支えていくことができるのであろうか。このような問いに対する答えは多岐にわたり、また学者によって非常に異なる。ここでは国連主催の一九七四年ブカレストでの世界人口会議および一九八四年メキシコ市での国際人口会議に対して重要な貢献を行った、元ハーバード大学人口研究所長ロジャー・ラベル博士の所説を紹介することにする。

表43　世界の農耕地の増加：1860-1978　（百万ヘクタール）

| 地　域 | 1860年 | 1860-1920年の増加 | 1920-1978年の増加 | 1978年 |
|---|---|---|---|---|
| 先進地域 | | | | |
| カナダと米国 | 76 | 161 | −2 | 235 |
| ヨーロッパ | 120 | 21 | 2 | 143 |
| オセアニア | 4 | 11 | 29 | 44 |
| ソ連 | 81 | 88 | 63 | 232 |
| （小計） | 281 | 281 | 92 | 654 |
| 発展途上地域 | | | | |
| アフリカ | 63 | 16 | 91 | 170 |
| アジア | 211 | 91 | 147 | 449 |
| ラテンアメリカ | 17 | 40 | 84 | 141 |
| （小計） | 291 | 147 | 322 | 760 |
| 世界全体 | 572 | 428 | 414 | 1,414 |

出所：Revelle (1984), p. 225.

ラベルによれば、人類の農業生産の潜在能力は非常に大きいものである。表43は一八六〇年から一九七八年までの世界の農耕地の増加を表わすが、一一八年間に五億七二〇〇万ヘクタールから一四億一四〇〇万ヘクタールへと二・五倍に増加していることが注目される。ラベルの計算によれば、世界の陸地面積一三〇億ヘクタールのうち農耕可能な土地は二四億三〇〇〇万ヘクタールで、しかもそのうちの多くは二毛作三毛作に使えるのでその延べ使用面積は四〇億六〇〇〇万ヘクタールであるという(Revelle, 1975)。しかも、世界にはアマゾンの流域、インドネシアやニューギニア、あるいはアフリカの一部のように、熱帯にあり非常に降雨が多くて土壌に栄養分が残らないために、現在の最先端の農業技術をもってしても耕作不可能な広大な土地があるが、これは含まないのである。そのような土地は、現在世界で実際に耕作されている土地面積にほぼ匹敵し、ラベルの推定によれば一五億ヘクタールにも及ぶが、これらの密林地帯は土壌の栄養分が劣悪なうえにさまざまのバクテリア、昆虫、寄生虫が群がっていて、現在の状況では人間が入植するのにとても適さないと言われている(Heer, 1968)。

しかしそれとても将来、科学技術が発達すれば、開墾も可能となるかもしれない。そうすると可耕地面積は五五億ヘクタールになる。

ラベルは、将来、地球がどれだけの人口を扶養していけるかを、可耕地面積から計算して次のように推定している。

(1) 熱帯のきわめて降雨の多い地域以外で、現在の科学技術によって農耕可能な世界の土地面積は、すでに述べたように二四億三〇〇〇万ヘクタールで、多毛作を考えると延べ使用面積は四〇億六〇〇〇万ヘクタールである。

(2) この延べ使用面積四〇億ヘクタールのうち約一〇%は綿等の繊維材料の生産、葡萄酒等の酒、あるいはジュース等を得るために用いられる。

(3) そこで残りの三六億五〇〇〇万ヘクタールに、現在世界で最も進歩しているとみられる米国アイオワ州のとうもろこし生産技術に匹敵する農業技術が適用できるとすれば、一日に換算して $6 \times 10^4 \times 3.65 \times 10^9 = 2.2 \times 10^{14}$ キロカロリーに相当する農産物を生産し得る計算になる。

(4) もしこのうち一〇%は途中でロスがあり、三%は種子として用いられたとしても、それは七六〇億の人口が一日に二五〇〇キロカロリーを消費する食糧一日分に相当する。

(5) 人間一人がバランスのとれた食事として、良質の蛋白質と野菜・果物による十分な栄養を摂らねばならないとして、全体で一日に四〇〇〇から五〇〇〇キロカロリーに相当する食糧が必要であるが、以上の推定により計算すると、地球上で三八〇億から四八〇億の範囲の人口を支えることができる。

以上のラベルの計算によれば、世界の可耕地が米国並みの農業生産性を発揮した場合には現在の地球人口の一〇倍くらいまでは扶養できるということになるが、しかしこれは食糧供給の観点からだけの可能性をみたものであり、個々の国の状況は無視したものである。つまり、分布の不均等性等の問題を考慮していない。ほかの条件、例えば地球上に五〇〇億近くの人類が生存したならば、生活の快適さ(アメニティー)や生活水準は低下することも考えられるが、それでも人類は我慢できるか、といった考慮はもちろんされていない。さらに、森林を農地に換えることによる生態系の破壊、例えば炭酸ガスの大気における増大は考えていない。そういう点で、このラベルの見解ににわかに賛成することはできないのである。

## 三　鉱物・エネルギー資源

かりに食糧生産が今よりかなり増加する可能性があるとしても、人類は単にそれだけで生存できるものでもない。人類の機械文明を支え、今日の欧米諸国において享受されているような快適な生活を維持するためには、鉄、アルミニュウム、シリコン等の鉱物資源が必要だし、また生産のための動力となり、自動車、電車、航空機を動かす燃料を供給し、冬は暖房、夏は冷房をして生活を快適にするためには、石油、電気、ガス、あるいは原子力のエネルギー資源の供給が必要である。これら資源の将来の需要と供給はどのようになるであろうか。

筆者は天然資源に関しての専門家ではないので、これについて立ち入った議論を展開しようとは思わない。ただ鉱物資源、特に金属資源に関しては、後で述べる人口と資源に関する楽観論・悲観論のいずれにおいても、その将来の供給の程度、埋蔵量はほぼ無限に近いということで大体の意見の一致を見ているようである。特に最近は鉱物資源、例えば鉄とか銅とかのリサイクルが技術的に可能となり、これらの資源は一般的エネルギー資源のように使えば消滅あるいは他のものに不可逆的に転化するというものではないだけに、もし将来の地球上の食糧の供給が五〇〇億近くの人口を養えるとすれば、鉱物資源はそれを同じく支える内容を持つものと考えられている。

問題はエネルギー資源である。ある意味では、エネルギー資源こそが最も重要な資源と言える。食糧生産、特に肥料の供給、工業生産、運輸交通、家の暖房等どれをとっても、石油、ガス、電気、原子力がなければ成り立たないからである。ところが、エネルギー資源こそ最も埋蔵量が少なく、涸渇の可能性が高いものと考えられている。

エネルギー資源、なかでも石油のような化石燃料は、それが太古の時代に繁栄した動植物、特に大量のプランクトンの死骸・残骸が堆積し油化したものであるので、地球の深奥部までに達して分布する鉄とか銅の埋蔵とは異なり、数量的に限られることは当然である。特に石油資源の場合、現在その油脈が発見されているところは地域的にみて非常に偏って分布している。このような性質のため、過去何度にもわたって石油、石炭、天然ガス埋蔵量推定の改定が行われてきているが、今後十数年、あるいは数十年にわたって化石燃料消費が継続すれば、やがて資源は涸渇して価格は高騰するであろうとその都度強調されてきた。しかし面白いことに、一、三年経つと必ず新しい鉱脈・油脈が発見されたり、現在の鉱脈が実は以前の予想よりも多くの埋蔵量を持つことがわかったりして、涸渇のデッドラインは将来に延ばされてきた。筆者は一九三〇年代に生まれたが、一九三〇年代後半以来、石油はやがて涸渇してしまうということを絶えず聞き続けてきた記憶がある。

アメリカの資源問題の権威リドカらの一九八二年の推定によると、石油資源は二〇一〇年になると、不足を見越して価格の上昇が起こるだろうとみているが(Ridker & Celelski, 1982)、しかしこれは一九八〇年代の石油価格の急落現象以前の推定である。しかも石油の価格がある程度まで上がれば、これまで採算に合わないため積極的な採掘あるいは生産を控えていたオイル・シェール(頁岩油《けつがんゆ》)やタール・サンドの利用、あるいはアルコールを採取するための特殊な植物の栽培が行われ、エネルギー資源の代替が行われるようになろう。もちろん、コスト高や人体への危険のためにまだ全面的に推進されていない原子力エネルギーの利用も、これまで以上に行われるようになるであろう。リドカは、こうしてみると、世界的にみて石油の涸渇が起こり、石油価格が上昇することは当面の問題にならず、むしろ憂うべきことは、現在貧しくしかも石油資源のない発展途上国がこの資源を確保できるかどうかの問題にほかならないと言うのである(Ridker & Celelski, 1982)。

## 四　人口・資源・環境に関する悲観論

マルサスは、人口を支えるのは食糧であり、食糧生産はせいぜい直線的にしか増加しないので、幾何級数的に増加する人口増加は実際には成立し得ないと考えた。この考え方の背景には、先にも述べたように、農地はこれ以上増加し得ず、また一定の農地には収穫逓減の法則が働くとの古典的経済思想がある。このマルサスの考えは、近代の経済発展とそれに呼応した飛躍的人口増加の事実によって、現在は全く棄却されたと一般に考えられていたが、実は形を変えて、一九五〇年代頃から発展途上国の人口圧迫、貧困、経済発展の不振というものに表現されて息を吹き返しているのである。

一九五八年コールとフーバーは『低所得国における人口増加と経済発展』という今や古典となった労作を発表したが(Coale & Hoover, 1958)、ここで、発展途上国における人口増加は経済発展のための資本蓄積を阻害し、経済的離陸を困難にする条件を形成していると述べ、これらの国々において出生率を引き下げることが経済発展を遂げるために必要であると説いた。これは、現在の高出生率に基づく高い人口増加率が抑制され、年少人口の生産年齢人口に対する高い依存率が低減されない限り、途上国はマルサスの示唆する悪循環の罠に陥って、人口増加、貧困、常に食糧危機にさらされるぎりぎりの生活状況という連環を断ち切ることができないという論理である。この頃からインド政府は国をあげて家族計画の普及活動に全力を傾け始めるが、このような人口活動の立場は「新マルサス主義」という名で呼ばれた。

一九七〇年に発足したローマクラブという世界各国の科学者、経済学者、プランナー、教育者、経営者から構成された民間団体は、米国ＭＩＴのデニス・メドウズ教授を主査とするシステム・ダイナミックス・グループに人類の危機に関するプロジェクトを依頼していたが、一九七二年にそのシミュレーションによる研究の成果がまとまり『成長の限界』と題した報告書が発表された(Meadows *et al.*, 1972)。これは、当時急速に深刻な問題となりつつあった天然資源の涸渇化、環境破壊、特に大気と水の汚染の進行、発展途上国における爆発的な人口増加、軍事技術の発達による大量破壊の脅威などによる人類の危機の接近を憂い、人類として可能な回避の道を模索することを当初の目的としたのであるが、『成長の限界』は、地球は有限であり、このまま人口が増大し、資源を消費し、そして公害を増大していけば、有限な地球はやがて深刻な食糧不足と資源の涸渇を迎えるが、実はそれ以前に大気汚染、環境破壊によって人類は遂に滅亡してしまうと予言し、全世界の学者、産業界の指導者達に大きな衝撃を与えたのである。

『成長の限界』は、すでに述べたようにコンピュータのシミュレーションによる一つのモデルである。このモデルでは五つの要素、すなわち人口、食糧生産、工業生産、環境汚染、および再生不可能な天然資源を基本的変数にしているが、これらの要素はお互いに密接な関係を持ちながらそれぞれ成長(増加)を続けていくと仮定され、ある期間増加が続く場合、これらの五つの要素が連鎖反応を起こして人類のコントロールを超えた破局的状況を迎えるというものである。このモデルに一九〇〇年から一九七〇年までの実際値を投入し、将来を予測すると、人口、工業生産、食糧生産は幾何級数的に成長するが、その過程で天然資源埋蔵量は急速に減少し、そこで資源獲得のための投資が増大して、これが逆に工業生産を衰退させる。同時に工業からの投入物(化学肥料、殺虫剤、医療設備、コンピュータ、そして特に農業機械化のためのエネルギー)に頼るようになっている農業やサービス産業の生産も低下させる。これに対し、人口と環境汚染は、社会的適応につきものの時間の遅れによって増加を続けるために、食糧不足と医療システムの衰弱がひき起こされて、死亡率が上昇し、人口は遂に減少するに至る。これらの事件は西暦二一〇〇年よりだいぶ前に起こるであろう。

ところで、このモデルには「技術」という名の単一の変数は含まれていない。メドウズらは、技術進歩のダイナミックな影響を統合し一般化することは不可能であると考えたのである。しかし、五つのシミュレーションの基本的条件の中には技術革新を取り入れた形でいくつかの派生的シミュレーションを行っているのは興味深い。一般に科学技術が進めば、大洋の底にあるマンガン塊のような、普通ならばとても手に入れることのできない物質を採取し、利用することが可能となり、また品質の悪い鉱石を処理できるようになるであろうなどと信じられている。いまかりに核エネルギーがフルに利用できて世界の資源問題が解決できたものとする。そこで、より低品位の鉱石を利用したり海底採掘が可能となったとして、利用可能な全資源量を二倍にしてみる。さらに次のことを仮定する。一九七五年以降、再利用や再循環のための計画を実施する結果、単位当り工業生産に必要な新規資源投入量が現在の僅か四分の一に低下するものとする(これはメドウズらによれば楽観的仮定である)。この結果、資源の欠乏は起こらない。しかし、成長は汚染の増大により停止する。工業生産、食糧生産、サービスは、資源の制約がないため、かなり後まで増大するが、やがて低下する。人口は一時増大するが結局停止し、減少に転ずる。しかし環境汚染自体、技術的手段によって防止されないだろうか。いまかりに資源の減少率が低下し、さらにあらゆる発生源からの汚染発生が一九七五年以降一律に四分の一になったと仮定する。その場合のシミュレーションによれば、資源の涸渇と汚染は問題とならないが、成長の行き過ぎの様相が現われ、今度は食糧不足の危機が訪れる。農耕可能地の一部は都市化・工業化のために使用され、他の一部は高度集約農業のため疲弊して、遂に農耕可能地の限界に達してしまう。それ以降は人口が増大を続ける一方で一人当り食糧は減少する。食糧の欠乏が明白になると、土地生産性を高めるために工業生産物を農業資本に転用するに至るが、その結果一人当りの工業生産高が減少し始める。一人当り食糧が限界に達すると、死亡率が増大し、人口増加は終りを告げる、と予測するのである。

以上の問題は、食糧が過少、あるいは人口が過剰であるという問題であるとみることができる。それに対する科学技術の反応は、一つには食糧生産性を一層増大することであり、また家族計画のより完全な実施によって出発点から有利な条件を確保することである。食糧生産に関しては世界中の土地の一ヘクタール当りの平均収量が標準的計算と比べてさらに二倍になるものと仮定する。その結果工業生産は増大するが、工業の急速な成長の結果、汚染が上昇し、それが成長を止める。一方、科学技術の発展により家族計画が完全に実施されると仮定する。出生率は低下し、人口増加はより緩慢となる。しかし、それでさえ、成長が止まるのを二一世紀の後の方へ延ばしたにすぎない。やがて農地の過剰利用のため食糧生産は低下し、環境破壊は進行し、食糧生産を一層低下させる。新しい科学技術の導入は、人口および工業生産増加の期間を延長させるだけに止まり、成長が究極的に達する限界を取り去ることは不可能というのである。

『成長の限界』には、暗黙の前提として、人口と資本はある「自然」的限界に達するまでは成長を続けることが許されるべきだという考えがある。この基本的考え方をモデルに取り入れる限り、その結果として、成長するシステムが限界を超えてしまい、破局に陥ることになる。技術進歩を導入して成長に対するある制約を解除し、ある危機を避けるのに成功したとしても、システムはもう一つの限界に向って成長を続け、遂にはそれを超えた後に下降の道を辿らざるを得ないのである。

以上のような内容をもつこのローマクラブの報告書が一たび刊行されるや、世界各国で賛否両論の轟然たる反響を巻き起こした。多くの人々にとっては、それは太平の眠りを醒ます警鐘であった。それまで、多くの人々は、地球の資源は事実上無限であり、地上の大気、大洋の水は少々の汚染くらいにはびくともしない天然の巨大な自浄装置だと思い込んでいた。第三世界では人口増加が食糧難を招き、あるいは経済発展を阻害しているとしても、それは局地的な問題であり、地球的規模でみると経済発展はほぼ無限に続き、人口も今後まだ増加し得るものと暗黙のうちに認めていたのである。人類を人類たらしめる科学技術はまだ将来無限に進歩し、かりに一時的障害や制限はあろうとも、月にロケットを送り人類が月面にその一歩を刻する力を持っていれば、人口と資源の問題、人口と環境破壊の問題もそのうちに解決できるものと信じていた。ところが、今のままで人口、工業生産の成長が続けば、今から一〇〇年のうちに破局が来ること、人口、工業生産、天然資源、食糧・環境汚染の間のバランスは意外にもろいものであることを人々は知り、愕然となるのである。特に、それまで人口問題を対資源、対食糧供給との関連においてのみ考えていた人口学者、経済学者、資源論専門家にとって、工業化、都市化、近代的大量消費が環境破壊を進行させ、将来このままでいくと人類の文明を破壊させ、人類の滅亡にまで及ぶものになるとの警告は、その思考に新しい次元をもたらしたのであり、『成長の限界』の知的衝撃は強烈であったと言ってよい。この報告を契機として、人口問題をグローバルに、しかも各要因を有機的に統合的にとらえるアプローチがにわかに隆盛となり、ローマクラブのこのモデルをより現実的に、しかも各地域の特殊性に即したモデルに仕上げる等の研究がなされたのも、『成長の限界』の投じた一石の波紋と言ってよい。

ともあれ、第二次大戦後において『成長の限界』くらい、世界的規模で学者・知識人の関心を集め、良いにせよ悪いにせよ甚大な知的影響を与えた警世の書はほかになかったのではあるまいか。さて、すでに述べたように、この報告に対し多くの批判が寄せられたが、それらを大別すると次の通りである。

(1)　『成長の限界』は、次の一〇〇年の間に世界の死亡率の究極的増加を避ける条件は人口増加と物質的経済成長を今後二〇年間(一九七二年からみて)のうちに喰い止めることだと説く。しかし、人間は何よりも外的条件の変化に対して秀れた適応能力を持つものであり、この点を『成長の限界』はほとんど考慮していない。そこにはある物質が不足した時に見られる価格の上昇効果、別の方法でそれに類似の物を得るために調査研究を行うといった人間の代替的行為は考えられていない。先見の明のある政府の役割はゼロである。そもそも破局がやって来るという時に人間が座してその破局を待つだけということは考えられない。破局が来る前に少しずつ環境・条件の悪化があるはずであり、手遅れになる前に人間はそのような環境を改善するよう努力するか、あるいはそれに少しずつ自己を適応させて、最後の一瞬に破滅が起こり、それとともに滅亡するという事態を避けるであろう。

(2)　『成長の限界』モデルは、世界はただ一つの団塊を持ったもので、ただ一つの工業生産物、ただ一種類の再生不可能の資源、ただ一つの汚染体、そしてただ一つの地域というように、複雑な世界の要素要因を単純化しすぎている。また、この報告では消費者は消費財間の選択はしないし、生産者は各生産財間の選択もしない。さらに破局の到来が前からわかっていれば、軍事的目的のための予算を削り、資源・環境改善のための調査研究、開発に回すということも考えられるが、このモデルはこれらの可能性を認めないために、人口増加と経済成長を抑えるしか解決法がないというものになってしまっている。

(3)　『成長の限界』自体このことに触れてはいるが、このモデルは科学技術の進歩とその役割について、再生不可能の天然資源の埋蔵量のポテンシャル、人類が環境汚染をコントロールし得る能力、そして人口増加を今後二〇年間に抑制し得る能力について、あまりにも悲観的すぎる。さらに、これから五〇年間くらいの間では原子力の平和利用や太陽エネルギーの活用が現在の化石燃料を代替するとは言えないかもしれないが、例えば二一世紀の後半くらいにはこれが可能となるとは考えられないか。また、石油が涸渇しても、現在はその利用に際して採掘・精製のコストが高く採算がとれないけれども、石油よりももっと埋蔵量の多いとされるオイル・シェールやタール・サンドによる代替が考えられるし、また地熱の利用についても将来可能性があるであろう。金属資源の入手性、埋蔵量等についても『成長の限界』は、あまりにも悲観的すぎる。そこでは今後一〇〇年間に天然資源、エネルギー資源の入手性が五倍に増加するとしているが、例えば米国センサス局の調べによれば一九五四年から六五年の間でも鉄鉱石の世界の埋蔵量の推定は五倍に増えているのである、また、この報告は大洋の海底に眠っている莫大な量の金属塊の存在を無視している。世界銀行の調査によれば、今後二〇年間に毎年約一億トンの海底金属資源が入手できるようになるとされている。さらにその後もっと多くのものが利用できるようになるであろう(Ridker, 1975)。

(4) 環境汚染についてみると、『成長の限界』に示されたように人類の死亡率を上昇させ、破滅に導くほどの悪影響はないのではなかろうか。それについては学者の推定に差があり、ほとんど影響がないとする研究報告もある。また、各国において環境保全のための行政指導や予算措置が行われ、現に各国とも一九七〇年代以前のような悪影響はむしろ軽減したのではないか。日本では、環境庁という行政機構の創設もあり、環境汚染防止のための厳しい規準の適用が実施され、現在は二〇年三〇年前と比較してかなり良い環境条件を持つに至っているし、環境汚染が死亡率の上昇に結びついたという証拠はマクロなデータに関する限りあまりない。わが国の平均寿命は毎年ほぼ着実に伸長しているし、わが国で公害が最も多いと考えられる東京を中心とした大都市圏は、一時のような日本の最長寿地域ではなくなったが、現在もいぜんとして平均寿命の高いグループに属する。

(5) 人口増加について言えば、『成長の限界』はマルサスの人口論と同じく、出生率の低下について悲観的というか固定的観念を持ちすぎているように思われる。出生率と死亡率との関係、経済開発と出生率との過去の歴史的関係は今日通用しないことが多い。発展途上国の家族計画普及の活動いかんによって、十分な社会経済的成熟がなくても、出生率を相当程度低下させる可能性があることを近年の実績は示している。

(6)　リドカの言うように、『成長の限界』で陳述された強度の悲観論をいくらか修正することにより、成長の限界は五〇〇－六〇〇年先に持ち越されることもあり得る(Ridker, 1975)。しかも、特別の新しい人類の適応メカニズムをモデルに要因として加えなくてもである。さらに、限界が近づいてきた時には多くの適応メカニズムが作動して、破局を先に延ばし、あるいは破局を軟化させる方向に働くことであろう。『成長の限界』が行ったように破局を時間的に指定することは適当ではないであろう。

(7)　さらに、このような人口・経済ゼロ成長を唱道するスタンスについて、途上地域サイドからの異論がある。第一に、途上国は欧米諸国の植民地支配から逃れ、ようやく自前の経済発展を行おうとしてきた。そのため、教育の振興、インフラストラクチュアの整備、先進国からの技術移転、工場の建設を行ってきた。これから経済社会開発を行い、生活水準の上昇を目的として努力している矢先に、経済ゼロ成長、人口ゼロ成長の引導を言い渡すのは身勝手である。資源の消費、環境汚染にしても、それは先進国がこれまで行ってきたことの報いであり、ここで途上国も成長を止めよというのは不公平であるという論点である。第二の論点として、もしかりに途上国は成長を行ってもよいとしても、現在の途上国の経済は先進工業国の経済に非常に大きく依存している。そこで、先進工業国が経済ゼロ成長になれば、途上国はその産品の輸出市場を失い、途上国の経済開発自体あやしくなるという主張である。いずれにせよ、『成長の限界』の政策的含蓄としての「ゼロ成長のすすめ」に途上国としては承服しかねる、というものであった。

以上の批判にもかかわらず、ローマクラブの『成長の限界』は、多くの教訓と、人口・資源・環境問題に大きな波紋を残したが、それはさらに後の節で論じられる。

## 五　人口・資源・環境に関する楽観論

マルサスの人口論やローマクラブの『成長の限界』は人口と資源の関係、そして人類の将来に関して悲観的であったのに対し、一方ではきわめて楽観的な(cornucopian)人間万歳主義、資源無限論、「必要は発明・発見の母なり」といった考え方は古くからあり、現代においてもかなりの人口学者・未来学者によって信奉されている。古くはマルサス自身がそのアンティテーゼであったゴドウィン、コンドルセの「空想的社会主義」者がいるが、最近では日本の未来を薔薇色に描いてみせたハーマン・カーンと、『究極的資源』と題する一本を出版し、一九八一－八二年の米国の言論界に大きな波紋を起こしたジュリアン・サイモンの所説をあげることができる(Simon, 1981)。

ハーマン・カーンは『紀元二〇〇〇年』、『超国家としての日本の誕生』においてつとに人類の未来について楽観主義者であることで有名であったが、一九七六年に米国二百年祭を記念して世に問うた『次の二百年』は、アメリカと世界の未来を、手放しの楽観主義ではないけれども、「慎重な楽観主義者」としての矜持を持って描き、我々人類はマルサス主義や、『成長の限界』論者のような悲観論を持つ必要がないことを教えてくれるのである(Kahn, 1967; 1970; 1976)。カーンはその論証の一つとして、世界の人口増加率は、多くの発展途上国の家族計画普及活動の成果としての出生率低下によって、他方で死亡率改善が見られるにもかかわらず、将来の着実な低下が見込まれていることをあげる。反面食糧は、全世界の規模でみる限り、将来の世界人口を養うために十分あると述べる。ただし問題は南北の人口格差であり、これは先進国の技術援助を通じ、発展途上国の自助努力を促進することによって解決可能であると主張する。そして天然資源、特にエネルギー資源については、これまで将来涸渇するであろうと憂慮される向きもあったが、現在埋蔵量が確実にわかっている石油、天然ガス、石炭、オイル・シェール、タール・サンドだけで世界の需要を少なくとも今後一〇〇年間は賄うことができる。潜在的埋蔵量ならばさらにその五倍は優にあろうと推定されている。しかも、人口増加率は二一七六年までにはゼロに近づき、世界全体は静止人口になると予想されている。カーンによれば、二一七六年までに人類はすべての社会経済問題を解決できると思うほど楽観的ではなく、南北の格差問題は残るけれども、人類の英知と調査研究、予測技術によって、二一世紀・二二世紀を十分乗り切れるものと確信できるのである。

一方ジュリアン・サイモンは『究極的資源』において、人間の英知と努力が将来の人口問題、資源問題、環境問題を解決し得ると主張するのである。人類の歴史をみても、部分的には逆行的なところがあったかもしれないが、小麦にせよ鉄にせよ石油にせよ、インフレーションを考慮に入れた相対的価格は長期的には低下しており、逆に人類の生活水準は実質的に向上している。将来も、一時的には困難があるかもしれず、ある資源の不足が部分的には見られるかもしれないが、長期的には資源の代替効果や「必要は発明の母である」との原理が働いて、その不足を克服する種々の手段が講ぜられ、不足は解消されるであろう。天然資源の潜在的埋蔵量は人類にとってほとんど無限と言ってよい。現在確定されており、しかも現在の採掘技術で経済的に採算のとれる資源の埋蔵量は限られており、そのように容易に入手でき、しかも品質の高い原料は一時的には減少するが、やがて採掘技術の改善と新しい鉱脈の発見により、一時的に上昇した価格は低下していく。

ここで、サイモンの考えた「資源」は図23に示したようなものである。理論的に考えられた地球全体の資源は、経済的採算性のあるもの、十分な採算性が現在はないもの、経済的に採算がとてもとれないもの、という三つのカテゴリーに分類されるし、また現在発見されている資源、未発見だがやがて掘りあてる可能性のある資源、そして現在どこにあるか全く不明の資源、という別の次元の三つのカテゴリーによっても分類される。こうしてみると、現在発見されており、しかも経済的に十分採算のとれる資源は全体の資源ポテンシャルの中でごく一部にすぎないことが理解されるであろう。サイモンが論じている資源は地球全体の潜在的なもので、これは現在発見されていて、しかも現在の需要、現在のコスト、現在の採掘技術方法で十分採算性のとれる埋蔵量からみるとほとんど無限に近い大きさを持

図23　資源供給の構図

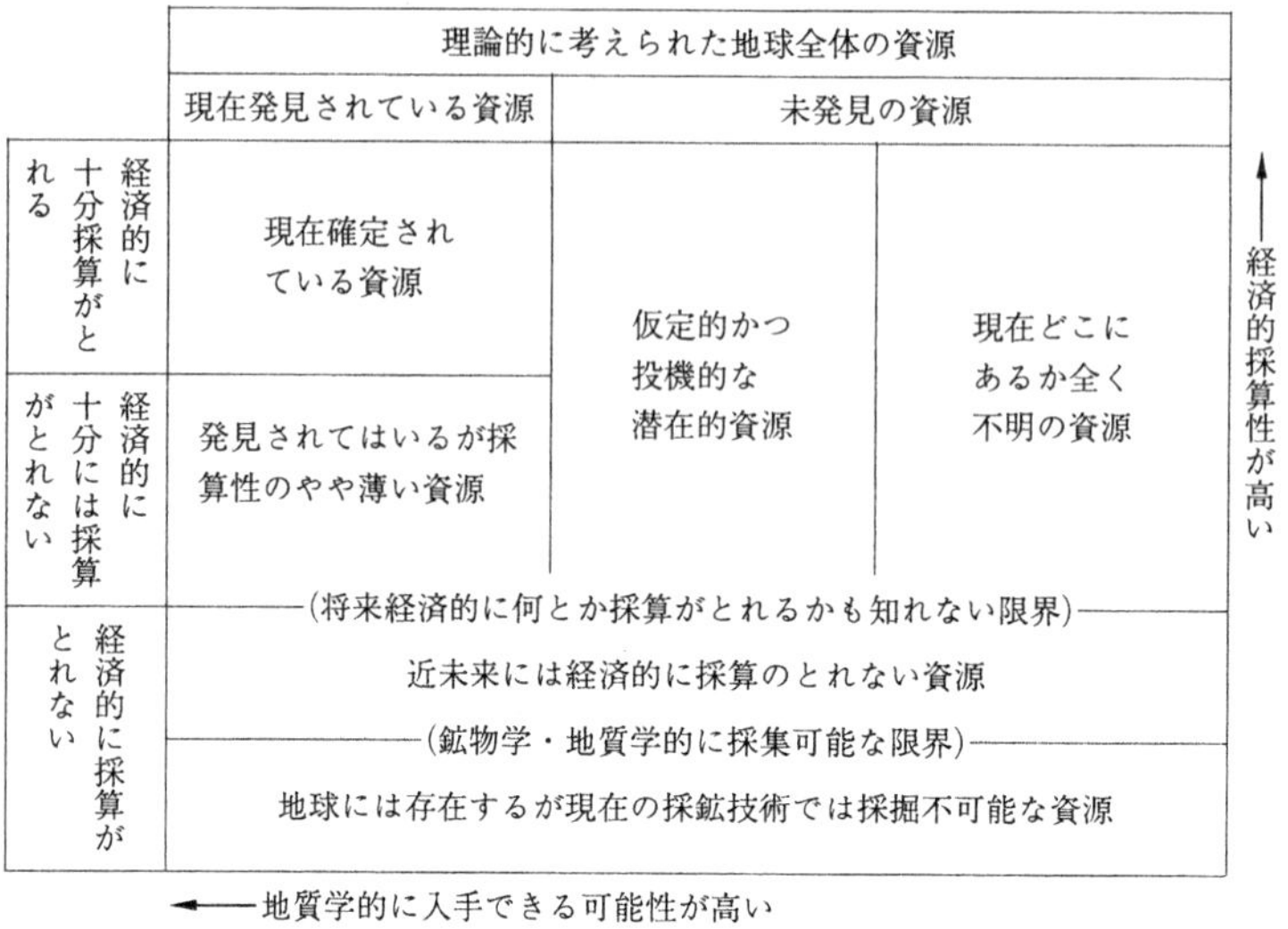


出所：Simon (1981), p. 36.

つものと理解される。したがって需要が上がり、現在主に依存している資源がかりに少なくなっても、価格が上昇し、さらに採掘技術の革新が行われれば、容易に利用し得る資源が多く控えているのである。

サイモンによれば、長期的にみて人口増加は人類にとって脅威になり得ない。短期的には人口の増加は幼少人口の増加となって養育・教育費用を増加させ、政府会計を圧迫するものであるとしても、長期的には必ず良い効果がある。移民人口の流入も、最初は適応調整に費用がかかるとしても、同様である。人間が一生かかって行う生産総量は、消費総量よりも多いからである。人口の増加はむしろ人類にとって恩恵であり、絶対のプラスである。これまで世界人口は何倍にも増えたが、世界で飢饉の発生は稀となっているし、食糧の相対的価格は、多くの他の消費財の価格とともに長期的に低下した。原油の価格も現在(一九八一年)はOPECのカルテルのため高くなっているが、必ずや低下するであろう(予言は見事に当たった)。世界全体の生活水準は長期的にみて非常に上昇した。環境汚染の徴候は一時喧伝されたほどでもなく、また人口増加が環境汚染を増加させたという証拠もない。平均寿命の着実な伸長が長期的に見られたが、これは現在もなお続いている。

こうしてサイモンは、人類の進歩を促進するものは我々の知識であり、想像力が涸渇する時に進歩が止まるというのである。「究極的な資源」は人間であり、技術を持ち、生きよう、より良い生活を持とうという意欲と希望を持った人間である。この素晴しい資源がある限り、人類は進歩し、人口増加は望ましいことだ、と人間万歳を謳い上げるのである。

このサイモンの話題の書が発表されるや、多くの賛否両論のコメントがなされたが、過半数の学者、有識者は、「必要は発明の母」という考え方、これまで環境汚染が誇大に考えられていたこと、適度な人口増加は経済成長に有益な効果を持つことが多いという点、人間こそが究極の資源であるという結論に共感と同情を示しながらも、この楽観主義、すなわち人口増加が経済発展を促進させ、生活水準を必然的に増加させるといった論点が、はたして現在のインドやバングラデシュのような高い人口増加率のためにもたらされた赤貧洗うがごとき状況に適用できるのか、と大いに疑問を持ったのである。それは、せいぜいアメリカのような広大な土地と豊富な資源に恵まれたところでしか通用しないのではないかと感じ取ったのである。むしろ賞讃されたことは、ＦＡＯ(世界農業機構)にせよユニセフにせよ、あるいは国連人口活動基金やＩＰＰＦ(国際家族計画連盟)にせよ、さらにアメリカの人口危機委員会、環境基金、人口レファレンス・ビューローにせよ、国際的にも米国内においても人口世論の形成に指導的な役割を演じた団体・組織がいずれも基本的には悲観論であり、人口増加が常に人間生活にプラスになるという議論とは正反対の立場をとっている中で、よくぞ反対意見を大胆に吐露してくれたというものであった。

サイモンの所説の中で一番説得力のあるのは、プレストンがコメントしているように、人口増加はしばしば高い経済成長と同時に起こっているために、人口増加は経済発展に対し、ほかの諸要因の作動を圧倒するほどのネガティブな影響力を与えるとは限らないということである(Preston, 1982)。この点は、特に発展途上国において人口増加が経済発展のブレーキとして働くという考えがあまりにも定説となっている今日、再考すべき論点である。経済発展にあたって人口、特に豊富な労働力の供給は有利な条件であるし、規模の経済原理も働く。特に、かつてのドイツ、今日のイタリアのように毎年人口が減少する状況の国にあっては、人口増加は旱天の慈雨のようなものであろう。また、人間が究極の資源だとの所論は、ただちに日本を想い起こさせる。日本は、土地が狭小で、資源もなく、今日の経済発展を素手で(外国から資本を借りることもなく)、人間の教育投資と勤勉によって、欧米諸国の秀れた機械文明の技術・ノウハウを学ぶことを通じて獲得したという点で、サイモンの所説が最もよくあてはまる好例かもしれない。ただし日本の場合、明治の経済発展の離陸期にあって、当時の低い人口増加率が経済発展に幸いしたことがよく知られており(岡崎、一九七九)、この点はサイモンの論点とは異なるのである。

総じて、サイモンの楽観論には傾聴すべき点も少なくないが、今日の発展途上国の場合に当てはまらない点が多いため、全体としてはいささか奇矯の理論という印象が強い。何と言っても地球は有限で、これから世界の人口は『成長の限界』よりはるか先まで増加し得るとしても、やはり限界はやがて来るのであり、その時のためにこそ人類は周到な用意と準備をしなくてはならないと考えるべきなのに、これを楽観論で笑い飛ばすといった感じがみられるのである。サイモンが、人間の英知の発露である、政府あるいは国際機関の人口と開発に関する長期的戦略、政策の策定・実施といった活動をほとんど評価していないのは、バランスのとれた議論とは言いがたい。

最近アメリカの人口政策は転換したと言われる。それは一九八四年にメキシコで開催された国際人口会議における米国首席代表ジェームス・バックリー元上院議員の演説にも表われている。ここでは、人口増加はそれ自体必ずしも悪いとは言えず、自由な企業家的精神こそ人口と開発の鍵を握るものだという発言、そして、人口問題を考えるにあたって、人間の尊厳というものを十分考慮すべきであり、人工妊娠中絶を家族計画の方法としては受け入れられないという発言がなされたが、その裏に、以上のサイモンの所説が反映されているということを聞くのである(Finkle & Crane, 1985)。

## 六　我々がなすべきこと

ここまでみたように、人口と資源・環境の問題については悲観論と楽観論が並び立ち、それぞれに傾聴すべき点と必ずしも納得できない点があって、にわかに甲乙はつけ難い。悲観論者の要点は次の通りである。

(1) 人口増加と経済成長には必ずや限界がある。
(2) この限界は非常に近い。
(3) もしこの限界が近すぎると死亡率が急上昇する。
(4) この限界がかなり離れていたとしても、人口増加と経済成長は停止すべきである。

限界が近いことの例証として最近の石油問題、アフリカの飢餓があげられる。また、地球の砂漠化の進行、土壌の侵食、森林の消滅等も地球環境の悪化としてあげられる。

これに反して、楽観論のポイントは次の通りである。

(1) 科学技術の進歩が止まらない限り成長の限界はない。しかし、科学技術の進歩に限界はない。
(2) かりに科学技術の進歩が止まるとしても、成長の限界はまだまだ先のことである。
(3) 経済成長は社会に有益であり、継続されるべきである。

楽観論者の最大の論点は、過去の人類の歴史をふりかえってみると、人口の増加と経済成長とが手に手を取って進行してきたというところにある(Ridker & Celelski, 1982)。人口増加と経済成長は補足的関係にあるというのである。

両方の考え方で最も違っているのは科学技術の役割についての考え方であろう。楽観論者は科学技術万能主義である。悲観論者は科学技術の役割を認めるものの、成長の限界が近づいている時、それはせいぜい破局を数十年先に延ばすにすぎないと考える。科学技術の効果が過大に評価されすぎているという意見がある。先進国・途上国のどこにでも見られる交通の渋滞、アフリカ・アジアの食糧危機、欧米の都市の犯罪の増加に見られるように、科学技術は社会の問題や病理を解決していない。欧米社会においては家族が崩壊し、離婚が増え、子供の社会福祉・教育程度は前より悪化し、決してユートピアやシャングリラの到来を感じさせない。むしろ黙示録的な世界の終末を暗示するものすらあるのである。

真理は中道にありと言われるが、この場合我々のとるべき道は中庸にあると思われる。悲観論も楽観論もそれぞれ状況を単純化している嫌いがある。しかし、明らかに地球は有限である。一九六八年一二月アポロ八号が月の裏側を回り、月の方から撮った美しく青い地球の写真を忘れることはできない。地球は小さくそして有限であった。資源は有限であり、成長の限界は、人類がほかの太陽系に移住しない限り歴然としている。しかし、その限界は悲観論者が言うほど近くはなく、まだだいぶ先のことであると考えたい。少なくとも、我々が英知を傾けて諸政策を立案・策定し、国際協力を行い、世界をあげて対処する時間は十分にあるように思われる。我々が高い人口増加率を低下させることは、そこで将来の問題解決のための猶予期間を獲得することになる。猶予期間は決して無限ではなく、無為に過ごせばいずれ終りが来るくらいの時間であろう。地方自治体、中央政府、国連、国際的民間団体において、もっと活発な討議が行われ、議論が尽くされ、将来の人類生存のための長期戦略策定に向って着実な作業が行われるべきであると考えるのである。

# 第九章　人口政策

## 一　人口政策の時代

今日くらい内外において「人口政策」の論議が活発になった時代はないように思われる。現在を「人口政策の時代」というのにはかなりの誇張があるが、四半世紀前と比べると、「人口政策」論議の隆盛は今昔の感がある。一九六〇年頃までは、国連などの国際的討論の場においては「人口政策」という言葉は「家族計画」以上にタブーであった。その一つの理由は、政策論は価値判断の要素を必然的に含み、科学的に論議することが難しいと思われていたこと、国家が人口政策を立てそれを実行することは、多くの場合に個人の尊厳と人権問題に関連し、それは倫理的に大いに問題があると思われていたことであろう。さらに、人口政策は、もしそれを行うとしても、それは主権をもつそれぞれの国の国内問題であり、これを国際的討論の場で論ずることはふさわしくないといった拒否反応があったと思われる。

人口政策を国際社会の場で正面きって論ずるようになったのは、一九六五年前後であった。それは、台湾、韓国で家族計画の模範プロジェクト(action program)が成功し始め、周到かつ強力なプログラムを施行した地域で出生率が低下し始めたことにより、人為的手段によっても出生率が下がるということの確証が得られたことに基づくものであった。それまでは、出生力の低下に関する理論としては人口転換学説が指導的地位にあり、社会経済の成熟、所得の増大、教育の普及、工業化、都市化、目的合理的考え方の浸透がない限りは、発展途上国の高い出生率は低下することはないという考え方が支配的であった。

このような考え方とは違った新しい考え方は、一九六五年ベオグラードで国連と国際人口学会が人口学者レベルの世界人口会議を開催した際、出生力部会の総括討論者になったロナルド・フリードマンが提唱した出生力低下の新パラダイムに代表される。そこでフリードマンは、発展途上国における出生率低下について六つの条件を考えた(Freedman, 1966)。

(a) 社会開発がすでに相当程度達成されていること。

(b) 死亡率が現在までに相対的に低いレベルに落ちていること。

(c) 多くの人達があまり大きくない家族規模を望み、家族の大きさ(子供の数)を小さくしようとしていること。

(d) 各地域社会を結ぶ効果的な社会ネットワークがあり、それを通じて家族計画の考え方やサービス、そしてその他の近代化の影響が伝播され得ること。

(e) そこに家族計画の考え方と知識(ノウハウ)を伝播させようとする、大規模の、効果的な組織的努力が行われていること。

(f) IUD(子宮内挿入避妊具)やピルというような新しい避妊手段が簡単に入手できること。

フリードマンによれば、この六つの条件がすべて満たされず、一つくらい欠けていても出生率の低下が起こり得るものであるという。(a)から(d)は過去‐現在の人口学的・社会的条件を表わし、(e)(f)は新しい条件で、これまで考えられたことのない要因であった。特に(e)のように政府とか民間団体による組織的な意志的行動が途上国の出生率低下に貢献すると考えたことは画期的なことであった。これは、人口転換学説のように、出生力の低下は、近代化、都市化、社会経済的諸条件の成熟によって初めて起こるという考え方が支配的な時代、少なくとも一九六〇年代以前には予想されなかった新しい要因であり、社会経済的条件がかりに部分的に未成熟であっても、人間の意志と周到な計画によって出生率低下が起こる可能性を説いたことは特筆すべきである(すでに第四章第四節で出生力決定要因としての人口政策の重要性を論じているので、参照されたい)。

その後一九七〇年代初めから人口問題に関する関心が非常に高まり、世界人口年と定められた一九七四年にはブカレストにおいて、政府間レベルでの最初の世界人口会議が開催され、「世界人口行動計画」が採択されたのである。さらに、一九八四年のメキシコ国際人口会議の「新世界人口行動計画」を経て、九四年のカイロ国際人口・開発会議によって女性の強化をスローガンとする「行動計画」の採択へと、新たな進展が見られている。

## 二　人口問題と人口政策

「人口政策」という場合、まず問題になるのはその定義である。議論のための議論は避けたいので、ここでは、人口政策とは、政府が主体として、人口の動向を直接間接に政府の影響力を行使して変化させようとする計画的意図であるとする。例えば法律体系を変えてそれに従わない者を処罰するということも考えられるし、税制改革によって、出生率を上昇させるために、結婚し子供を持つことがそうでない場合よりも有利になるような税の免除を行うこともあるし、あるいは逆に出生率を抑えるために税の賦課を行うことも考えられよう。児童手当の支給は、場合によっては出生率を高めるための有力な手段だし、共働きの女性が働いている時間中子供をあずける託児所の数を増やすことも一つの方法であろう。

ここで確認しておくべきことは、人口政策は人口の動向、特に出生率、死亡率、人口移動、人口増加率、そしてひいては人口構成、人口分布の変化を意図したものであるということである。例えば出生率低下をとってみると、人口政策として特に意図していなくても、社会政策によって学校を建設し、義務教育の普及を行うことにより出生率が低下することがあり得る。また先進国においては、結婚している女性が外で働いている場合、出産に際して十分な産児休暇が与えられ、そして女性が職場に復帰した時、待遇面で不利にならないような制度がとられていることがある。これらによって、出生率の一層の低下を食い止める効果があるかもしれない。しかし、前者はもう少し大きな立場の経済社会計画の一環として義務教育の普及が意図されているのであり、それが出生率低下を招来したといっても、これを人口政策とは言い難いであろう。後者の場合は、人権主義的立場から、あるいは女性の地位の向上という立場からそのような措置が行われていることが多く、それを即人口政策ということはできない。結果として人口の動向に大きな影響があったとしても、出生率を低下あるいは上昇させようという特別の目的が当初からない限り、ここで問題とする「明示的」人口政策とは言えないのである。

「人口政策」は、一国全体の平和と国民の福祉・生活向上のために、政府がはっきりとした意図をもって現在の人口動向を変化させようと努力するものであるが、その前提として、その国においてある種の人口問題があるということの認識(perception)がなければならない。またその現象の本質、性格、構造、さらに原因のメカニズムが把握されなければならない。

戦後における世界の最大の人口問題は、発展途上地域の高い出生率に起因する高い人口増加率である。しかし、この問題は昔から存在していたわけではなく、第二次大戦後の急速な死亡率の低下によって人口増加率が上昇し、これが、与えられた技術の枠組内の限られた資源・空間条件のもとでは経済の発展を阻害し、国民生活にマイナスになるということが認識されてはじめて問題になったのである。他方、先進国では異常とも見える出生率低下があるが、これも最近、特に若い労働力の不足、絶対的あるいは相対的な高齢人口の著しい増大、その結果として生産年齢人口に課せられる扶養負担の増大、あるいは経済的活力の衰退、経済成長の不振といったことが認識されてから問題となってきたのである。

当面の人口問題の解決にあたってある人口政策がとられるとき、まず第一に考慮されなくてはならないことは、現在の人口問題を生み出した要因の把握である。そのためには問題となる人口現象とどの要因が関連しているかを認識

図24 アメリカ人口・人口学委員会による出生力決定要因モデル

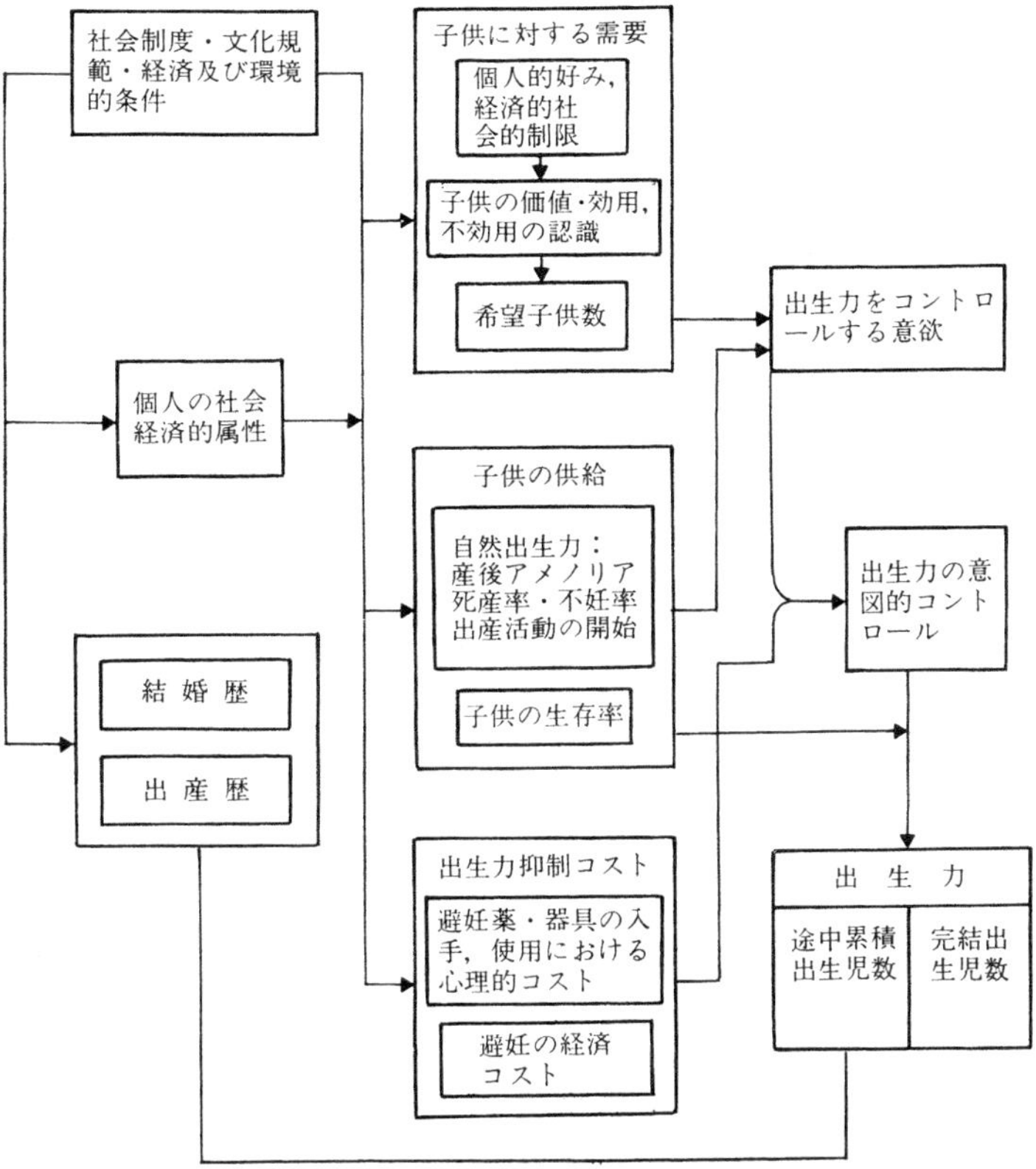


出所：Bulatao & Lee (1983), p.10.

し、またその関連を数量的に把握することが必要となる。人口要因の把握に際しては、すでに例えば出生力の決定要因のところで示したような要因モデルの構築が必要であり、何が媒介変数なのか、そしてどの変数が人為的に操作できるのかという要因間の相互作用についての基礎的知識がなければならない。

図24は米国学術会議の中にコールを委員長として組織された人口・人口学委員会が作成した出生力決定要因モデルである。このモデルは、出生力決定要因モデルとしては、今までの出生力需要モデルに子供の生物学的供給の次元を取り入れたことで、これまでのところ決定版とも言えるものであるが、これに沿っ

て出生力決定要因のうちどこに人口政策が関わり得る接点、あるいは「窓」があるかをみてみよう。

まず「結婚」は第四章で述べたように出生力に影響を及ぼす大きな要因である。人間の妊孕力は年齢によって大きく変るので、単に結婚の有無だけでなく、初婚年齢によって影響を受け、あまり晩婚だと第一子をかろうじて生んでも第二子を生めないままに終るという事態が発生する。したがって早婚の奨励、あるいは晩婚の奨励は大きな意味を持つ。さらに、夫に死別した後、インドのような社会では妻は一生再婚せずに終るという習慣があるが、このような習慣をなくしたり、あるいは維持したりすることは人口政策として大きな意味をもつ。

次に子供を生むかどうかについては子供に対する需要が大きく関連する。すなわち子供を持つ効用あるいは喜びが負の効用または子供を育てるコストより上回れば子供を生もうという意欲に、それを下回れば出生を抑制しようという意欲につながると考えられるから、もし出生率を上昇させたいという国家の目的があれば、子供を生む効用を増加させ、子供を出産し養育する負の効用・コストを減少させる政策がとられるであろう。子供の効用・負の効用に関しては多くの要因があり、またコストも直接衣食住に関するコスト、教育費のコストから、機会費用の間接コストまである。子供の出産・養育の直接的コストを軽減する政策手段としては、①出産一時金の給付、②出産費用の負担軽減、⑧児童(家族)手当の支給、④教育・住宅面での優遇措置、⑤税制面での優遇措置といったものが考えられる。また子供の間接費用軽減のためには、①産前・産後の有給休暇、②育児期間中の雇用・所得保障、③職場復帰後昇進に関し不利にならないような考慮、④保育所の増設・拡充といった条件が考慮されよう(河野・阿藤、一九八二)。

また図24にも示されているように、途上国などにおいては、出生力抑制のために避妊具を入手し使用することは、心理的あるいは経済的コストがかかり、躊躇逡巡しやすいものであるが、政府が夫婦出生力の抑制が倫理的に間違ったことではないという考え方を普及させるキャンペーンをし、さらに避妊薬・器具が自由に、容易に、そして安く買える措置を行うことは非常に重要な政策となるであろう。以上のほかに、図24のモデルに沿ってみると、人口政策が関わりうる窓はいくつも考えられるが、ここではこの辺に止める。

## 三　世界各国の人口政策

それでは世界各国はどのような人口政策を行っているのであろうか。それを展望するためには、国連が二年に一度各国政府に対して行っているアンケート調査の結果に従ってみるのが便利である。国連は過去一三回にわたってアンケート調査を行っているが、ここでは主として最新の一九九八年の調査に基づいて議論を進める。

国連のアンケートは、人口政策として人口増加、死亡と健康、出生力、人口分布、そして国際人口移動を扱っているが、ここでは人口増加と出生力に関するものだけを取りあげたい。死亡と健康に関しては、死亡を減少させ健康を増進することはすべての国の究極的目標であり、問題はその達成方法の相違、予算配分という技術的なことなので省略する。国際人口移動は、ある国にとっては重要であるが、世界全体としては影響が小さいため、また人口分布の問題は重要であるが、その政策論は人口問題というよりも経済・国土計画の問題と言えるので、ここでは触れない。

### 1　人口増加

国連は、人口政策について、各国が現在の人口情勢をいかに認識しているのかという次元(perception)と、実際に何らかの方策・対策をたてる人口政策策定(formulation)と実施(implementation)の次元に分けて考えている。そこで、人口政策の中でも核心的事項である人口増加率について、各国の認識の程度と実際の人口政策との関連をみてみよう。表44は、一三五の発展途上国と四四の先進国、計一七九カ国の人口増加率についての認識と政策をまとめたものである(UN, 1999c)。これによると、どちらかというと途上国の間で人口増加率が高すぎると認識し、だから増加の抑制政策をとる国が多いのに反し、先進国の間では増加率が低すぎると認識し、だから増加促進政策をとる国が多いことは十分理解できる。しかし、人口増加率が一応満足な水準にあると思っていると回答し、だから政府は直接的介入を

表44　各国政府の自国の人口増加率に対する認識と政策：1998

| 認識 | 人口増加率が低すぎる | | 人口増加率が一応満足な水準にある | | | | 人口増加率が高すぎる | | 総数 |
|---|---|---|---|---|---|---|---|---|---|
| 政策 | 直接介入せず | 増加政策 | | 維持政策 | 直接介入せず | 抑制政策 | | 直接介入せず | |
| 組合せ | 1 | 2 | 3 | 4 | 5 | 6 | 7 | 8 | |
| 途上地域 | | | | | | | | | |
| アフリカ | 0 | 1 | 1 | 2 | 11 | 1 | 30 | 6 | 52 |
| アジアのアラブ諸国 | 0 | 4 | 0 | 1 | 3 | 0 | 2 | 1 | 11 |
| アラブ以外のアジア(除日本) | 2 | 3 | 0 | 3 | 4 | 1 | 14 | 1 | 28 |
| ラテンアメリカ・カリブ | 1 | 1 | 0 | 2 | 16 | 0 | 13 | 0 | 33 |
| オセアニア(除オーストラリア・ニュージーランド) | 1 | 1 | 0 | 1 | 1 | 0 | 7 | 0 | 11 |
| 計 | 4 | 10 | 1 | 9 | 35 | 2 | 66 | 8 | 135 |
| 先進地域 | | | | | | | | | |
| ヨーロッパと北部アメリカ | 3 | 5 | 3 | 6 | 23 | 0 | 1 | 0 | 41 |
| 日本・オーストラリア・ニュージーランド | 0 | 0 | 0 | 0 | 3 | 0 | 0 | 0 | 3 |
| 計 | 3 | 5 | 3 | 6 | 26 | 0 | 1 | 0 | 44 |
| 世界合計 | 7 | 15 | 4 | 15 | 61 | 2 | 67 | 8 | 179 |

出所：UN (1999c).

していないと答えた国が途上国の間でも先進国の間でも意外に多いことが注目される。途上国は人口増加率が総じて高く、だから政府もそれを高すぎると認識し、人口増加抑制政策をとっているのかと思うと、そのようなケースは途上国一三五カ国のうち六六カ国で、約半分にすぎない。しかし、一九八三年当時はこのケースが一二九カ国中わずか四二カ国であったので、それからみると国の数は近年かなり増えてはいる。また先進国はほとんど非常に低い出生率を経験し、毎年着実に進行する人口高齢化に悩んでいるのだから、もっと多くの国が出生率の増加によって人口増加率を上げる政策をとっているのかと思えば、その数は半数にも満たないことが目につく。しかしこれらの場合も、政策をとりたくても過去の経緯、諸般の事情からそれがとれない場合、例えばドイツのようなケースと、本当に全く必要でないからとらない場合と、増加率は少なくてもまだマイナスではないので特に増加政策はとっていない場合、というように、さまざまなケースがある。

途上国の場合、自国の人口増加率に対する認識においても、また実際に政策の策定を行っているかどうかについても、地域的にかなりの振幅のあることが特徴的である。すなわち、アラブ諸国以外のアジア、つまり全アジアの大半を占める地域では、人口増加率が高すぎると認識し、したがって人口増加抑制政策をとっている国々が半数を占め、またオーストラリアとニュージーランドを除くオセアニアでも同様であるが(これらの国は国連のアジア・太平洋地域経済社会委員会ESCAPに属している)、アラブ諸国(サウジアラビア、イラク、クウェートなど)では、人口増加率が高すぎると認識し抑制政策をとっている国は一一のうち二つしかない。また、アフリカとラテンアメリカ・カリブ地域では、アラブ以外のアジアよりも現状に満足し、特に政策を行っていない国が多いが、しかしそれでも人口増加率が高すぎると思い、抑制政策をとっている国の方が、増加政策をとっている国よりもはるかに多い。このことは、途上国といっても決して一様ではなく、むしろ発展段階、多産多死から少産少死へと移る人口転換の過程、人口規模、人口密度、資源の入手性の程度、政治環境等によって少なからぬ地域差があることを示唆している。

先進国については、わが国の人口事情との類似もあり、一般の関心もより高いと思われるので、表44の先進国の内わけを国別に示す表45によって、より詳しく検討してみよう。この表によれば、人口増加率が低すぎると認識し、したがって増加政策をとっているのは、実は東欧諸国あるいは旧ソ連圏の国々、西欧の中ではミニ・ステートと呼ばれるモナコ、そしてギリシアのようにヨーロッパといっても比較的貧しい周辺の国であり、西欧の大国で増加政策を明示的にとっているのはフランスだけである。

周知のように一九六五年あたりから西欧諸国で一斉に出生率が低下し、現在は合計特殊出生率が軒並みに一・八を下回っている状況にある。中にはドイツ、イタリア、スペインのようにそれが一・四以下になっている国もある。特にイタリアとスペインは合計特殊出生率が一・二―一・二のレベルで、近年出生率低下競争を行ってきた。一方、ドイツは一九七〇年代後半と八〇年代前半に人口増加率がマイナスに転じた経験を持つ。それにもかかわらず、これらの国の政府が特に人口増加政策(出生率増加政策)を行っていないのは不思議に思われる。しかし、例えば統一前の西ド

表45　先進国政府の自国の人口増加率に対する認識と政策：1998

| 認識 | 人口増加率が低すぎる | | 人口増加率が一応満足な水準にある | | | | 人口増加率が高すぎる | |
|---|---|---|---|---|---|---|---|---|
| 政策 | 直接介入せず | 増加政策 | | 維持政策 | 直接介入せず | 抑制政策 | | 直接介入せず |
| 組合せ | 1 | 2 | 3 | 4 | 5 | 6 | 7 | 8 |
| 国名 | ブルガリア<br>ルーマニア<br>ラトビア | ベラルーシ<br>ハンガリー<br>ウクライナ<br>ギリシア<br>モナコ | リトアニア<br>クロアティア<br>フランス | アルバニア<br>サンマリーノ<br>ユーゴスラビア<br>ベルギー<br>ルクセンブルグ<br>オーストリア | 日本<br>ポーランド<br>チェコ<br>ロシア<br>デンマーク<br>エストニア<br>フィンランド<br>アイスランド<br>アイルランド<br>ノルウェー<br>スウェーデン<br>イギリス<br>アンドラ<br>バチカン<br>イタリア<br>マルタ<br>ポルトガル<br>スペイン<br>ドイツ<br>リヒテンシュタイン<br>オランダ<br>スイス<br>カナダ<br>アメリカ合衆国<br>オーストラリア<br>ニュージーランド | | マケドニア | |
| 計 | 3 | 5 | 3 | 6 | 26 | 0 | 1 | 0 |

出所：UN (1999c).

イツの場合（一九八五年）、合計特殊出生率が一・二八で世界最低を記録していたにもかかわらず、政府による直接介入の人口増加政策をとらなかったのは、筆者の質問に対してドイツの人口学者が異口同音に答えているように、一九三〇年代から四〇年代前半にかけてのナチス時代のアーリア民族優秀説に基づくドイツ民族生めよ増やせよ政策の記憶、特にユダヤ民族の鏖殺《おうさつ》と引きかえの人口政策の悪夢が、いまだに国民の間に、否、ドイツ国民だけではなくヨーロッパの各国民の間に残っているために、人口政策、少なくとも明示的な人口政策をとることにはとても踏み切れないからだという（元西ドイツ国立人口研究所長 Karl Schwarz および Hermann Schubnell 博士、Charolette Höhn 女史との対話、一九八一年）。さらに、第二次大戦後は、ナチス時代の全体主義的統制への反動からであろうか、ドイツには個人の自由、個人の幸福の追求が国家よりも何よりも大事であるとする考え方、哲学が国民の間に広く行きわたっているからとも言われている（ビエルフェルト大学人口社会政策研究所 Franz X. Kaufmann 教授との対話、一九八六年）。

　わが国は人口増加の事項に関し、国連に対してどのように答えているのだろうか。日本は表45に示すように、人口増加に関する認識としては「一応満足な水準にある」と答えており、また増加促進、増加維持、および増加抑制政策のいずれもとらず、「直接（政府が）介入せず」との立場をとっている。「直接介入せず」というのも一つの政策であり、わが国は西欧の主だった国と同じように不干渉主義を現在とっている。しかし、これは明示的な立場では、ということであり、日本政府はわが国の人口増加に関して当然重大な関心を持っているが、現在はその動向を出生率の動向と関連して見守っているというところであろう。

国連の人口政策に関するアンケート調査は一九七四年に始まっているが、その後四半世紀の間に各国の人口増加に対する認識と政策はどのように変っていったであろうか。国連の一九九八年の人口政策に関する報告書によれば、一九七六年、八六年、九六年の過去三回の変化を示している（UN, 1998c）。七六年調査では回答した一四九の国のうち六六カ国が「一応満足な水準にある」と答えており、一方「低すぎる」と答えたのは三四カ国、「高すぎる」と答えたのは四九カ国であった。八六年にアンケートに回答した一六三の国のうち七二カ国が「一応満足」と答え、「低すぎる」は二六カ国に減少、代って「高すぎる」と答えたのは六五カ国に増加した。「高すぎる」としたのはすべて途上国である。

九六年調査では、回答を寄せた一七九カ国のうち「一応満足」は八〇に増え、「低すぎる」は二三に減少し、「高すぎる」が七六に増えた（九八年調査ではさらに多少変化しているのに注意）。七六年から九六年にかけて、「一応満足」と答えた国の割合は変らないが、「低すぎる」は二三％から一三％に減り、代って「高すぎる」が三三％から四二％へ増えた。

一方、実際の政策実施の変化はどうであろうか。一九七六、八六、九六年の三年次を比較して、増加率を上げる政策をとっている国は、それぞれ二八、二六、そして一九カ国へと、割合にして一九％、一六％、一一％に低下した。一方、増加率を抑制している国は、七六年の三九から八六年の五三へ、そして九六年の六八カ国へと、割合にしてそれぞれ二六％から三三％、三八％に増加した。何も政策を行っていない国は、七六年の八二、八六年の七二、九六年の七八へと変動しているが、割合に関してはそれぞれ五五％、四四％、四四％と近年変化していない。

この傾向は、後にも触れるように、まず、一九七四年に初めて行われた国連主催のブカレスト世界人口会議から第二回のメキシコシティにおける国際人口会議への過程で、世界、特に途上国の間の人口に関する思潮、世論が変化したことを反映していると考えられる。一九七四年ブカレスト会議では「開発は最良の避妊薬」だという雰囲気が強く、人口問題は開発問題であり、経済開発をまず達成することが先決であり、人口増加の抑制、あるいは人口政策の策定は二の次だという主張が強かった。ところが一九八四年のメキシコシティ会議ではそのような主張は鳴りをひそめ、人口を開発の枠組の中で取り扱うという基本的スタンスは変らないとしても、人口の要因が開発計画の中で非常に重要であり、人口政策の役割は非常に大きいことを強調する主張が強くなった(厚生省、一九八四)。これは、途上国の人口増加に関する考え方の変化とかなりよく照合していると考えられる。中でもアフリカの中で一七の国が、一九七六年には自国の人口増加の状況は「満足である」と答えていたのが、一九九六年になって「高すぎる」と見方を変えたのは非常に興味深い。

一九九四年のカイロ会議以後の動向は、メキシコ会議以後の傾向の延長線上にある。後述するように、カイロ会議では人口政策に関する大きな発想の変換が見られたが、人口増加を懸念し、抑制策を実施している国は実数、パーセントともに増加している。

## 2　出生率

一九九八年の出生率に関する各国の見方と政策は表46に示される。出生率に関する各国の認識と政策の分布は、人口増加に関するものとよく似てはいるが、こまかいところで異なる点もある。人口増加は出生、死亡、国際人口移動の総合、あるいはバランスによるものであって、出生率に対する認識・政策決定とは異なる要素をはらんでいるからである。

表46によれば、発展途上国については、全般的に高出生率であるにもかかわらず、自国の出生率が高すぎると考え

表46 各国政府の自国の出生率に対する認識と政策：1998

| 認識 | 出生率が低すぎる | | 出生率が一応満足な水準にある | | | | 出生率が高すぎる | | 総数 |
|---|---|---|---|---|---|---|---|---|---|
| 政策 | 直接介入せず | 増加政策 | | 維持政策 | 直接介入せず | 抑制政策 | | 直接介入せず | |
| 組合せ | 1 | 2 | 3 | 4 | 5 | 6 | 7 | 8 | |
| 途上地域 | | | | | | | | | |
| アフリカ | 0 | 1 | 0 | 2 | 9 | 0 | 36 | 4 | 52 |
| アジアのアラブ諸国 | 0 | 1 | 0 | 4 | 3 | 1 | 2 | 0 | 11 |
| アラブ以外のアジア(除日本) | 0 | 4 | 1 | 3 | 3 | 1 | 15 | 1 | 28 |
| ラテンアメリカ・カリブ | 0 | 1 | 0 | 1 | 13 | 1 | 17 | 0 | 33 |
| オセアニア(除オーストラリア・ニュージーランド) | 0 | 0 | 0 | 2 | 1 | 0 | 8 | 0 | 11 |
| 計 | 0 | 7 | 1 | 12 | 29 | 3 | 78 | 5 | 135 |
| 先進地域 | | | | | | | | | |
| ヨーロッパと北部アメリカ | 4 | 11 | 3 | 3 | 19 | 0 | 1 | 0 | 41 |
| 日本・オーストラリア・ニュージーランド | 1 | 0 | 0 | 0 | 2 | 0 | 0 | 0 | 3 |
| 計 | 5 | 11 | 3 | 3 | 21 | 0 | 1 | 0 | 44 |
| 世界合計 | 5 | 18 | 4 | 15 | 50 | 3 | 79 | 5 | 179 |

出所：UN (1999c).

ている国は一三五のうち八三カ国であり、そのうち七八カ国が出生率抑制のための政策をとっている。これは途上国全体の五八％である。逆に出生率が低すぎると考えている国は七つあり、その全部が出生率上昇のための政策をとっている。その内わけはアフリカ一、アジア五、ラテンアメリカ一となっている。残りの四五カ国は出生率が一応満足のいく水準だと考えており、そのうち二九カ国は何らの政策もとらず、一カ国が出生率上昇のための政策をとっている。出生率に満足している四五カ国の中で一二カ国は現在の出生率を維持する政策をとっている。

以上の一九九八年の結果を一九七六年の結果と比較すると、かつてはもっとあった「一応満足」な国の数は減少し、代って「高すぎる」と答えた国の数が増加している。一方政策実施の場合をみると、「直接介入せず」が減少し、代って出生率抑制を行っている国が増加している。

一方、先進諸国についてみると、四四カ国のうち自国の出生率が高すぎると考えている国は一カ国だけであるが、低すぎると考えている国は一六あり、そのうち一一カ国が出生率上昇のための政策をとっている。これは先進国全体の二五%にすぎない。残りの二七カ国は出生率が一応満足な状態にあると考えているが、そのうち二一カ国は何らの政策もとっておらず、三カ国は出生率上昇のための政策をとり、三カ国が出生率維持の政策をとっているにすぎない。また一カ国は出生率抑制政策を行っている。したがって、先進地域の大多数の国々は明示的出生率増加政策をとっていないことになるが、しかし例えば一九七六年と比較すれば、出生率が低すぎると感じたり、増加政策をとっている国は増加している。

先進国と途上国を表46によって比較すると、先進国よりも途上国の方に明示的政策をとっている国が相対的に多い。そして、政策的介入を行っている途上国の大多数は出生率の低下または維持のための政策をとっている。また政策的介入を行っている先進国は一カ国の例外を除いてすべて出生率の上昇または維持のための政策をとっている。ここで注意しておかなければならないのは、同じ出生率維持のための政策をとっているといっても、先進国の場合は全部出生率低下を食い止めるための出生率維持政策であるが、途上国の場合は必ずしも出生率上昇を食い止めるための維持政策を行っているとは限らないことである。

人口増加の場合と同じく、特に先進国だけをとって、具体的国名を示したものが表47である。これによると、人口増加に関する政策と同じように、先進国の中では現状は一応満足な水準にあると考え、直接的政策介入を行っていない国が多いが、その中にはオランダ、イタリア、スペインのように、合計特殊出生率が一・五前後あるいはそれ以下という非常に低い出生率を示している国のあることが注目される(第四章一一三ページ参照)。逆に明示的出生率増加政策あるいは維持政策をとっている国は、一つは東欧圏あるいは旧ソ連圏の、かつて中央計画経済を行っていた国であり(例えばブルガリア、ハンガリー、ルーマニア、ウクライナ、エストニア)、他のグループはルクセンブルグ、モナコなどの小国である。ギリシアは人口増加のところで述べたように、ヨーロッパの中では貧しく、周辺に位置する。ここでも西欧の中で中心的な位置にあり、出生率増加政策をとっている大国はフランスだけである。

現在の出生率が非常に低いにもかかわらず、西欧の国が出生率回復政策を特にとっていないことの背景を、オラン

表47　先進国政府の自国の出生率に対する認識と政策：1998

| 認識 | 出生率が低すぎる | | 出生率が一応満足な水準にある | | | | 出生率が高すぎる | |
|---|---|---|---|---|---|---|---|---|
| 政策 | 直接介入せず | 増加政策 | | 維持政策 | 直接介入せず | 抑制政策 | | 直接介入せず |
| 組合せ | 1 | 2 | 3 | 4 | 5 | 6 | 7 | 8 |
| 国名 | 日本 | ブルガリア | ベラルーシ | アイルランド | ポーランド　スペイン | | マケドニア | |
| | ロシア | ハンガリー | リトアニア | アルバニア | チェコ　イタリア | | | |
| | ポルトガル | ルーマニア | フィンランド | ユーゴスラビア | デンマーク　オーストリア | | | |
| | ドイツ | エストニア | | | アイスランド　ベルギー | | | |
| | スイス | ラトビア | | | ノルウェー　リヒテンシュタイン | | | |
| | | ウクライナ | | | スウェーデン　オランダ | | | |
| | | ギリシア | | | イギリス　カナダ | | | |
| | | クロアティア | | | アンドラ　アメリカ合衆国 | | | |
| | | フランス | | | バチカン　オーストラリア | | | |
| | | ルクセンブルグ | | | マルタ　ニュージーランド | | | |
| | | モナコ | | | サンマリーノ | | | |
| 計 | 5 | 11 | 3 | 3 | 21 | 0 | 1 | 0 |

出所：UN (1999c).

ダの場合を例にとって考察してみたい。オランダは合計特殊出生率が一九七〇年を経て急速に低下し、一九七七年以降は総じて一・六以下にあり、一九八四年は一・四九にまで低下した。一九九七年現在は一・五四である。このようにオランダは近年出生率が非常に低いが、一九八三年にオランダ大学連合研究所が行った出生力と人口政策についての世論調査によると、「出生率は将来上昇すると思うか」の問いに対し「自然に増加する」と答えた人が五九％で、「自然に増加しない」と答えた三九％を上回っている。次に「オランダ政府の人口政策の目的は静止人口の達成であり、その総人口は現在より少し小さい方が望ましいとされている、とするとこれに対する考えはどうか」という質問がなされたが、それに対する答えのうち賛成は四二％、「総人口はもっと小さくあるべきだ」というのが四七％で、合わせて八九％が将来のオランダ人口が現在よりも小さくなることを肯定している。ちなみに一九八〇年当時のオランダの人口は一四一四万人、人口密度は一平方キロメートル当り三四六人で日本とよく似ている（ただし日本のような山岳地域がなく可耕地面積の比率ははるかに高い）。第三に、「オランダ政府の政策は人口動向（出生率）に影響を与えるように策定されるべきだと考えるか」との問いに対して、「考える」と肯定的に答えたのは三〇％で、「反対である（策定すべきでない）」と答えたのは六九％であった。最後に

「子供を生み育てるにあたっての障害を除くような政策を政府がとれば、親はもっと多くの子供を生むと思うか」の問いに対して、「思う」と肯定的に答えたのは僅か二一%で、七七%は「思わない」と否定的に答えている(Council of Europe, 1983)。

以上のオランダの人口政策に関するアンケートの答えはどのように解釈されるであろうか。オランダでは出生率が非常に低くなっているけれども、だからといって政府が「出生率回復」のために生めよ増やせよの政策をとれとは決して言わない。このままでいくとオランダの人口は減少し始めるのが必至だが、そのような予測に対しても総人口はもっと小さくあるべきと答えたこと、あるいは人口政策は出生力に影響するよう策定されるべきではないと答えたことの背景は何であろうか。そこにあるのは、個人あるいは個々の家庭はその行動が自由であり、国家や政府がそれに対して干渉すべきではないという考え方である。これは何もオランダだけに見られるものではなく、アメリカ・カナダを含めた全西欧社会(旧ソ連や東欧を除いた)にほとんど共通のものである。国家はせいぜい夜警国家に近いものにすぎないと認識し、政府が明示的人口政策をとり、特に強制的あるいは行動抑制的な手段、例えば結婚をしない人とか結婚をしていても子供を生まない人を罰するとか、税金を沢山取り立てるとかする disincentive な方法をとることは避けるべきであるとするスタンスである。できることと言えば、現在出生率が低く誰もあまり子供を生まないというのには何か原因があると考え、その原因を取り除くような施策をとることであろう。といっても、現在考えられるところでは、出生率の変化に影響を及ぼす要因はあまりにも多く、しかもそれらが重層的に重なっており、直接出生力に影響するものもあれば、別の背景的な要因があって何かを媒介することによりはじめて出生力に影響を与えるというものもあり、複雑である。そして現在の人口学の知識では、まだどの要因をどう変えれば出生率がこれだけ変化すると明言できない状態にあるので、結局女性、特に家庭外で働いている女性が、子供を安心して生めるようなより良い生活環境を整備し、女性の就業と出産・育児が両立できるような一般的政策をとること以外に有力な方途は見つからないと思われる。

## 四　先進国における出生促進政策

前節でみたように、先進国の中では、東欧諸国のように出生率が低すぎると考えている政府は明示的な出生促進政策をとっているが、西欧諸国の場合はフランス、ギリシア、ルクセンブルグ、モナコを除いて政府は明示的な人口政策をとっていない。しかし西欧諸国が出生率の減少あるいは低出生率の継続にあたって何もしていないのかというと、そうではない。明示的人口政策はとっていないけれども、実質的には「家族政策」の名のもとにかなり行き届いた育児支援体制を整えているのが認められる。

そこで、代表的な欧米諸国を選び、それらの国が実際に出生促進に関連してどのような政策をとっているのかをみるために表48を用意した。この表は国連をはじめ諸種のデータをもとにしてまとめられたものである。これによると、デンマーク、ドイツ、オランダ、スウェーデンは明示的な出生率増加政策をとってはいないけれども、かなり手厚い児童手当と相当に長い育児有給休暇を与えていることがわかる。ドイツの場合は背後に出生促進的意図があると言われる(Heeren, 1982)。表の(7)欄は子供が二人いる家族に対する毎月の平均児童手当支給額を製造業男子就業者の平均賃金で割った結果を示している。また、ここには示されていないが、二子家族にとっての児童手当の子供一人当りの受給額と三子以上家族の同じ受給額を比較してみると、フランス、ドイツ、スウェーデンにおいて後者が前者よりかなり手厚くなっている。これらの国々が出生促進的意図をもって家族手当を支給していることがここからわかる。もし人道的あるいは社会的公正の配慮からだけでこの政策がとられているとするなら、このような格差は生じないと考えられるからである(小島、一九八六)。フランス、ドイツ、スウェーデンにおいて、育児休暇期間が長いことが特徴的である。これは背後に、育児休暇制度の方が出産休暇制度よりも出生促進的施策としてはより効果的だとの判断があるとも考えられる。ちなみに日本は、児童手当が最低でしかも所得制限ありで、西欧の国と比較し見劣りがする。

中絶施策と出生促進的施策の現状

| 経済的誘因 | | 女性の就業と出産・育児を両立させるための施策 | | | |
|---|---|---|---|---|---|
| (7) 2子児童手当/賃金 (%) 1990年 | (8) 児童扶養控除制度 1998年 | (9) 出産休暇期間 (週) 1998年 | (10) 育児休暇期間 1998年 | (11) 育児休暇中の所得保障・補填状況 1998年 | (12) 公的保育所制度の有無 1998年 |
| 5.2 | 無 | 28 | 13-52週 | 賃金の60% | 有 |
| 7.1 | 有 | 16 | 最長3年 | 無給．ただし第2子以降育児手当(最高月3,039フラン＝5万円)受給可能 | 有 |
| 4.9 | 有 | 18 | 最長3年 | 育児手当(出産手当と合わせ月600マルク＝4万円)給付 | 有 |
| 7.4 | 有 | 18 | 最長18カ月 | 月960ギルダー＝4.5万円給付 | 有 |
| 7.2 | 無 | 12 | 最長18カ月 | 休業中12カ月は所得の80%を親保険から給付 | 有 |
| 6.3 | 無 | 14 | 3カ月 | 無給 | 有 |
| — | 有 | 適宜 | 1年間に12週 | 無給 | 無 |
| 2.3 (所得制限有) | 有 | 14 | 最長1年 | 賃金の25%を雇用保険から給付 | 有 |

日本以外所得制限なし．

表48をみて一つ気が付くことがある。それはイギリスと米国の場合において、たとえばドイツ、スウェーデンと比較して女性の就業と出産・育児との両立を目的とする家族政策を実施していないのに、これらの国の出生率が相対的に高いことである。特に米国は、国として出産・育児支援政策を全くとっていないのにもかかわらず、一九九七年に合計特殊出生率は二・〇六であるし、イギリスのそれは、出生増加政策を長年行っているフランスと同じで一・七一である。それはどうしてであろうか。この点は、まず一般的に言って、人口動態が政策だけによって簡単に操作できない人口問題の複雑性を思い起こさせる。

まずイギリスの場合を先に考察すると、イギリスでは、出生に関わる問題は私事の事柄に属する領域であって、政府が介入すべきではないという考え方が定着していると言われる。たしかに、家族政策に関して

表48 代表的先進諸国における避妊・

| 国名 | 人口指標 | | 政府の認識と出生政策 | | 避妊・中絶施策 | |
|---|---|---|---|---|---|---|
| | (1) 合計特殊出生率 1997年 | (2) 女子労働力率：25-34歳 (%) 1997年 | (3) 政府の出生率に対する認識 1998年 | (4) 政策的介入 1998年 | (5) 近代的避妊方法普及施策 1996年 | (6) 社会・経済的理由による中絶 1990年代 |
| デンマーク | 1.75 | 83.9 | 満足な水準 | 介入せず | 直接支援 | 合法 |
| フランス | 1.71 | 81.0 | 低すぎる | 増加政策 | 間接支援 | 非合法 |
| ドイツ | 1.36 | 74.0 | 低すぎる | 介入せず | 間接支援 | 合法 |
| オランダ | 1.54 | 77.1 | 満足な水準 | 介入せず | 間接支援 | 合法 |
| スウェーデン | 1.53 | 79.3 | 満足な水準 | 介入せず | 直接支援 | 合法 |
| イギリス | 1.71 | 73.4 | 満足な水準 | 介入せず | 直接支援 | 合法 |
| 米国 | 2.06 | 76.0 | 満足な水準 | 介入せず | 直接支援 | 合法 |
| 日本 | 1.39 | 62.9 | 低すぎる | 介入せず | 直接支援 | 合法 |

注：第(7)欄は子供が2人いる場合の児童手当支給総額を製造業男子就業者の平均賃金で割った商.
出所：1) 第(1), (2), (8)-(12)欄：厚生省大臣官房政策課(1999)「少子化に関連する諸外国の取組」.
2) 第(5), (6)欄：UN (1992, 1993, 1995, 1998c).
3) 第(7)欄：Gauthier (1996).

も、体系的な政策やそれを所管する政府機関は存在しないが、しかし、家族生活の安定と家族機能の向上を目的とする経済・社会政策が存在しないということではない。イギリスでは住宅費用や教育費用に関する公的支出が相当なレベルに達していることが、子育ての費用を軽減していることも指摘される必要がある(平岡、一九九六)。別の言葉で言えば、イギリスにおける社会福祉のファンダメンタルズの強さ、懐の深さということころであろう。

この社会的ファンダメンタルズの強さは米国にもあると、筆者は考える。米国では、国が個人の出産育児に対して公的援助を一切行っていない。しかし一方で、教会や慈善団体を通じてのボランタリー活動は伝統的に盛んであり、また一部には、一九八〇年代に有子就労女性のための民間保育サービスが発達したことが出生率回復に寄与したとの見方もある(Rindfus *et al.*, 1996)。しかしながら米国の場合には、ほかにも多様な要因が考えられ、複雑である。第四章八で一部述べたように、一九九〇年代後半には一九五〇年代の黄金時代を思わせるような経済的好況が認められたこと、そしてそのために、それ以前に延期していた結婚や、出産のキャッチアップが起こったこと、出生率の高いヒスパニックの人たちの米国への流入によって人口構成比率が変化したこと、そしてすでに紹介したいわゆるイースタリン効果が働いて、一九七〇年代の小さいコウホートが今や適齢期に入り、比較的高い出生率で出産を行っていること等が考えられる。

西欧諸国の場合、明示的な出生奨励策をとっていないものの、実質的にはそれに近い内容であり、一方では個人の自由と権利を極端なまでに尊重しながらも、他方では出生率低下を本当は何とかして食い止めたい西欧諸国政府の苦衷の表情を、表48はある程度表現しているように思われる。

## 五　世界の人口戦略の変化——ブカレストからメキシコそしてカイロへ——

すでに述べたように、一九七四年八月に政府間のレベルで初めての世界人口会議がルーマニアの首都ブカレストで開催された。ブカレストでは全世界を「南」「北」に二分した烈しい論争が行われた。途上国にとって人口抑制が先か開発が先かという問題であった。開発を行うにあたって、先進国グループは人口問題、特に出生率低下を達成して人口増加の弊害を解決することを先決とする立場を説き、将来の人口増加の目標を設定すべきだと主張したが、数の上で圧倒的多数を占める途上国の間では、一九七四年五月に採択された「国際経済新秩序」の達成が大きな目標であったから、経済開発をまず達成することが先決であり、人口増加の抑制は二の次だとの主張が主力を占めた。途上国の中でも特にアフリカ、ラテンアメリカの諸国からは、これから資本と労働力を投入して自国の資源をみずからの経済社会開発に活用しようと考えていた矢先に、出生抑制・資源保全の規制を要求されることは、先進国がその有利な体制を固定化するものではないかとの批判が起きた。アフリカ、ラテンアメリカの多くの国々は経済社会の進歩なしには人口問題は解決できないものであり、そのためには公正な新しい国際経済秩序が必要だと考えたのである。また当時は、途上国の高出生率を低下させるためには、家族計画の普及、家族計画運動の推進だけでは不十分であって、経済開発と社会の近代化が前提であると理解されていた。そこで前にも引用した「開発は最良の避妊薬である」といった発言が会議中聞かれたのである。

国連事務局は当初、世界の人口増加抑制の目標達成を中心課題とする「世界人口行動計画案」を用意して会議に臨んだが、その中心的主張は骨抜きにされ、人口計画の問題はより包括的な経済社会開発の枠組の中に入れられ、「人口政策は経済社会開発政策の構成要素であるが、決してその代替になるものではない」(パラグラフ14)という点が強調されることになった。さらに、「社会構造の遺制、経済進歩の未成熟さがあり、しかも社会・文化の根本的変容がなければ死亡率が低下しても出生率は低下しない」(パラグラフ3)といった、一九六五年のベオグラードでの世界人口会議(人口学者間の)でフリードマンが主張し、その後正当性を証明した政策独自の役割を強調する立場(本章一参照)からはるかに後退してしまった。

一九七四年から一〇年後の一九八四年八月、メキシコシティで第二回の政府間人口会議が開催された。もっともタイトルは「国際人口会議」である。メキシコシティで新しく採択された「新世界人口行動計画」はどのようなものになったであろうか。人口をより大きい概念としての開発の枠組の中で考えていかなくてはならないとする基本的立場は変らなかったが、その中での人口政策の果たす役割の比重はかなり歴然と変化した。変化はまず「経済社会開発と人口」という章にある勧告1にうかがうことができる。勧告1は次のように述べている。「経済社会開発は人口とそれに関連する問題の解決のための一つの中心的要因であるが、また人口の要因が開発計画・開発戦略に非常に重要であり、開発目標達成に主要なインパクトを与えることを考慮し、人口、資源、環境、開発の間の相互関係を考慮に入れた統合的アプローチに基づいて、国の開発政策、計画、プログラムと国際的開発戦略を策定しなければならない。……」(厚生省、一九八四)。このように人口要因が開発計画において重要であるという立場は、一九七四年ブカレストの「世界人口行動計画」では明確に述べられていないところで、明らかにこの間の変化を示している。この裏には、多くの途上国が、経済社会開発を実践するにあたって、人口増加に歯止めをかけなければ開発がうまく達成できないこと、そして経済開発にすべての努力を傾けても人口問題がおのずと解決できるわけではないことを体得したことがあると考えられる。

このような国際人口会議の最大の目的は、今世紀末とか来世紀末とかの将来に向って世界各国が人口あるいは人口増加の目標についてコンセンサスを得ること、例えばすべての国は二〇世紀の末までに純再生産率を一にするように定め、その実現のために全世界は共通に努力するというようなことを宣言することであっただろう。しかしながら、ここでもそのような目標が設定されるところまでには至らなかった。それどころではなく、あとで述べるように、一九九四年のカイロ会議においては、そのような目標を設定すること自体、人権問題、女性の権利の問題に抵触するとして排除された。

メキシコシティの会議において、ブカレストの時に比べて特に変化がみられたのは、経済社会開発政策の一環としての家族計画の重要性の認識であった。ブカレストでも「家族計画」という言葉は用いられたし、世界人口行動計画の中でも言及はされているが、それは人口政策実現の最有力手段というよりも、母親の健康の維持・増進や生活の質の向上のため、そして社会的公正、個々の夫婦、特に妻の基本的人権、そして家族内の調和と精神的安寧を維持するためという色彩が強かった。これに反してメキシコシティでの新しい勧告では人口政策との関連が前面に出ており、まず第一に、家族計画の考えと方法の知識が広範囲に国民の間に理解され、知得される必要性が強く要望されている。第二に、各国の政策の優先度に従って、家族計画のサービスが不十分であり、増大する再生産年齢人口のニーズを充足するために必要な財源が確保できるよう、政府は予算獲得をすべきだと強く勧告している。

それともう一つ強調しておきたいのは「女性の役割と地位」である。「女性の役割と地位」の向上こそ、国際社会において人口問題の解決、特に途上国の高い出生率の低下をもたらす鍵であると考えられていることである。メキシコ会議での新しい勧告の中でも、「女性の役割と地位」の章の序文パラグラフ17において、「女性が自らの出生力をコントロールする能力を獲得することはその他の権利を享受するための重要な基礎となるものである。同様に、女性が男性と平等な社会経済的機会を保証され、必要なサービスが提供されれば、自らの出産活動にももっと大きな責任を持つことができる」と述べているのは、正にそのことを言っているのである。この理念は後述のカイロ人口会議でさらに強調されることになる。

一九九四年カイロにて開催された国際人口・開発会議は、国連世界人口会議としては第三回目であるが、これまでの伝統的枠組における国連人口会議とは異なり、パラダイム転換を起こしたものとして、評判が高い。それはこれまでのような人口の安定化、途上国の人口増加抑制、持続的開発といった視点とは別に、女性のエンパワーメント（強化）、リプロダクティブ・ヘルスといった新鮮なレトリックをスローガンとして、人口問題に切り込んだところが画期的な特徴となっている。カイロで採択された新しい行動プログラムは、女性のエンパワーメントなくしては、世界の人口安定化も人口問題の解決もできないというスタンスに立ち、人口のあらゆる分野において、このモチーフの展開・実現を試みている。

カイロ会議の基本的発想は、現在の世界の人口問題、特に途上国の高出生率とそれによる巨大かつ急激な人口増加の根底に、家族および社会において女性が差別され、狭い生活領域に閉じ込められ、その地位が低く、家族的・社会的役割が非常に制限されているという事実があるというところから出発する。女性は教育機会を十分に与えられず、経済的自立性がなく、伝統的な家父長的家族制度のもとで「子を生む奴隷」にすぎず、本当に自分の健康と幸福を考えた出産を行っていないとの問題認識がある。

それまでの国連人口会議では、世界人口安定化のために、政府が出生率の目標を設定し、その実現のために各地域・各市町村において家族計画普及活動をいかに効率よくスムーズに行うかが問題であった。しかしカイロでは、このいわばトップダウンのマクロ的アプローチは、女性の人間としての権利を損ない、女性の健康への配慮を十分拡げていないものとして否定され、代って性と出産行動を中心とする広範囲な女性の健康、地位の向上、教育水準の増進、社会的活動等、総じて女性のエンパワーメント、リプロダクティブ・ヘルスの確立と増進が、人口活動計画の枢軸となった。家庭や社会において、虐げられた女性の低い社会的地位が人口活動を通じて一番のボトルネックになっており、これを改善しない限り何事も進まないというのがその基本的発想である。

しかし、新しくカイロ会議において満場一致で採択された人口行動計画は、これまでの伝統的アプローチから乖離したためと、地球人口の安定化、あるいは持続可能な開発という人口問題に直接密着したテーマの展開・発展よりも女性の役割の拡大・地位の向上をあまりにも強調しすぎたためか、一部の人達には不評であった。特にそれまでの国際人口会議に参画して指導的な役割を演じてきた人口学者は、今回のカイロ会議において中心的役割を与えられず、いままで蓄積された研究成果が十分評価されず、また新しい人口行動計画に十分反映されることがなかったので、多くの不満を残した。カイロ・プログラムに対する人口学者の反応は、元来人口問題の門外漢であるフェミニスト・グループが、カイロでフェミニスト史観とも言うべき新しい発想で、人口問題を臆面もなく真正面から唐竹割に切断してみせたことに対する当惑と驚きであった。

女性のエンパワーメントに対して反対する人は誰もいないであろう。またそれが、女性の教育向上・社会進出を推し進め、長期的に途上国の出生率低下を促進する効果を持つことに対して、異論を唱える社会科学者は稀である。しかしながら、カイロ会議では女性のエンパワーメントという目標自体を会議の中心に据えたため、人口問題そのものは二の次になり、地球人口安定化に対する努力そのものがそれほど強く喚起されていないことは否定できない。さらに、今後地球的規模で最大の難問である、地球環境悪化に対する人口急増の脅威については、ほとんど警鐘を鳴らさず、その解決に向って具体的な緊急的アジェンダを提起しないスタンスに対して、多くの人口学者から不十分ではないかとの批判を受けている(Westoff, 1995 ; Cleland, 1996; 河野、一九九七)。

おそらく一番重要なことは、リプロダクティブ・ライツと出生率低下の関係である。カイロ・プログラムを読むと、女性が欲しいだけの子供を産むことがリプロダクティブ・ライツであると読める。リプロダクティブ・ライツを実現すれば、出生率は自動的に低下するものと解釈される。しかし本当にそう上手くいくのであろうか。カイロ文書では、女性の希望通りにできる避妊技術、知識、薬品・器具、医療サービスが入手できれば、出生率が低下すると暗に仮定されている。女性が希望通り子供を産めば、人口安定化が招来される。これはアダム・スミス流のレッセフェールの世界である。レッセフェールで人口問題が解決されるならば、国の人口政策は不要である。女性の要望に応じて、リプロダクティブ・ヘルスとライツを推進すればよい。しかしはたして、それで人口の安定化が達せられるだろうか。女性ははじめから人口置換水準に見合った子供の数しか希望しないのだろうか。レッセフェールで経済が必ずしも上手くいかないように、レッセフェールだけで人口問題の解決が可能であろうか。

カイロ文書を読むと、女性のエンパワーメントそのものが目的で、人口安定化はその副産物のように解釈される。しかし、女性のエンパワーメントが達成されれば、それだけで人口の安定化が導かれるのであろうか。答えは常にイエスであるとは限らない。出生率低下をもたらす原動力はやはり技術革新であり社会変動であって、女性のエンパワーメントはその推進力を加減する媒介変数にすぎない、と考えるのがより妥当であろう。

さらに財政的困難性もある。これまでの家族計画は少ない予算規模で、非常に見るべき成果をあげてきた。すでに第四章の出生力低下のところで論じたように、ポピュレーション・カウンシルの要因分析によれば、これまでの途上地域の出生率低下の半分近くは、家族計画活動の成功によっている。しかし家族計画はリプロダクティブ・ヘルスの傘の下に入ったが、リプロダクティブ・ヘルスには家族計画だけではなく、出産前後の女性のヘルス、思春期男女のヘルス、更年期の女性のヘルス、性病・エイズ予防といった、より広い範囲の活動が含まれる。これでは、すでに乏しい資金とマンパワーを広く浅く分散することになり、家族計画活動能力が低下しないだろうか。そのような懸念があるほかに、実際に資金が容易に集まっていないことも事実である。一九九九年七月に国連本部において、カイロ会議後五年経った時点での、カイロ会議の意義の回顧と行動計画実施の状況の評価に関する国連総会が行われたが、一つは先進国の景気回復の遅滞と援助疲れから、そしてもう一つには、リプロダクティブ・ヘルスの考え方が今ひとつわかりにくいためもあって、西暦二〇〇〇年までに毎年一七〇億ドルの予算を実行するという目標をたてた資金は、現実には約三分の一しか集まっていない。

以上述べたように、カイロ人口行動計画の大綱にはいくつか欠陥や曖昧な点がある。しかしそれにもかかわらず、二一世紀に入ってすぐの二〇〇四年の国際人口会議において、伝統的家族計画を推進する従来の人口政策に逆戻りをすることはありえないであろう。国家が出生率低下や家族計画普及率の目標を掲げることは本来悪いことではない。しかし実際には、末端の市町村レベルでは住民に対するノルマとなり、強制となることが多かった。このような傾向は長い目で見ると長続きはしない。女性の立場を考えたリプロダクティブ・ヘルスの考え方は、一見迂遠のように見えても、長い目で見ればより効果があるのかもしれない。

リプロダクティブ・ヘルス、そして女性のエンパワーメントの考え方は、パラダイム転換と言える革命的なものであるが、それはまだ荒削りで、いろいろな不備がある。特にそれをいかに有効に途上国の出生率低下、人口教育、貧困の撲滅、南北問題の解消、環境保護に結びつけるかが今後の課題である(Tsui, 1995)。ジェンダーの平等化とリプロダクティブ・ヘルスのアイディアは素晴らしいが、実際の問題解決のためには、その実現のための具体的な政策・施策の策定と調整が必要である。

## 六　人口学の役割

筆者は一九八四年のメキシコ国際人口会議に政府代表団の一員として出席し、新しい「世界人口行動計画」の採択に立ち会う機会を得たが、そこで感じたことは、世界は広く複雑で、コンセンサスを得るには時間がかかるということであった。一九八二年にコロンボで開かれたアジア太平洋人口会議では「人口と開発に関するアジア・太平洋の行動の呼びかけ」という宣言とそれに付帯する勧告が行われたが、そこで、西暦二〇〇〇年までにアジア・太平洋諸国は人口置換水準の出生率(純再生産率一・〇)を達成するような人口政策をとるべきだという勧告がなされている(ESCAP, 1982)。しかし、このようなアジア・太平洋地域では満場一致で可決された勧告は、ついにメキシコでの「新世界人口行動計画」で採択されることはなかった。

一九九四年のカイロ会議にも筆者は参加する機会を得たが、そこでは各国政府代表間の一応形式的なコンセンサスは得られたものの、それは女性のエンパワーメント、リプロダクティブ・ヘルスについてであって、人口目標ではない。人口目標は全く棄却され、代って就学率、識字率、避妊希望率と実行率との間のギャップを少なくすること、妊産婦死亡率、エイズ感染率の減少に目標が設定されただけである。

しかしながら、前章で述べたように、我々がいかに慎重な楽観主義者であっても、我々の持ち時間はそれほど多くはない。テレビの報道はチャド湖の水位が下がり、二つの湖に分裂し、やがて消滅しそうな状況を伝える。砂漠化は進行し、毎年緑の土地が失われていく過程を報ずる。森林の無計画な伐採のために地上に二酸化炭素が増え、地上の温度が上昇し、南極の氷がとけて陸地のかなりの部分が水面下に没する運命にあることを伝える。それらはいくらか誇張された情報だとしても、我々に焦燥感を与える。人類の破局を避けるためには、我々は大局的に考え、計画していかなければならないが、有効な持ち時間はそんなに多くは残されていないようにも思われる。

ただ一つ明るいニュースがある。途上地域で予想以上に出生率の低下がみられ、世界人口の増加率は近年明らかに減速していることである。このままでいくと、二〇四五―五〇年頃には世界人口増加率は〇・三四%にまで低下する見込みである。これによると、これまで多くの終末論者、悲観論者によって喧伝された地球人口爆発はどうやら回避できる形勢にあることは、一大朗報であると言わねばならない。ただし、人口増加率は減速しても、人口増加そのものはまだ今後二〇〇年近く続き、二二世紀の終り頃ようやく一〇〇億人前後で安定することを理解しなければならない。しかしながら、人口問題はそれで終りではない。南北の格差解消の問題、そして人口高齢化の問題が次に迫ってくる。エイズ蔓延の問題もある。

南北の人口問題、そしてそのあまりにも対照的な問題の所在は、まことに皮肉なものである。途上国の最大の人口問題はいぜん高出生率による高い人口増加率であり、マルサス的ディレンマ、つまりいくら経済開発をして国民の生活水準を上げようとしても、増大する若い人口に生産の余剰は費やされ、悪循環の中にとどまってしまうことである。一方、先進国の最大の人口問題は低出生率による人口高齢化である。欧米先進国には増大する老年人口の医療費と年金負担のため、勤労者一人当りが払う税金、年金・医療保険の掛金で給料の半分も支払っている国さえ現われている。しかし、こういう状態が、現在途上国が一所懸命取り組んでいる出生率抑制の当然の帰結であるということを、途上国の人達は理解しているだろうか。少なくとも最近までは夢にも思ってみなかったのではなかろうか。人口高齢化については、人類はこれまで経験をもっていない。特に現在の日本のように、中高年の急速な死亡率低下が出生率低下と同じく高齢化を促進するということは世界の人口史上見られなかったことであり、我々は今や海図のない航海をし始めたとも言えるのである。

途上国の人口政策は、家族計画を普及することによって出生率を低下させることが常道となっている。しかし、途上国の指導者達や、先進国である援助国の政策担当者は、家族計画によって達成された多産多死から少産少死への人口転換の虹の彼方に(over the demographic rainbow)何があるかを考えたであろうか。その場合あまり人口学者の意見が反映されたということを聞かない。デイビスが言うように、途上国の出生率低下は、政策の手段ではあっても目標ではないのである(Davis, 1967)。出生率が低下しすぎた場合にはこのような高齢化が到来するということを知った上で人口政策が行われ、家族計画奨励活動が組織されることは稀であった。出生率低下の必然の帰結は人口の高齢化と、生産年齢人口への重い負担であって、それは必ずしもユートピアでもシャングリラでもないことは、人口推計を行えばすぐに明らかなことであるが、現在の途上国はとにかく人口過剰、高い出生率から逃げ出すのに精一杯であり、遠大な視野のもとに人口政策の目標をじっくり考え行動を起こす余裕はないのである。

それだけに、人口政策・経済社会政策の策定にあたって、人口学の長年の蓄積に基づく専門的知識と判断がもっと生かされる必要が痛感されるのである。

本書はデジタル印刷機を採用しており、品質の経年変化についての充分なデータはありません。そのため高湿下で強い圧力を加えた場合など、色材の癒着・剥落・磨耗等の品質変化の可能性もあります。

# 世界の人口　[第2版]

2017年7月31日　発行　②

著　者　河野稠果
発行所　一般財団法人　東京大学出版会
代表者　吉見俊哉
〒153-0041
東京都目黒区駒場4-5-29
TEL03-6407-1069　FAX03-6407-1991
URL　http://www.utp.or.jp/
印刷・製本　大日本印刷株式会社
URL　http://www.dnp.co.jp/

ISBN978-4-13-009107-7
Printed in Japan

**著者略歴**
1930 年　広島に生まれる.
1958 年　米国ブラウン大学 Ph. D.(社会学)
1958-67 年　厚生省人口問題研究所勤務.
1967-78 年　国連本部人口部勤務. 1973-78 年人口推計課長.
1978-93 年　厚生省人口問題研究所勤務. 同研究所所長, 国連人口委員会議長.
現　在　麗澤大学名誉教授

**主要著書**
Inter-Prefectural Migration in Japan (1965, Cambridge U. P.)
Manual on Methods of Projecting Households and Families (1973, United Nations)
『低出生率をめぐる諸問題』(共編著, 1992, 大明堂)
『発展途上国の出生率低下』(編著, 1992, アジア経済研究所)
『人口学への招待』(2007, 中公新書, 中央公論新社)

世界の人口 [第 2 版]

1986 年 12 月 15 日　初　版第 1 刷
2000 年 4 月 20 日　第 2 版第 1 刷
2009 年 2 月 20 日　第 2 版第 5 刷

[検印廃止]

著　者　河野稠果《こうのしげみ》

発行所　財団法人　東京大学出版会

代 表 者　岡本和夫

113-8654 東京都文京区本郷 7-3-1 東大構内
電話 03-3811-8814・振替 00160-6-59964

印刷所　株式会社平文社
製本所　矢嶋製本株式会社


ISBN 978-4-13-052016-4　Printed in Japan

# 索　引

せ



そ



た



ち



て

# 参考文献

Ariès, Philippe, **1960**. *L'enfant et la vie familiale sous l'ancien régime.* Paris : Editons du Seuil.

———, **1980**. "Two successive motivations for the declining birth rate in the West," *Population and Development Review,* 6-4.

Ashton, Basil *et al.*, **1984**. "Famine in China. 1958-61," *Population and Development Review,* 10-4.

Becker, Gary S., **1960**. "An economic analysis of fertility," National Bureau of Economic Research. *Demographic and Economic Change in Developed Countries,* Princeton : Princeton U. P.

———, **1981**. *A Treatise on the Family,* Cambridge, Mass. : Harvard U. P.

Bender, William and Margaret Smith, **1997**. "Population, food, and nutrition," *Population Bulletin*(Population Reference Bureau), 51-4.

Biraben, J. N., **1979**. "Essai sur l'évolution du nombre des hommes," *Population,* 34-1.

Birks, John and Clive A. Sinclair, **1981**. "Demographic settling amongst migrant workers," IUSSP, *International Population Conference,* Solicited Papers, 2, Manila.

Blacker, C. P., **1947**. "Stages in population growth," *The Eugenic Review,* 39-3.

Böhning W. R., **1984**. *Studies in International Labour Migration,* London : Macmillan.

Bongaarts, John, **1981**. "The impact on fertility of traditional and changing childspacing practices". Hilary J. Page and Ron Lesthaeghe (eds.), *Child-spacing in Tropical Africa : Traditions and Change,* London : Academic Press.

———, W. Parker Mauldin, and James F. Phillips, **1990**. "The demographic impact of family planning programs," *Studies in Family Planning,* 21-6.

Bourgeois-Pichat, Jean, **1985**. "Comparative fertility trends in Europe". (11 月 7-9 日スタンフォード大学フーバー研究所「超低出生率の原因と結果に関する会議」提出ペーパー)

Brass, William, **1964**. "Use of census of survey data for the estimation of vital rates," (E/CN. 14/CAS. 4/V57).

———, **1979**. "Note on how to improve the United Nations projections," United Nations, *Prospects of Population : Methodology and Assumptions,* Papers of the Ad Hoc Group of Experts on Demographic Projections, United Nations Headquarters, 7-11 November 1977, ST/ESA/SER. A/67.

Caldwell, John C., **1982**. *Theory of Fertility Decline*, London : Academic Press.

Carr-Saunders, Alexander M., **1936**. *The World Population : Past Growth and Present Trends*, Oxford : Clarendon Press.

Clealand, John, **1996**. "ICPD and the feminization of population and development issues," *Health Transitional Review* (Australia) 6-1.

——— and John Hobcraft (eds.), **1985**. *Reproductive Changes in Developing Countries : Insights from the World Fertility Survey*, Oxford : Oxford U. P.

Coale, Ansley J., **1956**. "The effects of changes in mortality and fertility on age composition," *The Milbank Memorial Fund Quarterly*, XXXIV-1.

———, **1973**. "The demographic transition," IUSSP, *International Conference*, Liège, 1.

———, **1974**. "The demographic transition," *Scientific American*, 23-3.

———, **1983**. "A reassessment of world population trends," IUSSP, *International Population Conference*, Manila 1981, 4, Proceedings and Selected Papers, Liège.

———, **1985**. "The social implications of fertility below replacement". (11月7-9日スタンフォード大学フーバー研究所「超低出生率の原因と結果に関する会議」提出ペーパー)

———, Barbara Anderson and Erna Härm, **1979**. *Human Fertility in Russia since the Nineteenth Century*, Princeton : Princeton U. P.

———, and Paul Demeny, **1966**. *Regional Model Life Tables and Stable Populations*, Princeton : Princeton U. P.

———, and Edgar M. Hoover, **1958**. *Population Growth and Economic Development in Low-Income Countries*, Princeton : Princeton U. P.

Committee for International Co-operation in National Research in Demography, **1974**. *The Population of Sri Lanka*, Colombo.

Council of Europe, **1983**. *Recent Demographic Developments in the Member States of the Council of Europe*, Strasbourg.

———, **1998**. *Recent Demographic Development in Europe*, Strasbourg.

Davis, Kingsley, **1967**. "Population policy : Will current programs succeed?", *Science*, 158-3802.

———, **1981**. "Emerging issues in international migration," IUSSP, *International Population Conference, Solicited Papers*, 2, Manila.

———, **1983**. "The future of marriage," *Bulletin of the American Academy of Arts and Sciences*, 36-6.

———, **1984**. "Wives and work : The sex role revolution and its consequences," *Population and Development Review*, 10-3.

Dumont, Arsène, **1890**. *Depopulation et civilisation : étude démographique*, Paris : Lecrosnier and Babé.

Durand, John D., **1967**. "The Modern expansion of world population," *Proceedings of*

*the American Philosophical Society*, III-3.

Dyson, Tim and Mick Moore, **1983**. "On kinship structure, female autonomy, and demographic behavior in India," *Population and Development Review*, 9-1.

Easterlin, Richard A., **1978**. "What will 1984 be like? Socioeconomic implications of recent twists in age structure," *Demography*, 15-4.

———, **1980**. *Birth and Forture : The Impact of Numbers on Personal Welfare*, New York : Basic Books.

Eaton, Joseph W. and Albert J. Mayer, **1954**. *Man's Capacity to Reproduce : The Demography of a Unique Population*, Glencoe, Illinois : The Free Press.

Federal Institute for Population Research, **1984**. *Demographic Facts and Trends in the Federal Republic of Germany.*

Finkle, Jason L. and Barbara B. Crane, **1985**. "The United States at the International Conference of Population," *Population and Development Review*, 11-1.

Freedman, Ronald, **1961/62**. "The sociology of human fertility," *Current Sociology*, 10/11-2.

———, **1966**. "Statement by the Moderator, Meeting A. 1 Fertility," United Nations, *Proceedings of the World Population Conference*, Belgrade, 30 August-10 September 1965, Volume 1, Summary Report, E/CONF. 41/2.

Gauthier, Anne H., **1996**. *The State and the Family : A Comparative Analysis of Family Policies in Industrialized Countries*, Oxford : Clarendon Press.

Hauser, Philip M., **1979**. "Introduction and overview," Philip M. Hauser (ed.), *World Population and Development : Challenges and Prospects*, Syracuse : Syracuse U. P.

Heer, David M., **1968**. *Society and Population*, Englewood Cliffs, NJ. : Prentice-Hall.

Heeren, Henk J., **1982**. "Pronatalist population policies in some Western countries," *Population Research and Policy Review*, 1-2.

Himes, Norman, E. **1963**. *Medical History of Contraception*, New York : Gamut Press.

Hobcraft J. N., J. W. McDonald and S. O. Rutstein, **1984**. "Socio-economic factors in infant and child mortality : A cross-national comparison," *Population Studies*, 38-2.

———, ———and———, **1985**. "Demographic determinants of infant and early child mortality : A comparative analysis," *Population Studies*, 39-3.

Höhn, Charlotte and Rainer Mackensen, **1982**, *Determinants of Fertility Trends : Theories Re-Examined*, Liège : Ordina Editions.

Horiuchi, Shiro, **1997**. "Epidemiological transitions in developed countries : Past, present and future," United Nations Population Division in collaboration with Population and Family Study Centre, Flemish Scientific Institute, *Symposium on Health and Mortality, Brussels, Belgium, 19-22 November 1997.*

Hoselitz, Bert F., **1957**. "Urbanization and economic growth in Asia," *Economic Development and Cultural Change*, 6-1.

Kahn, Herman and Anthony J. Wiener, **1967**. *The Year 2000 : A Framework for Speculation on the Next Thirty-Three Years*, London : Macmillan.

———, **1970**. *The Emerging Japanese Super-State*, Englewood Cliffs, N. J. : Prentice-Hall.

———, William Brown and Leon Martel, **1976**. *The Next 200 Years : A Scenario for America and the World*, New York : William Morrow and Company.

Keyfitz, N., **1973**. "Individual mobility in a stationary population," *Population Studies*, 27-2.

Knodel, John E., **1974**. *The Decline of Fertility in Germany, 1871-1939*, Princeton : Princeton U. P.

———, **1977**. "Family limitation and the fertility transition : Evidence from age patterns of fertility in Europe and Asia," *Population Studies*, 31-2.

———, and Etienne van de Walle, **1979**, "Lessons from the past : Policy implications of historical fertility studies," *Population and Development Review*, 5-2.

Kono, S. and S. Takahashi, **1985**. "Mortality trends in Japan : Why has the Japanese life expectancy kept on increasing?"（1985年6月国際人口学会フローレンス大会提出ペーパー）.

Landry, Adolphe, **1934**. *La révolution démographique : études et essais sur les problèmes de la population*, Paris : Sirey.

Leibenstein, Harvey, **1957**. *Economic Backwardness and Economic Growth*, New York : John Wiley and Sons.

Lesthaeghe, Ron, **1977**. *The Decline of Belgian Fertility, 1800-1970*, Princeton : Princeton U. P.

Livi-Bacci, Massimo. **1977**. *A History of Italian Fertility during the Last Two Centuries*, Princeton : Princeton U. P.

Lotka, Alfred J., **1939**. Théorie analytique des associations biologiques. *Deuxième Partie : Analyse démographique avec application particulière à l'espèce*, Paris : Hermann et Cie.

Malthus, Thomas Robert, **1798**. *An Essay on the Principle of Population*, London : Johnson.

Martin, Philip and Jonas Widgren, **1996**. "International migration : A global challenge," *Population Bulletin*（Washington, D. C. : Population Reference Bureau）, 51-1.

———, and Elizabeth Midgley, **1999**. "Immigration to the United States," *Population Bulletin*, 54-2.

Masnick, George and Mary Jo Bane, **1980**. *The Nation's Families : 1960-1990*.

Boston : Auburn House Publishing Company.

Mauldin, W. Parker and Bernard Berelson, **1978**. "Conditions of fertility decline in developing countries, 1965-75," *Studies in Family Planning*, 9-5.

———, and Robert J. Lapham, **1985**. "Measuring family planning program effort in developing countries, 1972 and 1982," Nancy Birdsall (ed.), *The Effects of Family Planning Programs on Fertility in the Developing Countries*, Washington, D. C. : World Bank.

Meadows, Denella H., Dennis L. Meadows, Jφrgen Randers and William W. Behrens III, **1972**. *The Limits to Growth : A Report for the Club of Rome's Project on the Predicament of Mankind*, New York : Universe Books. (大来佐武郎監訳『成長の限界』ダイヤモンド社).

Meegama, S. A., **1986**. "The mortality transition in Sri Lanka," *United Nations, Determinants of Mortality Change and Differentials in Developing Countries : The Five-country Case Study Project*, ST/ESA/SER. A/94.

Mincer, **1963**. "Market prices, opportunity costs, and income effects," Carl Christ *et al.* (ed.), *Measurement in Economics : Studies in Mathematical Economics and Econometrics in Memory of Yehuda Grunfeld*, Stanford : Stanford U. P.

Mönckeberg, Ferdinand, **1979**. "Food and world population : future perspective," P. M. Hauser (ed.), *World Population and Development*, Syracuse : Syracuse U. P.

Monnier, Alain, **1998**. "The demographic situation of Europe and the developed countries overseas : Annual report," *Population : An English Selection*, 10-2.

Morel, Marie-France, **1991**. "The care of children : The influence of medical innovation and medical institutions on infant mortality 1750-1914," R. Schofield, D. Reher and A. Bideau (eds.), *The Decline of Mortality in Europe*, Oxford : Clarendon Press.

Mosley, W. Henry, **1985**. "Biological and socioeconomic determinants of child survival : A proximate determinants framework integrating fertility and mortality variables," IUSSP, *International Conference*, Florence, Vol. 2.

Nag, Moni, **1962**, *Factors Affecting Human Fertility in Non-industrial Societies : A Cross-cultural Study*, New Heaven : Yale U. P.

———, **1983**. "The impact of sociocultural factors on breastfeeding and sexual behavior," Bulatao and Lee (eds.), *Determinants of Fertility in Developing Countries*, 1, New York : Academic Press.

Notestein, Frank W., **1945**. "Population : The long view," T. W. Schultz (ed.), *Food for the World*, Chicago : University of Chicago Press.

———, **1953**. "Economic problems of population change," *Proceedings of the Eighth International Conference of Agricultural Economies*, London : Oxford U. P.

Olshansky, S. Jay and A. Brian Ault, **1986**. "The fourth stage of the epidemiologic

transition : The age of delayed degenerative diseases," *The Milbank Quarterly,* 64-3.

Omran, A. R., **1971**. "The epidemiological transition : A theory of the epidemiology of population change," *The Milbank Memorial Fund Quarterly,* 49-4.

Political and Economic Planning, **1955**. *World Population and Resources,* London : George Allen and Urwin.

Population Council, **1984**. "The European Parliament on the need for promoting population growth," *Population and Development Review,* 10-3.

Population Reference Bureau, **1999**. *World Population Data Sheet,* Washington, D. C.

Preston, Samuel H., **1975**. "Changing relation between mortality and level of economic development," *Population Studies,* 29-2.

———, (ed.), **1978**. *The Effects of Infant and Child Mortality,* New York : Academic Press.

———, **1979**. "Urban growth in developing countries : a demographic reappraisal," *Population and Development Review,* 5-2.

———, **1982**. "Review Symposium of Julian L. Simon, The Ultimate Resource," *Population and Development Review,* 8-1.

———, **1984**. "Children and the elderly : Divergent paths for America's dependents," *Demography,* 21-4.

———, and Alberto Palloni, **1978**. "Fine-tuning Brass-type mortality estimates with data on ages of surviving children," *Population Bulletin of the United Nations,* 10-1977, ST/ESA/SER, N/10.

———, **1993**. "Demographic change in the United States, 1970-2050," A. M. Rappaport and S. J. Schieber (eds.), *Demography and Retirement : The Twenty-First Century,* Westport, Conn. : Praeger.

Reddaway, W. B., **1939**. *The Economics of a Declining Population,* London : George Allen and Urwin.

Revelle, Roger, **1975**. "Will the earth's land and water resources be sufficient for future populations?", United Nations, *The Population Debate : Dimensions and Perspectives,* Papers of the World Population Conference, Bucharest, 1974, Vol. II. ST/ESA/SER. A/57.

———, **1984**. "The effects of population growth on renewable resources," United Nations, *Population, Resources, Environment and Development,* Proceedings of the Expert Group on Population, Resources, Environment and Development, Geneva, 25-29 April 1983, ST/ESA/SER. A/90.

Ridker, Ronald G., **1975**. "Natural resource adequacy and alternative demographic prospects," United Nations, *The Population Debate : Dimensions and Perspectives,* Papers of the World Population Conference, Bucharest, 1974, Vol. II,

ST/ESA/SER. A/57.

———, and Elizabeth W. Celelski, **1982**. "Resources and population," J. A. Ross (ed.), *International Encyclopedia of Population*, II, New York : The Free Press.

Rindfuss, Ronald, Karin L. Brewster and Andrew L. Kavee, **1996**. "Women, work, and children : Behavioral and attitudinal changes in the United States," *Population and Development Review*, 22-3.

Romaniuk, A., **1980**. "Increase in natural fertility during the early stages of modernization : Evidence from an African case study, Zaire," *Population Studies*, 34-2.

Serageldin, Ismail, James Socknat, Stace Birks, Bob Li and Clive Sinclair, **1981**. *Manpower and International Labor Migration in the Middle East and North Africa*, Washington, D. C. : World Bank.

Siegel, Jacob S. and Maria Davidson, **1984**. *Demographic and Socioeconomic Aspects of Aging in the United States*, Current Population Reports, Series P-23, No. 138, Washington, D. C. : U. S. Bureau of the Censas.

Simon, Julian L., **1981**. *The Ultimate Resource*, Princeton : Princeton U. P.

Sri Lanka Department of Census and Statistics, **1998**. *Statistical Abstract of the Democratic Socialist Republic of Sri Lanka 1997*. Colombo : Ministry of Finance and Planning.

Sullivan, Jeremiah M., **1972**. "Models for the estimation of the probability of dying between birth and exact ages of early childhood," *Population Studies*, 26-1.

Tabah, Léon, **1980**. "World population trends, a stocktaking," *Population and Development Review*, 6-3.

Taeuber, Irene B., **1966**. "Demographic modernization : Continuities and transitions," *Demography*, 3-1.

———, **1971**. "Continuity, change, and transition in population and family : Interrelations and priorities in research," Arthur A. Campbell *et al* (eds.), *The Family in Transition*, Fogarty International Center Proceeding No. 3, Washington D. C. : U. S. Government Printing Office.

Talwar, Prem P., **1975**. "A model to assess the impact of induced pregnancy terminations on the birth rate." (11 月 16-20 日シカゴにおける the American Public Health Association への提出ペーパー)

Thompson, Warren S., **1929**. "Population," *The American Journal of Sociology*, 34-6.

———, **1946**. *Population and Peace in the Pacific*, Chicago : University of Chicago Press.

Trussell, T. James, **1975**. "A re-estimation of the multiplying factors of the Brass technique for determining childhood survivorship rates," *Population Studies*, 29-1.

Tsui, Amy O., **1995**. "Re-forming population paradigms for science and action," as commentary in Oscar Harkavy, *Curbing Population Growth: An Insider's Perspective on the Population Movement*, New York: Plenum Press.

United Nations, **1951**. "The past and future growth of world population: A long range view," *Population Bulletin of the United Nations*, No. 1, ST/SOA/SER. N/2.

———, **1953**. *The Determinants and Consequences of Population Trends*, ST/SOA/SER. A/17.

———, **1955**. *Age and Sex Patterns of Mortality: Model Life Tables for Underdeveloped Countries*, ST/SOA/SER. A/22.

———, **1956a**. Manual III: *Methods for Population Projections by Sex and Age*, ST/SOA/SER. A/25.

———, **1956b**, *The Aging of Populations and its Economic and Social Implications*, ST/SOA/SER. A/26.

———, **1965**. *Population Bulletin of the United Nations*, No. 7-1963, ST/SOA/SER. N/7.

———, **1966**. *World Population Conference*, 1965, I: Summary Report, E/CONF. 41/2.

———, **1975**. *The Population Debate: Dimensions and Perspectives*, II, ST/ESA/SER. A/57.

———, **1977**. *World Population Prospects as Assessed in 1973*, ST/ESA/SER. A/60.

———, **1979**. *Trends and Characteristics of International Migration since 1950*, ST/ESA/SER. A/64.

———, **1980**. *Patterns of Urban and Rural Population Growth*, ST/ESA/SER. A/68.

———, **1982a**. *Model Life Tables for Developing Countries*, ST/ESA/SER. A/77.

———, **1982b**. *Levels and Trends of Mortality Since 1950*, ST/ESA/SER. A/74.

———, **1982c**. "World Assembly on Aging, Introductory Document," A/CONF, 113/4.

———, **1983**. *Manual X. Indirect Techniques for Demographic Estimation*, New York, ST/ESA/SER. A/81.

———, **1985b**. *World Population Trends, Population Development Interrelations and Population Policies*, 1983 Monitoring Report, Volume I, Population Trends ST/ESA/SER. A/93.

———, **1992**, **1993**, **1995**, *Abortion Policies*, Volumes I, II, III, New York, ST/ESA/SER. A/129, ST/ESA/SER. A/129/Add. 1, ST/ESA/SER. A/129/Add. 2.

———, **1995**. *Demographic Yearbook*, New York.

———, **1996**. *World Population Monitoring, 1997*, Issues of international migration and development: Selected aspects, ESA/WP. 132.

———, **1997**. *World Population Monitoring, 1998*, Health and mortality: Selected

aspects, ESA/P/WP./142..

———, **1998a**. *World Population Prospects : The 1996 Revision,* New York : United Nations, ST/ESA/SER. A/167.

———, **1998b**. *World Urbanization Prospects : The 1996 Revision,* New York : United Nations, ST/ESA/SER. A/170.

———, **1998c**. *National Population Policies,* New York : United Nations, ST/ESA. /SER. A/171.

———, **1999a**. *World Population Prospects : The 1998 Revision.* Vol. 1. Comprehensive Tables, New York : United Nations, ST/ESA/SER. A/177.

———, **1999b**. *Long-range World Population Projections, 1995-2150,* New York : United Nations.

———, **1999c**. *World Population Monitoring, 1999,* Population Growth, Structure and Distribution, (Draft), ESA/P/WP./147.

———, **2000**. *World Population Monitoring, 2000,* SER. N/16.

UNHCR., **1999.** *Refugees and Others of Concern to UNHCR : 1998 Statistical Overview,* Geneva.

———, **1961**. *Urbanization in Latin America,* Paris : UNESCO.

———, **1998**. *Statistical Yearbook 1998,* Paris : UNESCO.

U. S. Bureau of the Census, **1985**. *Statistical Abstract of the United States : 1986,* Washington D. C. : U. S. Government Printing Office.

———, **1998**. *Statistical Abstract of the United States : 1998,* Washington D. C. : U. S. Government Printing Office.

van de Kaa, Dirk J., **1987**. “Europe's second demographic transition,” *Population Bulletin,* Population Reference Bureau, 42-1.

van de Walle, Etienne, **1974**. *The Female Population of France in the Nineteenth Century,* Princeton : Princeton U. P.

Ware, Helen, **1986**. “Differential mortality decline and its consequences for the status and roles of women,” United Nations, *Consequences of Mortality Trends and Differentials,* ST/ESA/SER. A/95.

Westoff, Charles F., **1977**. “Fertility decline in the United States and its implications,” Wilbur Cohen and Charles F. Westoff, *Demographic Dynamics in America,* New York : the Free Press.

———, **1978**. “Marriage and fertility in the developed countries,” *Scientific American,* 239-6.

———, **1983**. “Fertility decline in the West : Causes and Prospects,” *Population and Development Review,* 9-1.

———, **1985**. “Prospective changes in nuptiality and fertility,”(11 月 7-9 日スタンフォード大学フーバー研究所「超低出生率の原因と結果に関する会議」提出

ペーパー).
———, and Norman B. Ryder, **1977**. *The Contraceptive Revolution*, Princeton : Princeton U. P.
Westoff C. F **1995**. "International population policy," *Society*, 20-4.
WHO, **1997**. *World Health Statistics Annual 1995*, Geneva : WHO.
———, **1998**. *World Health Statistics Annual 1996*, Geneva : WHO.
Wilcox, Walter F. (ed.), **1940**. *Studies in American Demography*, Ithaca, New York : Cornell U. P.
Wirth, Louis, **1938**. "Urbanisim as a way of life," *American Journal of Sociology*, 44-1.
World Bank, **1984**. *World Development Report 1984*, New York : Oxford U. P.
———, **2000**. *World Development Report 1999/2000 : Entering the 21st Century*. Oxford : Oxford U. P.
Wrigley, E. A., **1969**. *Population and History*, World University Library, New York : McGraw-Hill. 速水融訳, 1982.『人口と歴史』筑摩書房.
———, and R. S. Schofield, **1981**. *The Population History of England, 1541-1871 : A Reconstruction*, London : Edward Arnold.
Zachariah, K. C., **1966**. "Bombay migration study : A pilot analysis of migration to an Asian metropolis", *Demography*, 3-2.
Zlotnik, Hania, **1998**. "International migration 1965-96 : An overview," *Population and Development Review*, 24-3.

上野正彦他, **1981**.「老人の自殺」『日大医学雑誌』40-10.
AIC 保険会社, **1984**.『現代子育て経済考　1984 年版』.
岡崎陽一, **1979**.『わが国の人口問題』日本生産性本部.
———, **1980**.『人口統計学』古今書院.
小川直宏, 近藤誠, 佐藤貴一郎, 斎藤安彦, ダニエル・スーツ, **1985**.『「人口・経済・医療モデルに基づく長期展望—フェイスⅡ」中間報告書』日本大学人口研究所.
厚生省人口問題研究所, **1986**.『家族ライフコースと世帯構造変化に対する人口学的調査結果の概況報告』.
厚生省大臣官房政策課編, **1984**.『国際人口会議』人口問題研究会.
厚生省大臣官房統計情報部, **1999**.『厚生統計要覧』厚生統計協会.
厚生統計協会, **1990**.『1990 年国民衛生の動向』.
河野稠果, **1981**.「人口理論と人口推移—東南アジアに対する応用」『東南アジア研究』19-1.
———編, **1982**.『世界人口の推移に関する調査研究』総合研究開発機構.
———, **1983**.「人口の南北問題を考える」『月刊 NIRA』104.
———, **1984**.「メキシコ国際人口会議の概況」人口問題研究会『ニュースレター』

10-10.

———他，**1984**.『出生力の生物人口学的分析』厚生省人口問題研究所.

———，阿藤誠，**1982**.『欧米における出生力低下の動向と出生政策』日本児童問題調査会.

———，**1992**.「低出生力の社会・政治的含意」河野稠果・岡田實編『低出生力をめぐる諸問題』シリーズ・人口学研究 2，第 8 章　大明堂.

———，**1997**.「フェミニズムは地球を救うか？：カイロ・プログラム再考」『人口学研究』第 20 号.

国立社会保障・人口問題研究所，**1997**.『日本の将来推計人口—1996-2050 年』平成 9 年 1 月推計，研究資料第 291 号.

———，**1999**.『人口統計資料集』1999.

小島宏，**1986**.「ヨーロッパ諸国における出生促進政策について」『人口問題研究』178.

総合研究開発機構・社会工学研究所，**1982**.「国際人口移動に関する調査研究のための準備調査」.

総務庁，**1991**.『老人の生活と意識』第 3 回国際比較調査結果報告書.

チン・ロン・チィアン，**1984**.「生命表とその応用」(沢井章ほか訳)社団法人日本アクチュアリー会『会報別冊』90 号.

東京都生活文化局，**1986**.『「教育に要した費用」の調査』.

平岡公一，**1996**.「イギリスの人口・出生動向と家族政策」阿藤誠編『先進諸国の人口問題—少子化と家族政策』東京大学出版会.

山崎泰彦，**1996**.「社会保障の構造改革と国民負担」『じゅん刊　世界と日本』No. 830.